9459

Sp 636.6803 VER

Verhoef-Verhallen,
  Esther J. J.
La enciclopedia de los
  pájaros domésticos /
9x 3/06 LT 9/07   ANGELOU
10x 7/20 LT 4/09

LA ENCICLOPEDIA DE LOS
PÁJAROS DOMÉSTICOS

ESTHER J. J. VERHOEF-VERHALLEN

LA ENCICLOPEDIA DE LOS PÁJAROS DOMÉSTICOS

© 2001, Editorial LIBSA
San Rafael, 4
28108. Alcobendas. Madrid
Tel. (34) 91 657 25 80
Fax (34) 91 657 25 83
e-mail: libsa@libsa.es
www.libsa.es

Traducción: Alberto de la Guardia

© Rebo Productions

Título original: *Encyclopedia of Cage and Aviary Birds*

ISBN: 84-7630-0139-4

Derechos exclusivos de edición para todos
los países de habla española.

Ninguna parte de esta obra puede ser reproducida
total o parcialmente, ni almacenada o transmitida
por cualquier tipo de medio, ya sea electrónico,
mecánico, fotocopia, registro u otros,
sin la previa autorización del editor.

CONTENIDO

1. Prólogo 7
   La compra de un pájaro 7
   El alojamiento 22
   Alimentación y nutrición 31
   Cuidados y atención de los pájaros 45
   La cría 50
   Mutaciones 57

2. Codornices – Phasianidae 61

3. Palomas – Colombidae 69

4. Afringílidos – Fringillidae 79

5. Estrildas – Estrildidae 115

6. Tejedores – Ploceidae 181

7. Escribanos – Embericidae 189

8. Cardenales – Cardinalidae 197

9. Loros, cacatúas, periquitos y papagayos – Psittacidae 203

10. Zosterópidos – Zosteropidae 282

11. Timálidos – Timalidae 285

12. Bulbules – Pycnotidae 288

13. Tordos – Turdidae 291

14. Estorninos – Sturnidae 297

    Índice 303

    Referencias de interés 311

    Agradecimientos 312

1. Prólogo

La compra de un pájaro

Aspectos a considerar antes de la compra

Existen muchas especies distintas de pájaros disponibles, tanto para los criadores como para las tiendas de mascotas. Cada uno de los pájaros que observamos es todavía más interesante que el que veremos después. Esta circunstancia hace muy complicada la elección para quienes se disponen a convertirse en propietarios de pájaros, entre la enorme variedad de especies ornitológicas. Cada especie tiene sus propias necesidades en lo referente a cuidados y alimentación. Algunos tipos de pájaro no requieren demasiados cuidados, pero la mayoría de las especies exigen una atención especial. Antes de decidirse por una especie determinada de pájaro debemos, en primer lugar, informarnos con detalle de los requerimientos de su alimentación y los cuidados específicos que necesita.

Algunas especies, como los loros, necesitan muchas atenciones; otros resultarán demasiado ruidosos, circunstancia que le traerá dificultades con sus vecinos. Cada tipo de pájaro tiene sus propias características. Con el fin de evitar disgustos es mejor estudiar en primer lugar estas características.

El pájaro como mascota familiar

Entre la infinidad de especies de pájaros, hay muchas que pueden tenerse como mascotas de la familia. Entre las especies conocidas que con frecuencia se poseen, están los loros y las cacatúas, los miná, los periquitos, los inseparables y distintas especies de periquitos. La decisión de comprar un tipo determinado de pájaro es muy personal. A algunos les gusta el carácter descarado del inseparable, mientras que otros se muestran encantados con los gorjeos y los colores de los periquitos. La capacidad para las imitaciones de los loros se considera una de sus cualidades más atractivas. Si se prefiere un pájaro de naturaleza gregaria, no debe olvidarse de que estos animales precisan mucha atención por parte de sus dueños. La atención que los loros y las cacatúas requieren de sus dueños, puede

Casi todos los periquitos, loros y cacatúas son pájaros gregarios que desarrollan problemas de conducta si no reciben la atención suficiente.

Inseparable de Fisher variegado.

Izquierda: Algunos pájaros son más difíciles de cuidar que otros, como el caso de la mayoría de los lori.

ser comparada con la que precisan los perros de compañía. Si se desatiende esta necesidad de los animales, pueden desencadenarse muchos problemas de conducta, como puedan ser las automutilaciones o los alaridos. Las personas que no vayan a disponer de mucho tiempo para dedicarlo a sus mascotas, deben optar por adquirir especies diferentes de pájaros. Las personas que pasan todo el día fuera de casa trabajando deben evitar tener como mascotas a pájaros gregarios. Si le gustan las costumbres y el aspecto de los loros y de los periquitos, pero no dispone de suficiente tiempo como para prestarles la atención que necesitan, podría entonces plantearse la conveniencia de comprar una pareja. Normalmente se transforman entonces en animales menos mansos y no se prestan tanto a aprender a emitir sonidos de imitación como cuando están solos, pero un verdadero amante de los pájaros debe sentirse feliz a pesar de tener que soportar estos pequeños inconvenientes. Además de las bien conocidas especies de loros y periquitos, existen también muchos tipos de estorninos que se tienen como mascotas, siendo verdaderamente unos animales muy adecuados para ese fin. El miná es una de las variedades de estornino más conocidas. Este tipo de pájaro es fácil de domesticar y se adapta muy bien a la vida en una jaula. Aunque muchas personas

El cardenal rojo canta maravillosamente.

pueden reconocer a un miná, pocos saben que muchos de estos pájaros son mejores imitadores de la voz humana que la mayoría de los loros. Un inconveniente de los miná respecto de los loros es que a menudo producen bastantes excrementos, que son a su vez muy líquidos. Es el resultado de su dieta, que se compone de insectos y fruta. Este tipo de deposiciones blandas hacen necesario limpiar la jaula y sus alrededores cada día, y es algo que debe tener en cuenta antes de decidir permitir al animal que vuele libremente por su cuarto de estar. Estos interesantes y maravillosos pájaros son menos populares como mascotas que los loros y los periquitos, en parte a causa de estas deposiciones.

Aspectos de especial interés a la hora de comprar un pájaro

Si se dispone a comprar un pájaro mascota, por favor, asegúrese de que se trata de un animal joven. A veces se ponen en venta pájaros adultos, pero si estos animales no están acostumbrados a vivir con una familia, hay un riesgo serio de que nunca se transformen en el pájaro manso y domesticado que estábamos buscando. En el caso de la mayoría de los loros y de los periquitos,

Si desea tener un pájaro dócil, debe adquirir uno que sea joven.

Cotorrita ninfa.

resulta posible determinar la edad del animal por el pico, que es parcialmente negro cuando el animal es todavía joven. En la mayor parte de estas especies, el hecho de que los animales tengan los ojos uniformemente negros, sin que tengan el iris rojizo o blanco, también apunta a que el pájaro aún es joven. Estos principios, no siempre se cumplen. Si no es usted un experto en pájaros, hágase acompañar por alguien que le pueda aconsejar, o compre en establecimientos de toda confianza, a criadores reconocidos por su buen hacer. Muchos loros y cacatúas han sido criados directamente por el criador. Una ventaja muy importante derivada de esta circunstancia es que estos animales se acostumbran a los humanos a una edad muy temprana y los aceptan como uno de los suyos. El resultado es que no sienten temor hacia las personas y se amansan con mayor rapidez. El hecho de que los pájaros hayan sido criados directamente por sus criadores supone también, la aparición de una serie de inconvenientes, entre los que se cuenta el hecho de que la crianza natural y los hábitos nutricionales se ven afectados. Hay un riesgo bastante grande de que un pájaro que apenas ha tenido contacto con sus padres tenga posteriormente problemas para sacar adelante sus propias crías, en el caso de que el animal acepte otro de su misma especie como pareja. Si quiere utilizar un loro o un periquito con propósitos de cría, haría mejor en adquirir un animal que se haya criado con sus padres.

¿Cómo domesticar un pájaro?

Resulta obvio que los pájaros jóvenes criados directamente serán mansos, mientras que otros animales necesitarán más tiempo para domesticarse. El tiempo que vaya a costar conseguirlo dependerá del origen del pájaro. Los que hayan sido criados por expertos serán más fáciles de amansar que aquellos que hayan sido capturados en estado salvaje. Estos últimos pueden conservar su miedo a los humanos durante toda su vida. La domesticación de un pájaro debe ser abordada con mucha paciencia. Es preciso situar la jaula a la altura de los ojos de manera que no tengamos que inclinarnos sobre ella para hablar al pájaro. Muchos animales viven esto último como algo amenazador. Hable al animal mientras le está dando algo de comer o para beber, o cuando quiera darle alguna golosina extra. Mientras esté haciendo esto, intente utilizar las mismas palabras en la medida de lo posible, de forma que el pájaro comience a reconocer estas palabras con el paso del tiempo. Unas deliciosas golosinas pueden obrar milagros durante el proceso de domesticación de un pájaro. Proporcione al pájaro algo

Lorito de espalda roja.

Cotorrita domesticada.

Cotorrita alejandrina.

que le guste varias veces al día y, mientras lo hace, háblele con un tono a la vez amistoso y animoso. No le fuerce a tomar el alimento, simplemente ofrézcaselo. Es muy importante permanecer tranquilo y hablar de forma amistosa. Pasado un cierto tiempo, el pájaro no podrá resistirse y tomará estos alimentos de su mano. Una vez que su pájaro coma de su mano –esto puede llevar desde varios días a varios meses– podrá intentar con cuidado acariciarle la cabeza o el pecho. Vaya siempre con mucho cuidado, evitando ejecutar movimientos bruscos o imprevistos. Si retira demasiado deprisa su mano, porque teme que el animal vaya a darle un picotazo, el pájaro puede asustarse y perderá todo el terreno ganado. Podrá conseguir que el pájaro se pose sobre su mano dándole alguna de sus golosinas favoritas. Para conseguirlo, ponga una mano a la altura de las patas del animal, o un poquito por encima, mientras la otra, con el alimento a la vista, se mantiene un poco más alejada, de forma que el pájaro tenga que usar la mano que le queda más cerca como una especie de etapa intermedia. Cuando el pájaro le transmita su confianza a través de su actitud tranquila y complaciente, de vez en cuando le permitirá salir de su jaula. Asegúrese de que todas las ventanas y las puertas permanecen cerradas, sin olvidar las cortinas. Retire de su cuarto de estar, las plantas venenosas, como ciertas plantas tropicales y las ponsetias, asegurándose también de que otras mascotas no puedan cazar al pájaro nada más abandonar su jaula. Cuando llegue la

Son con diferencia los mejores habladores, aunque son muy asustadizos: el papagayo gris.

hora de abandonar la jaula, podrá conseguirlo utilizando como señuelo la comida. Si no funciona no tendrá más remedio que capturarlo, aunque siempre es mejor no llegar a esto porque podría asustar otra vez al animal. La mejor manera de capturar un pájaro en estas condiciones es con una servilleta de té, inmediatamente después de haber apagado las luces de la habitación. Si actúa con rapidez, el pájaro no tendrá tiempo a adaptarse a la oscuridad y no asociará su presencia con la posibilidad de ser capturado.

Perico barrado.

Los periquitos pueden llegar a ser muy mansos, aunque su habilidad para la mímica varía mucho.

Cómo aprenden a hablar

Un pájaro no tiene que estar totalmente domesticado para ser capaz de aprender a hablar. Pero los pájaros domesticados aprenden con más rapidez y hablan con más claridad que los que no se sienten relajados. No es muy difícil enseñar a ciertas especies a imitar palabras. Si usted, por ejemplo, dice «comida rica» o «golosinas ricas» cada vez que dé de comer al animal, un ejemplar de una especie habladora comenzará a imitar automáticamente estas palabras transcurrido cierto tiempo. Algunas especies también aprenden a asociar cosas. Por ejemplo, asocian «ducha guay» con el hecho de ser rociados con agua mediante el espray de las plantas, y pronuncian estas palabras cada vez que experimentan la sensación de estar siendo duchados. Ciertos pájaros aprenden a imitar algunos otros sonidos, como por ejemplo el ladrido de un perro, el timbre de la puerta, el sonido del teléfono, las carcajadas, etc. Los mejores imitadores pueden incluso aprender una parte de una canción. Si quiere realmente enseñar a hablar a su mascota puede grabar una casete en la que de forma constante se repita la canción o las palabras que quiere que termine imitando. Como resultado de este sistema, las aves terminan aprendiendo con más rapidez. Pero no todos los ejemplares de las especies capaces de imitar consiguen hacerlo. Son

Cotorrita lutino.

incontables los loros que no pueden decir más que un par de palabras apenas comprensibles. No considere garantizado que cualquier ejemplar puede llegar a ser un buen imitador. Además de mucho tiempo y paciencia, es un asunto que requerirá la aptitud individual de cada ejemplar.

Aves de pajarera

Cuando planifique la población de pájaros de su pajarera, hay una serie de puntos que tendrá que tomar en consideración. En primer lugar es de gran importancia que escoja pájaros que puedan convivir unos con otros. Como regla general, no podrá poner juntos especies de pico curvado –como periquitos y loros– junto a otras especies de pájaros en la misma pajarera. Estas aves pueden hacer la vida muy difícil a otras más asustadizas y débiles. Excepciones a esta regla son los pacíficos loritos y varios tipos de *neophemas,* que podrá mantener a otros pájaros más pequeños sin problemas. Tenga también en cuenta el hecho de que cada uno de los pájaros ha de tener suficiente espacio. En el caso de determinadas especies no importa que vivan confinadas en un espacio pequeño con otros pájaros, mientras que otras son muy territoriales y propenden a provocar conflictos en la pajarera, especialmente en la época de cría. Si tiene codornices en el suelo de la pajarera, haría bien en no comprar otras especies que aniden cerca del suelo. Las distintas especies se

Joven rosella.

Las codornices pintadas chinas pueden ser introducidas en casi cualquier tipo de pajarera.

Los pájaros seleccionados para convivir en una pajarera han de ser compatibles unos con otros.

molestan mucho las unas a las otras durante la época de cría. Deberá también ser consciente de que las zonas para alimentarse y para beber deberán estar en una zona específica, de forma que otros pájaros no puedan comer ni beber allí.

Si mantiene en su pajarera distintas especies de pájaros, no solamente tendrá que disponer comederos y bebederos diferentes, sino también cajas de anidamiento distintas. Esta enciclopedia intenta describir cada específico nivel de tolerancia y también qué pájaros pueden ser mantenidos en la misma pajarera. Sin embargo, los pájaros son seres individuales. No todos los ejemplares pertenecientes a especies tolerantes

Maniquí de cabeza blanca.

lo son, y también puede ocurrir lo contrario. También habrá de tener en cuenta las necesidades específicas de los pájaros. No ponga juntos a pájaros capaces de pasar el invierno en una casa sin calefacción, con otros que necesiten cierta temperatura, lo que no hará que las cosas sean precisamente fáciles. Del mismo modo, no ponga juntos a especies que busquen refugio vegetal con otras que sean conocidas por su condición de destructoras de plantas. Es mucho mejor limitarse a especies de pájaros que tengan más o menos las mismas necesidades

¿Dónde puede comprar sus pájaros?

Podemos comprar nuestros pájaros en una tienda de mascotas, en un comercio especializado en pájaros o directamente en las ferias de pájaros, también, directamente de los criadores.

El lugar en el que compre sus pájaros va a depender de las especies de pájaro que esté buscando y de sus planes en relación con ellos. Las especies más corrientes, tales como periquitos o los canarios, pueden ser comprados en cualquier tienda de animales. Si, no obstante, estamos buscando una especie algo más rara, un pájaro con un especial tipo de coloración o ciertas características específicas, en ese caso su tienda de mascotas puede que no le sirva. También será el caso cuando quiera utilizar su mascota con fines de cría y participar con ella en concursos. Los

Rosella oriental de color canela.

requerimientos exigidos en los concursos en relación con el aspecto de los animales son muy altos y no será capaz de encontrar animales de este tipo en una tienda corriente. En este caso encontrará mejores contactos en su asociación local especializada. Los miembros de su dirección podrán proporcionarle referencias de un criador que disponga de los pájaros que está buscando. También podrá visitar ferias de pájaros. Aquí podrá admirar las diferentes especies, coloración y mantener contacto con sus criadores. Puede entrar en contacto con la asociación local o nacional para saber más en relación con cuándo y dónde se celebran estas muestras. Las revistas ornitológicas también dan información acerca de estas ferias.

Cuando compre un pájaro, fíjese en las mutilaciones. Éstos han perdido algunas partes de sus dedos.

¿A qué tipo de cosas debemos prestar atención cuando compremos un pájaro?

Al margen de que estemos comprando nuestros nuevos pájaros en un comercio de mascotas o a un criador profesional, siempre tendremos que estar alerta respecto a cualquier defecto oculto. Antes que nada deberemos atender a la conducta del animal. Saldrá ganando si se abstiene de comprar un pájaro que presente síntomas de conducta apática o que parezca muy nervioso. Las plumas del pájaro deben ser brillantes y estar ali-

Los pájaros con mucho estrés pueden mostrar alteraciones en su pigmentación. El estado general de este ejemplar deja mucho que desear.

Las coloraciones especiales, como la de estos diamantes de cara negra y de pecho anaranjado, rara vez están disponibles en las tiendas de animales.

El estómago de los pájaros no debe estar hinchado y la quilla no ha de ser muy protuberante.

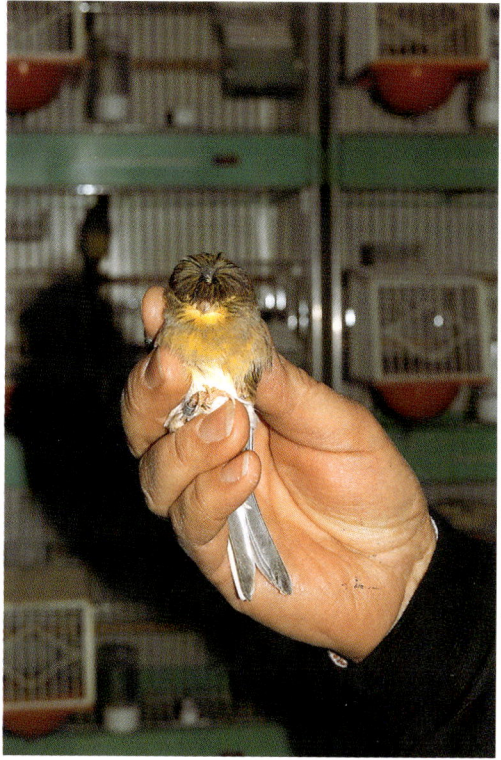

Las uñas de este maniquí son demasiado largas.

neadas con orden y belleza. El animal no debe mostrar indicios de sufrir picazón o malestar. Puede indicar la presencia de un parásito. No se olvide de examinar su pico, que deberá tener la forma correcta. Los picos de ciertos pájaros no se desarrollan de la forma más correcta y no se desgastan de la manera adecuada. Deberemos también contar el número de dedos. Si uno o más dedos se han perdido puede deberse a la presencia de pájaros agresivos que cohabiten juntos o a congelaciones. Aunque esto pueda producir un daño escaso, una mutilación de ese tipo siempre supone un defecto a considerar. No compre nunca pájaros que presenten claros síntomas de jadeo, que cierren los ojos con excesiva frecuencia o los mantengan medio cerrados.

Coja el pájaro con la mano y estudie la zona alrededor del ano. Debe estar limpia y no contener ningún tipo de pluma humedecida o restos de deposiciones. Palpe la quilla del pájaro. Haría bien no comprando un animal que presente una quilla protuberante. Lo mismo cabe decir en aquellos casos en los que tenga el vientre hinchado o un color de piel azulado. Resulta una buena idea que se familiarice con estos trastornos, de forma que pueda reconocerlos. Además, hay una serie de enfermedades que son muy difíciles de identificar y otras de imposible detección a simple vista. Es muy importante que adquiera su ejemplar a alguien de plena garantía o hacerse acompañar por alguien que sepa mucho de pájaros. Si quiere comprar pájaros con propósitos de cría, lo mejor es adquirir pájaros que no tengan ninguna relación unos con otros. No compre pájaros de la misma nidada. Procure que éstas sean distintas. Un criador responsable no intentará engañarle con la relación que los pájaros tengan entre sí cuando le explique para qué fin quiere utilizarlos.

El anillado

Si los pájaros que le han ofrecido están sanos, la siguiente cosa que deberá observar será su anillado, pues indica el origen y la edad. Un anillo cerrado no debe confundirse con una etiqueta, que puede colocarse en la pata de un ejemplar adulto para ayudar a identificarlo entre otros pájaros similares de la misma especie. Si el pájaro no está anillado, puede ser que haya sido importado de forma ilegal o capturado ilegalmente. Debe ser particularmente precavido si el pájaro que se le está ofreciendo pertenece a especies protegidas o a especies que están sometidas a restricciones legales, en el caso de que

Las especies sujetas a regulaciones legales, como este pequeño pardillo, deben estar siempre anillados.

El anillado supone una garantía sobre el origen y la edad del pájaro.

no esté anillado. La falta de anillado no tiene por qué significar siempre que hay algo ilegal. Si el criador no es miembro de una asociación ornitológica, no tendrá acceso a estos anillos. En tales casos, normalmente significa que el pájaro fue criado por un aficionado o accidentalmente. En casos excepcionales, sucede que los pájaros han crecido demasiado deprisa, y como resultado de ello no ha sido posible anillarlos sin producirles heridas. En cualquier caso, debemos siempre ser especialmente precavidos en el caso de que los pájaros no estén anillados.

El precio

El precio de los pájaros depende de numerosos factores. Especies relativamente raras muchas veces resultan más caras que otras más comunes. Si se ha decretado una prohibición de importación sobre determinados pájaros, o hay una prohibición de exportar determinadas especies por parte del país exportador, o bien si las especies son difíciles de criar, ello se verá inevitablemente reflejado en el precio.

La escasez de determinadas especies en relación con las cuales hay una demanda relativamente amplia, también tiende a empujar hacia arriba los precios de forma considerable.

Lo contrario suele suceder también, es decir, que una especie de pájaro sea relativamente fácil de criar, y por consiguiente bastante corriente,

Los ejemplares jóvenes de especies fáciles de criar y muy extendidas son, por lo común, relativamente baratas.

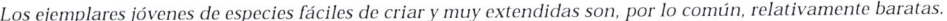

La escasez sube los precios. El ara escarlata es uno de los pájaros más caros que existen.

Perico variegado.

Lorito de rabadilla roja leonado.

sea asimismo relativamente barata. El diamante moteado de Australia es un buen ejemplo de esto. En el caso de los pájaros canoros, el sexo del animal afecta normalmente al precio. Hay mucha más demanda para los machos de las especies que para las hembras, que sólo interesan a los criadores.

La estación del año también afecta al precio. Al final del verano, los pájaros suelen ser más baratos ya que hay muchos ejemplares jóvenes, lo que

Maniquí de cabeza negra.

Muchos de los pájaros originarios de áreas subtropicales pueden tenerse en jaulas y pajareras con calefacción.

se traduce en un suministro abundante de ellos a los puntos de venta. Finalmente, hay muchas especies de pájaro que se crían en un tipo de coloración particular o una forma corporal específica, que resultan más caros que los otros.

Temperatura

Muchos de los pájaros son originarios de regiones subtropicales. Su constitución física ha sido determinada por la adaptación a temperaturas más altas y una mayor humedad atmosférica que las que les podemos ofrecer en nuestro clima. Para especies recién importadas y especies más delicadas de pájaros, esto significa que deberemos satisfacer sus necesidades de forma artificial. Significa que muchos de estos pájaros deben ser mantenidos en una zona interior con calefacción, de modo que la temperatura se mantenga lo más constante posible. En ocasiones será necesario ajustar la intensidad de la luz y la humedad de la atmósfera. Otras especies pueden ser mantenidas en una pajarera exterior durante el verano sin ningún problema, pero deben poder ser retiradas al interior de la casa con calefacción cuando cae la noche, durante el invierno. Si estos pájaros están en lugares muy fríos, su estado se deteriorará rápidamente, y pueden incluso llegar a morir si no se hace nada

Un ejemplar joven de pinzon gouldian.

Gorrión de Java blanco.

Diamante.

para mejorar sus condiciones de vida. Esto no tiene una aplicación automática para todos los pájaros de origen subtropical. Los diamantes moteados de Australia y los periquitos han sido tenidos como animales de jaula y de pajarera durante tanto tiempo, que ya se han adaptado plenamente a sus nuevas condiciones de vida. No obstante, debemos ser cuidadosos con el traslado de los animales que acabamos de comprar. Es importante saber más acerca del origen de los pájaros. Determinados criadores mantienen sus diamantes de Gould en pajareras al exterior, en las que también permanecen durante el invierno. Parece que, después de mucho tiempo adaptándose a estas condiciones ciertas variedades no encuentran problemas para vivir de ese modo. La mayor parte de los diamantes de Gould, no obstante, son mantenidos todavía en espacios interiores. Si quiere adquirir unos ejemplares de estos animales para tenerlos en una pajarera exterior, deberá sin duda comprarlos a un criador que también los mantenga en el exterior. Esto resulta básicamente cierto para todos los pájaros.

Dejando aparte algunas excepciones, los pájaros de jaula y los subtropicales no soportan demasiado bien los grandes cambios de temperatura.

El periquito Bourke rosa es un animal tranquilo y fácil de domesticar.

Lori rojo.

Damero.

Paloma reidora blanca.

Deberá, por consiguiente, saber lo máximo posible acerca de las condiciones en las que los animales eran mantenidos antes de que usted los adquiera, de forma que no tengan que adaptarse a demasiados cambios cuando se desplacen a un entorno nuevo que pudiera llegar a resultarles fatal.

Transporte

Los pájaros pueden ser transportados de formas muy diferentes en función de la especie a la que pertenezca y del tamaño del animal. Los pájaros de tamaño medio y pequeño se transportan en pequeñas cajas de cartón, que resultan adecuadas si el viaje hacia el nuevo hogar no va a ser muy largo. Además, se pueden adquirir o tomar prestadas jaulas especiales para transporte, capaces de trasladar varios pájaros al mismo tiempo o de transportar pájaros con picos largos y afilados. Por favor, tenga en cuenta que los pájaros pueden vivir la circunstancia de ser trasladados de un lugar a otro como algo muy estresante. Resulta mejor mantener a los pájaros en lugares oscuros durante el transporte, ya que se mantienen quietos cuando no son capaces de ver demasiado bien. Se puede introducir la jaula de transporte en una caja. No es preciso decir que las fluctuaciones de temperatura deben ser evitadas durante el transporte.

Introducción de los nuevos ejemplares

Diamantes punteados.

Si usted ha comprado un nuevo pájaro o una pareja de ellos y quiere incorporarlos a un grupo ya instalado, resulta mejor que mantenga fuera sus últimas adquisiciones, alejadas de los otros pájaros, bien en una jaula espaciosa o bien en otra pajarera, durante un par de semanas. Si resultase que los pájaros tienen una enfermedad, no podrán contagiar a los otros. Este período de cuarentena puede resultar insuficiente, sin embargo. Si tiene dudas, puede consultar con un veterinario, preferiblemente con uno especializado en pájaros, echar un vistazo a éstos, de forma que puedan ser tratados antes de entrar en contacto con los otros pájaros. De esta forma usted podrá averiguar también si los pájaros están comiendo lo suficiente y qué comida prefieren. Una vez que un pájaro ha sido introducido en una pajarera junto a otros pájaros, resulta casi imposible comprobar esto. No olvide preguntar al criador qué clase de alimento y de qué marca es el que suele tomar. El desplazamiento a un nuevo entorno ya es una experiencia lo suficientemente dramática para el pájaro, y si además usted cambia su dieta contraemos un gran riesgo de que el pájaro enferme. Más adelante, cuando el animal haya conseguido acoplarse a su nuevo entorno, usted podrá gradualmente darle nuevos alimentos, si ése es su deseo. Resulta mejor mantener durante un par de días en una jaula pequeña dentro de la pajarera a aquellos animales que estaban acostumbrados a vivir en una jaula de cría, antes de soltarlos en la pajarera. Esto les permitirá adaptarse de forma gradual a su nuevo entorno y reduce el riesgo de que el animal vuele hasta estrellarse contra los barrotes en una reacción asustada.

Tras liberar al pájaro, tendrá que observarlo durante un par de días, ya que puede no ser aceptado por los otros pájaros en la pajarera. Si usted es consciente de que este hecho se puede producir, será capaz de adoptar la decisión adecuada en el momento en que eventualmente tenga lugar.

Loro turquesa.

Cardenal de cresta roja.

El alojamiento

Un aviario o pajarera

El hecho de que los pájaros vivan en una pajarera o aviario al aire libre tiene muchas ventajas y resultará muy atractivo para las especies de temperamento algo retraído. Podrá completar su pajarera colocando plantas. El impacto del sol y de las estaciones tendrán un efecto favorable sobre la muda y la reproducción. Este tipo de habitáculo tiene también un buen número de inconvenientes. Si la pajarera no está adecuadamente cubierta, las deposiciones de los pájaros que viven en el exterior de la misma pueden caer dentro de ella. Como resultado, sus pájaros pueden quedar contagiados por los gusanos y las enfermedades contagiosas. Por consiguiente, las pajareras al aire libre deben estar cubiertas, quizá por un techo translúcido, de forma que la luz solar pueda penetrar en ellas. La pajarera ha de contar con un techo deslizante que permita al agua de lluvia correr hasta el suelo. Resulta una muy buena idea a la hora de diseñar los aviarios, que se pueda permanecer de pie dentro de ellos. Una pajarera debe estar situada en un lugar protegido, que no esté expuesta a los vientos y la lluvia. En la mayoría de los casos, lo mejor es situar la pajarera orientada hacia el sudeste o el sudoeste. Si desea contar con especies ornitológicas de temperamento asustadizo, lo mejor es que sitúe su pajarera en un punto fijo. La mayoría de las especies ornitológicas necesitan contar con un refugio cerrado para pasar la noche. Disponga las cosas de manera que junto a la puerta de entrada al refugio haya otra que le permita acceder a la pajarera desde el propio refugio. Para asegurarse de que los pájaros no puedan escaparse mientras usted pasa a la zona de vuelo es preciso contar con una puerta doble, con una zona de seguridad entre ambas.

El tipo de materiales que use en la construcción va a depender de las especies de pájaro que vayan a habitarla. Se puede utilizar madera de pino y tela metálica fina para construir una pajarera muy adecuada para acoger pequeños teje-

Una pajarera espaciosa y poco habitual.

La techumbre impedirá que caigan dentro las deposiciones de los pájaros silvestres, lo que evitará el contagio con lombrices y otras afecciones.

El refugio deberá estar bien aislado y, por encima de todo, será muy higiénico.

dores. Estos materiales no serán adecuados para un aviario destinado a loros y periquitos. En ese caso, será mucho mejor utilizar una estructura sólida de madera y una serie de paneles soldados y galvanizados en vez de la tela metálica. Es también una muy buena idea proteger la madera que quede al alcance de los picos de los pájaros con bandas y escuadras metálicas. La tela metálica y los paneles deberán estar adaptados al tamaño de las especies más pequeñas y de los pájaros jóvenes que vayan a habitar la pajarera. Las telas metálicas y los paneles deberán ser bastante finos. La estructura de madera debe colocarse sobre una base de cemento o de ladrillo. Si la madera se coloca sobre el suelo, puede empezar a pudrirse pronto. Además no siempre resulta práctico colocar directamente la estructura de madera sobre el suelo. Cuando haya terminado su pajarera, deberá llevar a cabo un repaso final. Los bordes afilados de la estructura de madera deberán ser limados y las partes rugosas de ésta habrán de ser lijadas de modo que se eviten lesiones y heridas en los pájaros. Dé un acabado adecuado a las partes de madera utilizando pinturas que no sean perjudiciales para los pájaros.

El refugio nocturno

Los refugios nocturnos deberán estar construidos con piedra, aunque también podrá utilizarse la madera, que tendrá que ser de buena calidad. El refugio nocturno deberá ser estanco, y no tener grietas o agujeros. A algunos pájaros les gusta dormir en nidos colgantes. Con este objeto, deberá colgar varias cajas-nidos cerradas y semiabiertas, tanto en el refugio nocturno como en la pajarera. Al pasar la noche en estas cajas-nido los pájaros se protegen de las heladas y otros factores meteorológicos. El refugio nocturno debe contar también con barras de distintos grosores, de forma que los pájaros de diferentes tamaños puedan posarse en ellos. La limpieza y desinfección del suelo del refugio debe ser fácil. El hormigón es la solución más higiénica. El suelo deberá estar cubierto con una capa gruesa de tierra, de modo que las deposi-

La pajarera deberá estar en un lugar resguardado.

ciones no caigan directamente sobre el mismo. Para facilitar a los pájaros volar dentro y fuera del refugio, deberá construir el paso entre uno y otro a la altura correcta y asegurarse de que haya una plataforma para que los pájaros se posen. La abertura a través de la cual los pájaros entran y salen deberá poder cerrarse. Algunos pájaros prefieren permanecer en la pajarera exterior incluso cuando las condiciones meteorológicas no sean muy favorables. Podemos atraerlos hacia el refugio mediante alimentos, hecho lo cual podremos cerrar la abertura durante la noche.

¿Es verdaderamente necesario tener plantas en el aviario?

Las plantas no solamente dan al aviario un aspecto magnífico y muy natural. También dan a los pájaros lugares en los que encontrar refugio y construir sus nidos. Ciertas especies de pájaro prefieren permanecer en las plantas y arbustos. Deberá plantar arbustos, hiedra y otras especies vegetales contra el fondo de la pajarera, de tal modo que los pájaros puedan usar el resto del espacio de la misma como área de vuelo. En la práctica, esto significa que deberá plantar los arbustos y las plantas más grandes en el fondo de la pajarera y los más pequeños y llamativos en el centro.

En ningún aviario deben faltar plantas trepadoras. No en todas las pajareras se pueden colocar plantas. Los loros y los periquitos son muy destructivos y arrasan las plantas. Sin embargo, les gusta trepar, y resulta obligado contar en sus pajareras con un árbol de tamaño suficiente, desprovisto de hojas. Incluso en el caso de que decida colocar plantas en la pajarera, será necesario colocar perchas y varas en cantidad sufi-

A los pájaros de todas las especies les gustan las bayas del saúco.

Algunos pasan la mayor parte del tiempo entre el verdor.

Las coníferas resultan perfectas en el interior de una pajarera. Son de hoja perenne y aportan refugio.

Si su hábitat resulta demasiado pequeño, las estrildas engordan rápidamente.

ciente. No utilice nunca perchas de diámetro pequeño, porque provocará que los dedos de los animales no estarán cubiertos por plumas durante las heladas.

PLANTAS Y ARBUSTOS ADECUADOS PARA UNA PAJARERA

No todas las plantas y los arbustos son los más adecuados para su uso en pajareras. Muchas especies resultan venenosas para los pájaros. El codeso es un buen ejemplo. Las especies que se exponen a continuación son buenos ejemplos de plantas y arbustos adecuados para su uso en pajareras:

- Saúco
- Coníferas.
- Alheña.
- Picea.
- Pino.
- Hiedra.
- Enebro.
- Lila.
- Rosa.
- Cardo.
- Plantas papilionáceas.
- Carpe.
- Pyracantha.

Maniquíes tricolor.

Jaulas

Si se dispone a adquirir una jaula para su pájaro, asegúrese siempre de que será lo suficientemente grande. Si la jaula fuese demasiado pequeña restringirá la libertad de movimientos de los pájaros, y no motivará a éstos para volar o moverse, lo que pudiera dar lugar a muchos problemas, tales como estreñimientos severos, obesidad y síntomas de conducta reiterativa. Los pájaros pueden empezar a desplumarse ellos

Perico espléndido macho, de color canela.   *Perico espléndido hembra, de color canela.*

mismos. Cuando se escoja una jaula, es preciso no tener únicamente en cuenta el tamaño del pájaro, sino también la longitud de su cola y la envergadura de sus alas. Las cacatúas australianas no son muy grandes, pero sus largas colas y crestas hacen imprescindible adquirir jaulas muy altas para evitar las lesiones. Es preferible adquirir jaulas muy amplias en lugar de las altas y alargadas. Si sitúa perchas en puntos estratégicos, el pájaro podrá volar o saltar de una percha a otra, de modo que se mantendrá en una forma aceptable. Una jaula alta y estrecha no proporciona al pájaro la libertad de movimientos que necesita. En ese tipo, el pájaro podrá revolverse por ella, pero no podrá utilizar sus alas. Sólo a los loros les gusta revolverse en las perchas o en las varas. Si está intentando domesticar un pájaro y le permite volar cada día alrededor de su cuarto de estar, puede adquirir una jaula de tamaño inferior. La mayoría de las jaulas tienen barrotes en todos lados, aunque en ciertos casos es mejor mantener a los pájaros en jaulas que sólo tengan barrotes en la parte frontal. Esto resulta particularmente cierto cuando desea tener especies de pájaro especialmente asustadizas o pájaros que quiera tener con propósitos de cría. Los lados cerrados proporcionan a los pájaros una sensación de protección.

Los barrotes

A la hora de comprar una jaula es preciso asegurarse de que los barrotes tengan la resistencia adecuada a las especies que se van a mantener. El espacio entre los barrotes o la tela metálica es también un aspecto al que se debe prestar atención. Si las barras están demasiado separadas unas de las otras o si la tela metálica es demasiado tosca, el pájaro intentará escaparse por los intersticios, pudiendo quedar con la cabeza atrapada. Por esa razón, los pequeños pájaros tropicales no pueden instalarse en una jaula diseñada para inseparables, por ejemplo, y estos últimos no pueden ser mantenidos en una jaula para loros. Debido a la fuerza de la tela metálica o de los barrotes, un perico o un loro grande y fuerte no puede instalarse en una jaula o una pajarera interior para pequeños pájaros tropicales o para canarios, aunque la jaula tuviera espacio suficiente.

Para evitar que los pájaros se envenenen, deberá comprar una jaula o una pajarera interior con barrotes cromados o galvanizados, o bien con barrotes que hayan sido pintados con pintura no tóxica. Para evitar lesiones en la cola, debe procurar que la jaula tenga barrotes redondeados en lugar de, por ejemplo, tela metálica de alambres trenzados. Deberá también asegurarse de que no hay salientes afilados fuera o dentro de la jaula

Cotorrita de Kramer azulada.

Los pericos y los miembros más grandes de su especie requieren tela metálica fuerte.

La fina tela metálica es lo bastante sólida para los más pequeños pinzones y estrildas.

Rosella azul.

que pudiesen herir al pájaro. Además, debe procurar que no haya elementos decorativos que no estrechen en exceso la anchura hacia el fondo de la jaula. Un trepador activo podría, como consecuencia de lo resbaladizo de los barrotes, ver atrapados sus dedos en la parte más estrecha. A casi todas las especies pertenecientes al género de los loros *(Psittidae)* les gusta trepar y revolverse. Deberá, por consiguiente, adquirir para ellos una jaula con grandes barras horizontales. Los loros y las cacatúas son extremadamente inteligentes y pueden llegar a convertirse en verdaderos Houdinis. Por esta razón, sería una buena idea colocar cerraduras extra en las puertas.

Las perchas deben estar alejadas unas de otras, de modo que el pájaro tenga que hacer esfuerzo para alcanzarlas.

Perchas

Cualquier jaula de pájaros debería contar con al menos una de ellas, pero sería preferible tener varias. No deben situarse nunca encima de un comedero o de un bebedero, para evitar que las deposiciones les caigan encima, y tampoco deben situarse directamente una encima de la otra. Para animar al pájaro a que se ejercite, puede situar las perchas a la misma altura, aunque ligeramente separadas. Esto significaría que el pájaro tendrá que hacer algún esfuerzo para ir de una percha a la otra, y que esta actividad será buena para su aparato digestivo y para su estado general. El diámetro de las perchas deberá adaptarse al de los pájaros. Unas perchas de tamaño inapropiado pueden provocar que al pájaro le crezcan las uñas en exceso o que pueda sufrir dolores a causa de la posición en la que tienen que mantenerse. Es una buena idea usar perchas de diferentes tamaños, pues el pájaro no se ve forzado a mantenerse siempre en la misma posición.

Las perchas deben estar hechas de madera. Aunque las perchas de plástico sean higiénicas y fáciles de mantener limpias, proporcionan al pájaro poca sujeción, como consecuencia de lo cual sus uñas apenas se desgastan. A las variedades más grandes de loro les gusta roer. Ante esto, podemos dejarles hacer lo que quieran y cambiar constantemente las perchas, o bien comprarlas de madera muy dura que resisten mucho más. Otra opción posible es que usted se construya sus propias perchas utilizando madera de árboles frutales o de sauce. Las perchas hechas en casa suelen tener diferentes anchuras y el pájaro puede decidir qué anchura le resulta más confortable. Con el fin de poder fijar las perchas a los laterales de la jaula, puede comprar sujeciones especiales de madera, que las tienen de distintos tamaños. Las perchas, de todos modos, deben ser reemplazadas por otras de vez en cuando.

Comederos y bebederos

El material y el tamaño de los receptáculos debe estar en concordancia con el tamaño de los pájaros de la jaula. A las diferentes especies de la familia de los loros les gusta mucho roer cualquier cosa que encuentren en la jaula, incluyendo los cuencos. Estos pájaros son muy fuertes, capaces de arrojar al suelo los cuencos si éstos no están fijados de forma lo suficientemente firme. Los cuencos de acero inoxidable son más adecuados para estos pájaros que los de plástico. Para las otras especies puede instalar

Los comederos deben ser suficientemente sólidos para los pájaros que van a usarlos.

Hay una gama muy variada de instalaciones para baño. Los cuencos de plástico no son caros, pero sólo sirven para pájaros pequeños.

En algún sitio de la pajarera debe colocarse una botella para beber.

receptáculos hechos en plástico. Estos elementos están disponibles en todos los colores, formas y tamaños. Los cuencos que cuentan con una tapadera son útiles para evitar que los pájaros arrojen demasiadas semillas y cáscaras alrededor. Asegúrese de que los receptáculos que compre están redondeados con esmero. Los salientes o las esquinas podrían llegar a producir lesiones a los pájaros. El emplazamiento de los cuencos es también importante. Si cuenta con ejemplares de la familia de los loros, puede situar los receptáculos en una posición ligeramente elevada en la jaula, por ejemplo a un nivel al que al animal le cueste un poco de esfuerzo acceder. Esto no sólo le permite hacer algo más de ejercicio, sino también, simplemente, algo que hacer. No sitúe los cuencos en lugares en los que las deposiciones puedan caer fácilmente. Evite situarlos debajo de las perchas. Deberá situarlos en la jaula tan alto como sea factible.

Bañeras

Podemos adquirir en el mercado bañeras para pájaros, que se pueden colgar dentro de la jaula. Resultan perfectas para los animales de menor tamaño, aunque para las especies más fuertes es mejor contar con un tipo distinto de instalación. Esto se debe a que los loros y los estorninos pueden levantar las pequeñas bañeras o quitarlas de sus emplazamientos, procurándose así la fuga. Por otra parte, la mayoría de estas bañeras suelen ser demasiado pequeñas para estos pájaros. Para las especies más grandes, sería más práctico adquirir una pieza de loza para ello.

Tras los cristales

Es posible comprar jaulas hechas de cristal o de plexiglás. Son las denominadas jaulas de cristal. Este tipo tiene dos ventajas. La primera de ellas es que podemos observar a los pájaros sin ser estorbados por los barrotes. La segunda es que las plumas desprendidas, las deposiciones o las cascarillas de alpiste permanecerán en el interior de la jaula. Sin embargo, cuando hace calor, la temperatura puede resultar excesiva. Se puede detectar cuándo un pájaro tiene calor cuando sostiene sus alas ligeramente separadas del cuerpo y el pico abierto. Como consecuencia de la alta temperatura y de la mínima ventilación, el pájaro puede comenzar a experimentar, asimismo, dificultades respiratorias, pudiendo llegar a parecer, incluso, algo sudoroso.

Podemos evitar esto situando la jaula en un punto en el que jamás le dé la luz solar directa, o solamente incida directamente el sol de primera hora de la mañana.

La posición de la jaula

Con independencia del tipo de material con el que haya sido hecha, la jaula no debe ser expuesta a la luz solar directa ni tampoco debe instalarse en lugares oscuros. Es importante para el bienestar de los pájaros contar con luz suficiente. A la mayoría les gusta posarse en lugares elevados, desde los que se disponga de una buena vista de lo que está pasando alrededor. Esta circunstancia les hace sentirse más seguros. Deberá situar la jaula sobre un soporte o una mesa antes que directamente sobre el suelo. No debemos poner nunca una jaula en una corriente de aire. Los pájaros son muy sensibles a esta circunstancia. La jaula no debe situarse nunca cerca de la cocina o en su interior. Los pulmones de los pájaros son extremadamente sensibles a sustancias que le resultan tóxicas. Los amantes de los pájaros ya saben desde hace tiempo que cuando las sartenes antiadherentes se calientan, liberan gases que pueden matar a los pájaros con bastante rapidez, especialmente a los de la familia de los periquitos. Resulta menos conocido que esto mismo puede suceder con sartenes hechas de otros materiales, hornos antiadherentes y parrillas empotradas. Por esta razón las jaulas no deben

Diamante moteado australiano.

Pinzones degollados en color natural e isabelino.

Coloración natural de la paloma de ala verde.

Bengalí común.

situarse en las cocinas ni en sus proximidades. Se han dado también casos de pájaros que han muerto a pesar de estar un par de habitaciones alejados de la cocina. Deberá, por consiguiente, tener siempre mucho cuidado.

Alimentos y nutrición

Comidas especiales

Los pájaros que viven en el medio natural pueden valerse por sí mismos. En función de la estación del año y de los elementos que tengan disponibles, pueden decidir ellos mismos qué es lo que necesitan. Pero los pájaros que viven en

Los pájaros que viven al aire libre, como por ejemplo el jilguero, pueden decidir por sí mismos qué comer.

pajareras y jaulas no pueden hacer lo mismo. Dependen por completo de lo que se les dé. Incluso los pájaros resistentes y duros, que viven a la intemperie, con frecuencia saben por puro instinto cuáles cosas son comestibles y cuáles no lo son. Sin embargo, los pájaros domesticados no conservan ese instinto con la fuerza suficiente. El aburrimiento puede también provocar que los pájaros coman alimentos que no les convienen o que incluso pueden dañarles. Los aguacates, por ejemplo, son muy venenosos para los loros y los canarios. Pero, de hecho, la mayoría de los pájaros los comen cuando los encuentran en sus pajareras y sus jaulas, con resultados desastrosos. Muchos pájaros prefieren alimentos que contengan grandes cantidades de grasas y proteínas, y si comen este tipo de alimentos en grandes cantidades pronto engordarán, especialmente si no hacen el ejercicio suficiente. Por eso es tan importante dar a los pájaros una mezcla equilibrada que se aproxime lo más posible a su dieta natural. Debemos asimismo tomar en consideración las condiciones de vida de los pájaros. Si mantiene un único pájaro en una jaula dentro de la casa, el animal no necesitará tantas grasas y proteínas como otro que viva fuera, en una pajarera espaciosa, durante el invierno. El estreñimiento, un trastorno bien conocido entre los pájaros de jaula, no está provocado por la comida, sino por el hecho de que el animal no hace el ejercicio suficiente.

Los pájaros disfrutan con las semillas frescas.

Los pájaros de jaula comerán de casi todo, incluyendo nutrientes que no son adecuados para ellos.

Los pájaros necesitan comida especial durante el período de cría.

comenzarán el período de reproducción en un estado general mediocre. Incluso cuando los pollos ya han dejado el nido, resulta todavía necesario dar a los padres alguna alimentación extra. Han hecho un esfuerzo extraordinario y necesitan nutrientes extra para recobrar fuerzas. Ésta es la razón por la que la importancia de una buena alimentación no debe ser subestimada.

La alimentación durante la época de cría

Los pájaros necesitan una alimentación algo diferente durante la época de cría. Algunos pájaros alimentados mediante semillas, crían a sus pajarillos con insectos, de los que tendrán que tener un generoso suministro. La comida a base de huevo resulta ser un suplemento nutricional muy bueno durante la época de cría. Una buena parte de los problemas que un criador pueda tener están relacionados con una alimentación incorrecta. Pudiera ser el caso de los pájaros que reciben demasiada comida, pero también se pueden derivar del suministro de un ingrediente concreto, que no se aporta a la dieta del animal, siendo un elemento imprescindible de la misma.

El tipo de problemas que se pueden presentar incluyen los que se producen cuando los huevos no terminan de eclosionar, cuando los padres no prestan el cuidado y la atención suficiente a sus polluelos, la mortalidad entre los polluelos y una total falta de resultados en la cría.

Los errores relacionados con el tipo de alimentación han tenido lugar mucho antes de que los pájaros comiencen el período de cría. Si los pájaros que van a ser utilizados con propósitos de cría no han contado con una buena base nutricional,

Un producto natural

Los diferentes alpistes provienen de países muy diversos. La mayoría de ellos provienen de países situados al sur del ecuador. El alpiste es un producto natural y su calidad está sujeta a condiciones climáticas. Las cosechas pueden ser malas y las lluvias torrenciales o las riadas afectan al desarrollo de las plantas y al de sus semillas, de forma que la calidad de estos productos no siempre es la misma. Los productores de semillas mixtas no tienen ninguna influencia en todo esto. La única cosa que un productor puede hacer si la cosecha ha sido mala o de calidad deficiente es tratar de comprar semillas que sean de la calidad mejor posible o buscar productores de este género en otros países. Las semillas (mijo, semilla blanca o linaza) se suministran en gran-

Diamante australiano.

DIFERENTES COMIDAS A BASE DE HUEVO

Las semillas son productos naturales y su calidad puede variar.

des fardos y a menudo tienen que atravesar diversas fases antes de que finalmente lleguen a los comerciantes de alpiste. En primer lugar, han de ser tamizadas y lavadas, para después ser procesadas según la mezcla que se desee. Las semillas, por lo tanto, han atravesado varios procesos y etapas muy intensos antes de que usted pueda adquirirlas en la tienda. Las semillas son seres vivos. Las semillas están destinadas a germinar y transformarse en plantas. Bajo determinadas circunstancias, por ejemplo, a altas temperaturas y en condiciones de una gran humedad, una semilla puede perecer o ponerse mohosa. El alpiste debe entonces ser almacenado en un lugar seco, preferiblemente en un sitio fresco y sin luz. Si no cuenta con una gran cantidad de pájaros, haría mejor en comprar una bolsa pequeña que una grande. El alpiste que se guarda durante mucho tiempo comienza pronto a deteriorarse y puede llegar a pudrirse.

Además de los granívoros, hay también muchos pájaros que se alimentan de insectos y frutas. Para este tipo de pájaros se pueden adquirir mezclas especiales que contienen entre otras cosas insectos secos, pero también frutos y bayas desecados. Este alimento debe también almacenarse en lugares secos, fríos y preferiblemente oscuros. Asimismo es recomendable no adquirir mucha cantidad de una sola vez. Cuando compre alpiste fíjese bien en el brillo. El alpiste no puede oler a humedad o a moho, ni tampoco debe apreciarse esta circunstancia a la vista.

La mayoría de los pájaros de jaula o de pajarera son granívoros.

Granívoros

Canario.

El mayor y más conocido grupo de pájaros de jaula o de pajarera está constituido por los que se alimentan con grano. Estos pájaros se alimentan fundamentalmente de semillas, pero también de frutos, insectos, comida a base de huevo y con verduras. La fruta y las verduras contienen un número importante de nutrientes, pero también pueden ser fuente de trastornos, como la diarrea. La verdura es muy saludable para su pájaro, pero debe aportarse siempre en cantidades pequeñas. Una especie que se alimente fundamentalmente con semillas alimentará también a sus polluelos con insectos y comida a base de huevo de vez en cuando, especialmente durante el período de cría. Para evitar una situación en la que el pájaro no reconozca la comida que se le ofrece y, consiguientemente, no se la dé tampoco a sus crías, tendrá que dársela antes de forma sistemática, incluso antes de que comience el período de cría. La comida a base de huevo, que puede adquirir preparada en las pajarerías, es un importante complemento dietético para la mayor parte de los granívoros. Esta alimentación ha demostrado ser de gran valía especialmente en el período previo a la cría, y también durante la cría misma y el período inmediatamente posterior. Las instrucciones dadas para la verdura y la fruta valen también para los alimentos a base de huevo para evitar déficit nutricionales.

DIVERSAS MEZCLAS DE SEMILLAS PARA CANARIOS

DIVERSAS MEZCLAS DE SEMILLAS PARA PERIQUITOS

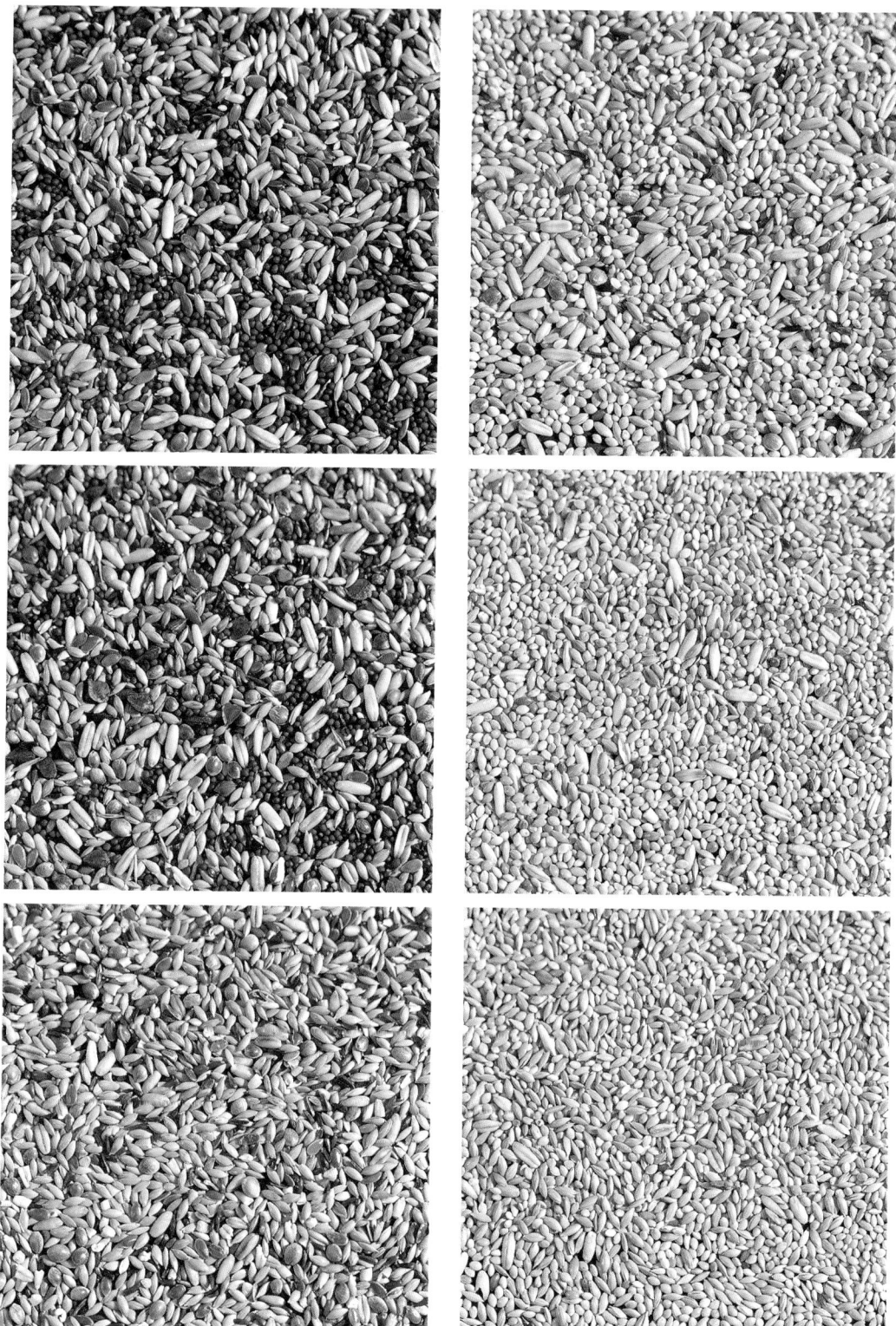

MEZCLAS DE SEMILLAS PARA PAPAGAYOS DE COLA CORTA Y LOROS DE TAMAÑO GRANDE

Semilla para pericos.

Mezcla de semillas para pericos de tamaño grande.

Mezcla de semillas para papagayos de cola corta.

Mezcla de semillas para cotorritas ninfa.

DIVERSAS MEZCLAS DE SEMILLAS PARA LOROS Y CACATÚAS

Los pericos y los loros gustan de las semillas de girasol, aunque éstas contienen demasiada grasa.

DIVERSAS MEZCLAS DE SEMILLAS PARA PÁJAROS TROPICALES PEQUEÑOS

Puede alimentar a sus loros con cacahuetes sin cáscara con moderación. Si los toman con exceso, engordarán.

DIVERSAS SEMILLAS PARA PÁJAROS CANTORES O PARA PÁJAROS EUROPEOS DOMESTICADOS

Las semillas de hierba constituyen un aporte nutritivo adicional para los pájaros europeos domesticados.

MEZCLA DE SEMILLAS PARA PAJARERA

El mijo es muy nutritivo y evita la monotonía de los granívoros medio y pequeño.

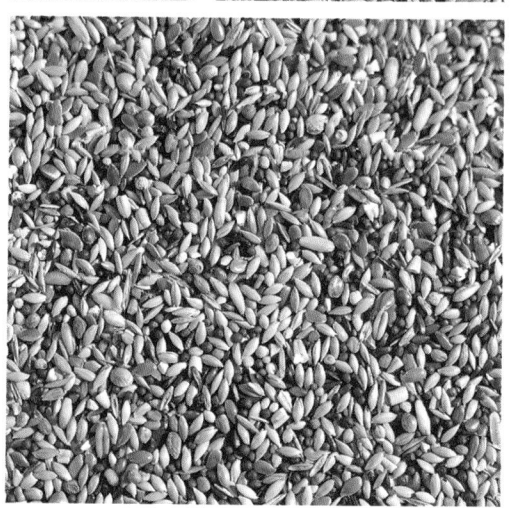

MEZCLA DE SEMILLAS PARA PALOMAS GRANÍVORAS

Racionamiento

Las distintas semillas se le suministran a los pájaros en forma de mezcla, de modo que consigan las diferentes proteínas y otros elementos que necesita para mantenerse sano y saludable. Algunos pájaros tienen una clara preferencia por una determinada clase de semilla, y sólo quieren comer de ese tipo. Es un hecho bien conocido que muchos loros tienen preferencia por las semillas de girasol y por las de los cacahuetes, que contienen mucha grasa. Si el pájaro tiene siempre a su disposición este tipo de frutos secos, no querrá comer ninguna otra cosa. Y esto impedirá el objetivo de suministrarle una dieta de semillas equilibrada. El animal presentará pronto anomalías y su estado general se deteriorará rápidamente. Para evitar que esto suceda es una buena idea ofrecerle la mezcla de semillas en raciones. Esto significa darle al animal su ración diaria, la que necesite, y nada más. De esta manera, no tiene oportunidad de comer sólo una dieta unilateral. La cantidad de comida que un pájaro necesita depende de varios factores, incluyendo la temperatura ambiente, las actividades del pájaro, si está o no en período de cría, la humedad, etc. Resulta una buena idea conseguir información sobre todo esto de un criador experto, que se dedique a la cría de pájaros de la misma especie que los suyos. Existen también varias asociaciones especializadas a las que pertenecen los aficionados a una especie determinada y entrar en contacto con ellas para plantearles cualquier consulta que desee.

La necesidad de partículas de gravilla

Los pájaros granívoros cuentan con un aparato digestivo especial. Las semillas van a parar a la molleja, que hace más fácil la digestión para el pájaro. El pájaro necesita contar con partículas arenosas para este proceso. Si no cuenta con ellas en la molleja, el animal no puede triturar las semillas. Estas partículas de gravilla no están en la

PARTÍCULAS ARENOSAS PARA PÁJAROS

molleja de forma permanente. Con el transcurrir del tiempo, los bordes afilados de las partículas se desgastan y el pájaro las secreta. Entonces, el pájaro tiene que ingerir nuevas partículas afiladas. Es preciso asegurarse de que siempre va a tener una cantidad de esta gravilla para su pájaro. Puede adquirir este material, en forma pura o combinada, en su tienda de pájaros. La ventaja de las partículas combinadas es que también contiene partículas digeribles y, entre otras cosas, carbón vegetal. Siempre es preferible, pues, utilizar una combinación de este tipo. El organismo del pájaro seleccionará las partículas que necesite. No es preciso decir que debe comprar una combinación ajustada al tamaño del animal. Las mezclas para pájaros tropicales pequeños son más finas que las mezclas destinadas a los loros.

Frutas, vegetales, bayas y hierbas

La mayor parte de las especies de pájaros comen algún tipo de grano. Para algunos de ellos resulta un ingrediente esencial de su dieta y para otros un suplemento. Usted puede recolectar por sí mismo algunos alimentos vegetales, pero será una empresa con ciertos inconvenientes. Las hierbas y los frutos pueden haber sido contami-

La fruta fresca es una comida apreciada para muchos pájaros comedores de fruta.

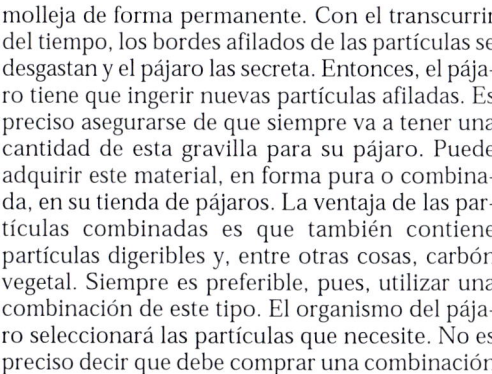

Papagayo escarlata de dorso amarillo.

nados por el polvo producido por industrias pesadas, por humos o por pesticidas. Ésta es la razón por la que la gente que tiene muchos pájaros con frecuencia cultiva hierbas él mismo para asegurar la calidad de las mismas. Cuando se las dé a sus pájaros asegúrese de que no hayan comenzado a marchitar, que no estén podridas o que no estén tampoco atacadas por la humedad. Si algún alimento de este tipo sobra, retírelo el mismo día. Las frutas deben lavarse muy meticulosamente y ofrecerse a los pájaros en pedazos muy pequeños.

EJEMPLOS DE FRUTAS Y VEGETALES ADECUADOS
Los siguientes tipos de frutas y de vegetales son adecuados para la alimentación de los pájaros: las variedades dulces de manzana, las peras, los plátanos, uvas, gajos de naranja, mandarinas, papayas, dátiles, higos, albaricoques (secos o frescos), piña, las pasas y grosellas remojadas, las zanahorias, los tomates, las mazorcas de maíz y el apio (en pequeñas cantidades). No dé nunca a sus pájaros aguacate, ya que resulta venenoso para una gran cantidad de especies.

EJEMPLOS DE BAYAS ADECUADAS
Las variedades de bayas que se exponen a continuación resultan adecuadas: zarzamora, frambuesas, bayas del espino, bayas del saúco, bayas de serbal y escaramujos de rosa.

Estornino real.

DIVERSOS TIPOS DE COMIDA PREPARADA PARA PÁJAROS

EJEMPLOS DE HIERBAS ADECUADAS

Las siguientes especies de hierba son adecuadas para la alimentación de los pájaros: pamplina, tusilago, bolsa de pastores, pulgar de dama (las semillas y las flores), zuzón, llantén, acedera, diente de león, semillas de hierba frescas, prímula y cardo de huerta.

Pájaros insectívoros y frutívoros

Se pueden adquirir diversas clases de comida preparada para pájaros insectívoros y frutívoros. En todas las tiendas de animales se pueden encontrar alimentos de carácter genérico para pájaros, bolas para miná, con masa de frutos y de insectos. Se puede comprar incluso alimento especial para pericos, y néctar en pajarerías especializadas, aunque también podrá encargárselas especialmente para usted al responsable del comercio. Este tipo de comida se concibe como una dieta base. En función de las distintas especies de pájaro, por consiguiente, se tendrá que dar a los pájaros hierbas frescas y/o insectos vivos de una forma diaria y estable. Puede intentar capturar algunos insectos y los pájaros en la pajarera seguramente capturarán otros por sí mismos, al ser atraídos por los arbustos de la pajarera. El inconveniente de los insectos y otros tipos de alimentos vivos es que pueden provocar cierto tipo de enfermedades. Esto resulta particularmente cierto en el caso de los caracoles y las lombrices de tierra. Es la razón por la que resulta a menudo más seguro comprar alimentos vivos criados especialmente en la tienda de animales. No todas las presas vivas resultan adecuadas para la alimentación de los pájaros. Las especies más frágiles de insectos son adecuadas para los ejemplares más pequeños y jóvenes. Ejemplos de insectos y

INSECTOS ADECUADOS Y OTRAS PROTEÍNAS ANIMALES

Masa de insectos.

Gusanos de la harina.

Gusanos búfalo.

El arroz con cáscara es un alimento idóneo para pájaros que se alimentan con arroz.

Frutos de cedro.

Comida para pájaros en período de muda.

otras proteínas animales adecuados para su pajarera son los siguientes: grillos, saltamontes, escarabajos, arañas, gusanos de la harina, gusanos búfalo, larvas, moscas de la fruta, piojos de plantas, lombrices de tierra, larvas de mosquito y pulgas de agua.

Calcio, vitaminas y minerales

Incluso si usted aporta a sus pájaros una dieta saludable y variada, pueden aparecer deficiencias. Puede superarlas parcialmente colgando un bloque especial de yodo en la jaula o en la pajarera, del cual el pájaro podrá comer en caso de deficiencias nutricionales. Lo mismo, por consiguiente, sirve para el calcio, que ha de formar parte de todas las dietas, especialmente en el período de cría. En todas las jaulas y pajareras debe haber un hueso de jibia sepia, de forma que los pájaros puedan obtener el calcio extra que necesitan.

Semillas germinadas.

Las virutas de madera de haya se utilizan como cobertura para el suelo de las jaulas de los pájaros que se alimentan de insectos o de frutos.

Cuidados y atención de los pájaros

La higiene

Si mantiene y cría pájaros, la higiene es un asunto de la mayor importancia. La frecuencia de las operaciones de limpieza depende del tamaño de la jaula o de la pajarera, de la cantidad de pájaros que vivan en ellas, de la estación y de la cantidad de deposiciones, desperdicios de comida, etcétera. Para ahorrar costes, algunas personas toman la decisión de tamizar la cubierta de tierra de la jaula o de la pajarera, de forma que las deposiciones y los desperdicios de comida puedan ser retirados. Algunos restos diminutos de desperdicios no pueden ser retirados con el tamiz, por lo que los riesgos de infección y contaminación permanecerán. Cuando limpie la cubierta de tierra de la jaula o del refugio nocturno, deberá retirar la capa de tierra y sustituirla por completo. El tipo de cubierta de tierra que deba utilizar dependerá de las especies de pájaro que usted tenga. La clase más conocida y utilizada es la cubierta a base de concha

El material que se utiliza para la cobertura del suelo es la concha molida.

marina molida, pero las virutas de madera, la arena de río e incluso los guijarros se utilizan a veces como cubierta para el suelo.

Las paredes, los barrotes y el suelo de la jaula deben ser limpiados de modo regular. Las perchas, bañeras para pájaros, traveseras y otros accesorios también deben ser fregados periódicamente con desinfectante. Cuanto más higiénico sea respecto a esto, menos probable será que tenga que enfrentarse con problemas.

El cuidado de las uñas

Las uñas de los pájaros pueden llegar a ser demasiado largas, especialmente cuando el diámetro de las perchas es muy corto o excesivamente liso. Ciertas especies de pájaro propenden a desarrollar las uñas en poco tiempo, como es el caso de las estrildas africanas. Esta circunstancia puede pro-

Los pájaros, por naturaleza, son muy limpios.

Cardenal dominicano.

Rosei collis *o papagallos de cara color melocotón.*

vocar deformidades en los dedos y en los pies. Debemos, por consiguiente, observar con detenimiento el estado de las uñas de nuestros pájaros y cortarlas si fuese necesario. Es posible que la primera vez, esta tarea no resulte precisamente agradable. Por ello será preciso que busque la ayuda de una persona experta. Concéntrese en el hecho de que usted sólo tendrá que cortar el extremo de las uñas. Asegúrese de que no corta ninguna parte del dedo que tenga sensibilidad. Esto podría suponer el comienzo de una hemorragia –a veces muy prolongadas– y hará que las sucesivas operaciones de corte de uñas sean muy traumáticas para los pájaros. Cuando haya completado con éxito esta operación con sus pájaros, se transformará en algo rutinario que apenas durará unos minutos. Si, de todos modos, resultase una operación problemática, lo mejor será encargar a un tercero que lo haga por usted. Siempre será mejor que dejar que el pájaro sufra las consecuencias de ir por la vida con ese tipo de problemas.

Lombrices

Casi todos los pájaros pueden contraer lombrices, pero el problema de las lombrices se da con más frecuencia en las especies de la familia de los loros. No resultaría inoportuno desparasitar a los pájaros que presentan un riesgo alto –incluyendo a los pájaros que no van a ser utilizados con fines de cría– al menos una vez cada seis o doce meses. Si le resulta demasiado desagradable desparasitar a su pájaro, puede solicitar a otra persona, quizás a su veterinario, que lo haga por usted.

El agua para el baño

La humedad que se origina en los lugares en los que hay muchos pájaros de jaula o de pajarera es mucho mayor que la habitual en su cuarto de estar. Ésta es la razón por la que casi todos los pájaros precisan de cuando en cuando un baño, y la razón por la que algunos de ellos necesitan un baño diario para mantener un estado saludable. El agua del baño tiene que ser cambiada a diario. Si percibe

Las uñas largas son un problema frecuente.

Estrilda de orejas violetas rebosante de salud.

Paloma diamante.

que su pájaro no se baña, incluso si es de las especies que necesitan un baño diario, puede tratar de rociarle periódicamente con un espray para plantas ultrafino. Naturalmente, deberá realizar esta operación a una temperatura templada, de forma que el animal no caiga enfermo.

El ácaro de las plumas constituye un problema muy común que se resuelve con facilidad.

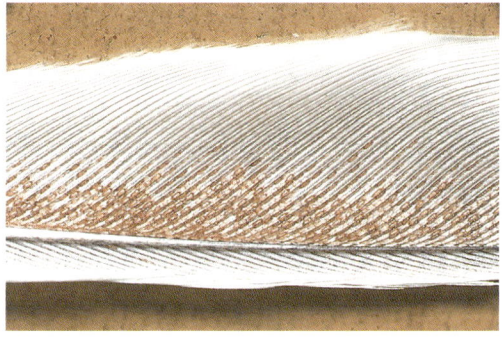

El período de muda

Un pájaro adulto muda una vez al año. Si los pájaros mudan con mayor frecuencia o durante períodos más largos, puede deberse a que no reciban la dieta adecuada, al estrés o a factores tales como los cambios bruscos de temperatura o a enfermedades. La época de muda constituye un período crítico para casi todos los pájaros, que provoca un intenso desgaste en sus anatomías. Los pájaros necesitan nutrientes extra durante su período de muda. Hablando en términos generales, los pájaros cantores permanecen en un estado pasivo durante la muda, mientras que la absoluta mayoría de los pájaros se muestran menos activos en este período que lo que es normal en ellos. Por término medio, el período de muda dura entre seis y ocho semanas. Los períodos de muda excesivamente prolongados se deben frecuentemente a que el agua para beber y para el baño está excesivamente fría en relación con la temperatura ambiente. Un remedio casero muy eficaz para que los pájaros tengan un período de muda normal consiste en proporcionarles cada día una pequeña cantidad de sodio disuelto en el agua para beber.

Pájaros enfermos

Si usted es un conocedor experto de sus pájaros, será capaz de deducir de su aspecto y de su apariencia si se encuentran bien o no. Los pájaros sanos se muestran activos y sus plumas lisas y lustrosas. Una actitud diferente pudiera ser un

Los pájaros con mala salud muestran generalmente el plumaje erizado y un aspecto apagado.

Toma de una muestra de flora intestinal de este ejemplar. Hará posible detectar una enfermedad común en los loros.

Pareja de loros de ala roja.

Estrilda azul.

indicador de que estamos ante algún tipo de problema. El pájaro podría comenzar a mostrar algún tipo de conducta apática, ausente, a arrancarse las plumas o mostrar una actitud dominada por la ansiedad. Uno de los primeros síntomas de mala salud consiste en que las plumas presenten un aspecto erizado en vez de alisado y brillante, además de que el animal presenta un aspecto decaído. Muchos pájaros presentarán un aspecto similar al que tienen cuando la temperatura es demasiado baja. Erizando las plumas retienen algún calor corporal en el espacio comprendido entre ellas. Un incremento de la temperatura ambiente mejorará seguramente las cosas. Hay otros síntomas que le indicarán que algo no marcha bien en lo referente a sus pája-

Diamante moteado australiano.

ros, como la dificultad para respirar, diarrea, pérdida de apetito, calvas, pérdida de plumaje, mudas excesivas, tumores en el pico, en las patas o alrededor de los ojos, parálisis parcial o total, e inflamaciones. Cuando crea que algo va mal en sus pájaros, no debería esperar y ver cómo evolucionan las cosas, sino pasar a la acción. Si tiene contacto con criadores experimentados, podrá exponerles el problema, y en la mayor parte de los casos sabrán indicarle lo que debe hacer. Podrá conseguir buenos contactos a través de las asociaciones correspondientes. Además, podrá entrar en contacto con los veterinarios. Un simple examen de las deposiciones del pájaro podría ser suficiente para dictaminar lo que le sucede al animal. En otros casos, una muestra de sangre o el examen de un pájaro enfermo será imprescindible para diagnosticar lo que le sucede al animal.

En el caso de la mayor parte de los loros, deberán pasar años hasta que puedan ser utilizados con fines de cría.

La cría

Hay una serie de cosas que usted deberá tomar en consideración antes de comenzar a criar pájaros

La cría de pájaros puede constituir una afición muy interesante, llegando a fascinar durante toda su vida a muchas personas. La mayoría de estas personas comienzan con pájaros que son fáciles de criar, pero una vez que éstos quedan enganchados a su nueva afición, quieren empezar la cría de especies más complicadas. Buscarán pájaros pertenecientes a especies más raras, o se concentrarán en animales de una determinada coloración o de una raza en particular.

Independientemente de la clase de objetivos que el criador persiga, tendrán siempre que cumplirse ciertos principios básicos. La jaula o la pajarera de cría deberán ser lo suficientemente espaciosas y estar preparadas de forma que los

Nido de diamantes de gould.

pájaros se sientan cómodos y en el ambiente adecuado.

La crianza exige mucho de los pájaros, no siendo preciso subrayar que las parejas deben presentar un estado general excelente durante la época de cría. Lo que podemos hacer para conseguir este objetivo es comprar pájaros saludables y procurarles lo mejor que podamos conseguir en lo que se refiere a hábitat y alimentación. Si se desea criar pájaros con un especial tipo de coloración o de especies determinadas, para participar en muestras y exhibiciones, resulta imprescindible trabajar con ejemplares que no muestren ningún defecto visible. Para estos casos

Si está criando para una finalidad específica, es mejor instalar a los pájaros por separado.

Hembra de canario en su nido.

Un huevo fresco que aún no ha sido incubado.

El mismo huevo tras ser incubado durante cuatro días.

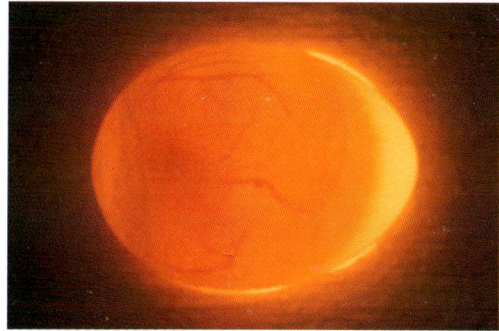

es esencial tener un conocimiento de los distintos criterios aplicados en estos certámenes.

La edad del pájaro para la cría resulta también muy importante. Si se utilizan para cría ejemplares jóvenes, el éxito resultará muy poco probable. Lo mismo en el caso de animales envejecidos. La edad más adecuada para la primera cría depende de cada especie. Muchas especies de estrilda de tamaño pequeño pueden utilizarse para la cría a los nueve o diez meses, mientras que muchos tipos de periquito y especies de la familia de los loros han de haber cumplido algunos años para poder ser utilizados con estos fines.

Los pericos grandes necesitan un amplio espacio durante el período de cría.

La agresividad durante la época de cría

No todos los pájaros se emparejan fácilmente. Resulta bastante frecuente el caso de pájaros que habiendo sido situados en la misma jaula de cría o pajarera resulta que no se llevan nada bien. Si cría especies bien conocidas por su falta de tolerancia, no se aleje demasiado durante el primer par de días que estén juntos. Deberá actuar cuando parezca que las cosas se van de la mano. Los problemas pueden aparecer en una fecha posterior si uno de los animales está en situación propicia a la reproducción y el otro no. Las actitudes agresivas durante la época de celo son exclusivas de los machos. Se persiguen unos a otros, con efectos desastrosos. Si estamos atentos, podremos separarlos antes de que sea demasiado tarde. En ocasiones puede resultar útil recortar un ala del pájaro agresivo. Con esta minusvalía transitoria el animal será menos rápido y tendrá una menor maniobrabilidad. La conducta agresiva resulta frecuentemente algo temporal y transitoria, durando sólo el tiempo que tarda la hembra en estar en celo.

Preparativos

Dispóngase a crear un ambiente en el que los pájaros se sientan cómodos y se encuentren predispuestos para la reproducción. Una pajarera llena de vegetación, sin que haya otros pájaros cerca, resulta obligada en determinadas especies, mientras que en otros casos los animales crían sin problemas rodeados de otros pájaros en un espacio limitado. Reparta siempre en diferentes lugares protegidos de la pajarera o del refugio cajas o cestas para nidos en cantidad suficiente. La norma a seguir es que el número de cajas-nido en la pajarera sea siempre superior al de parejas de pájaros, de forma que la lucha por el lugar favorito para criar quede reducida. Sólo debe instalar cajas-nido del tamaño y materiales adecuados para la especie que quiere criar. Las palomas, por ejemplo, prefieren plataformas

Las cajas-nido deben estar construidas de tal forma que su inspección cause las menores molestias posibles.

Ciertos pájaros utilizan mucho material de anidamiento, como en el caso de este nido de napoleones.

abiertas, mientras otras especies prefieren casi completamente cerrados. Es una buena idea comprar cajas-nido que puedan abrirse por arriba, de forma que pueda ver si los huevos están eclosionando o no, y echar un vistazo de vez en cuando al desarrollo de los polluelos. Puede ayudar a sus pájaros a construir sus nidos en cajas-nido colocadas a mucha altura o en troncos en los que hayamos practicado agujeros, poniendo escalas que conduzcan hasta el orificio de acceso. Estas escalas se pueden hacer con tela metálica, fijada firmemente al interior de la caja-nido o del nido en el tronco. También se evitará que los padres dañen los huevos involuntariamente.

Materiales para anidar

Por favor, asegúrese de que siempre haya materiales para hacer nidos a disposición de sus pájaros. Materiales adecuados son las hierbas secas, el heno, las raíces de las plantas, fibra de coco y cordeles de sisal, musgo seco, hojas, pelos de animales, así como ramitas pequeñas. La mayoría de los miembros de la familia de los periquitos no hacen nidos. Coloque una capa de musgo húmedo o bien algo de madera humedecida en el suelo de la caja-nido. Así mantendremos un cierto nivel de humedad en torno a los huevos y también evitaremos que éstos rueden hacia los lados. Las espe-

Los pericos no construyen un auténtico nido. Puede colocar turba o virutas en el fondo de la caja-nido.

Nido de pinzones society.

cies más destructivas entre los pájaros, a las que les gusta mucho roer, especialmente los loros y especies de periquitos, así como de cacatúas, presentan tendencia a «redecorar» sus cajas-nido con los picos. Pero no siempre lo hacen de forma aguda e inteligente. A veces roen la entrada a la caja-nido hasta tal punto que la dejan transformada en una caja semiabierta. Muchos de estos pájaros tampoco dejan en paz el suelo de la caja-nido. Una protección extra, tal como una placa de madera dura o unas tiras metálicas, podrían ayudar. Deje a disposición de este tipo de pájaros una gran cantidad de materiales para roer durante la época de cría, tales como algunas ramas frescas de sauce.

¿Cuántas nidadas al año?

Muchas especies ornitológicas crían una vez en cada período y nada más. Otras especies llevan a cabo varias nidadas en cada período. Hay especies que comienzan a criar de forma prematura, como consecuencia de lo cual sus polluelos nacen en una temporada poco favorable, o bien crían hasta el final del otoño. Un calendario de cría inadecuado o incontrolado puede traer muchos problemas. A resultas del estrés o a cambios hormonales, especies que son pacíficas pueden comenzar a mostrar tendencias caníbales hacia sus crías. Otros pueden tener una segunda nidada cuando aún están en el nido los polluelos de la primera, como resultado de lo cual los padres pueden arrojar fuera la primera nidada. En otros casos los huevos quedarán estériles o no eclosionarán. Y muchos pájaros en período de cría que dejan a sus polluelos valerse por sí mismos demasiado pronto. En resumidas cuentas, hay muchos aspectos que pueden marchar de forma inadecuada si los pájaros quedan abandonados a sus propios instintos. Lo mejor será que dejemos a los pájaros algún descanso después de la segunda nidada. Se puede lograr retirando de la pajarera todas las cajas-nido y elementos para la construcción. Si los pájaros, a pesar de todo, encuentran alguna cosa que les permita continuar sus actividades, lo mejor será separar los ejemplares de sexo distinto durante el resto de la temporada (otoño e invierno). Se pueden dar otro tipo de problemas relacionados con la cría. Entre ellos está la utilización con fines de cría de ejemplares todavía demasiado jóvenes, un ambiente poco apacible y tranquilo en la pajarera o en las jaulas de cría, una luz de escasa o de excesiva intensidad, demasiadas horas de luz o escasez de las mismas, problemas derivados de la temperatura ambiente, influencias climatológicas, o incluso el hecho de que a los pájaros se les ofrezcan ciertos tipos de alimentos. Resulta recomendable, por consiguiente, que los criadores que aún no tienen demasiada experiencia observen con atención la actividad de los veteranos para obtener más información.

La gravilla y la comida a base de huevo resultan esenciales para casi todas las especies antes y durante la cría.

La alimentación antes y durante la cría

Ciertos pájaros tienen unos requerimientos dietéticos ligeramente diferentes antes y durante el período de cría. Cada especie tiene sus propias preferencias en relación con ciertos nutrientes. El calcio adicional puede ser una buena idea, aunque a los pájaros que dispongan de suficientes cantidades de arenilla o hueso de sepia no habrá que suministrarles ningún alimento adicional. Durante la época de cría, diversas especies toman cantidades pequeñas de comida de origen animal, como insectos y comida a base de huevo. Hay especies que alimentan a sus polluelos con alimentos vivos o proteínas de origen animal, o que incluso les aportan durante sus primeros días de vida proteínas animales. Si cría pájaros de estas especies, será fundamental que puedan familiarizarse con comida a base de huevo y con pequeños insectos desde mucho antes que comiencen las nidadas. Si no les acostumbra hasta el mismo momento de la cría, será muy probable que los pájaros no la acepten no se la den a sus crías. Por favor, recuerde en estos casos que los picos de los polluelos no son tan fuertes como los de sus padres. Debido a ello, son incapaces de ingerir insectos de caparazón duro como pudieran ser los saltamontes. Los insectos más blandos resultan más adecuados para los pájaros jóvenes. Si es importante para los pájaros contar con una dieta bien equilibrada y variada, para los polluelos lo es todavía más. No los alimente siempre con la misma clase de insectos. Proporcióneles diversos tipos de ellos, para que puedan elegir. Está demostrado que un exceso de ciertos nutrientes puede ser más perjudicial que una cierta escasez de los mismos, y que cada insecto o planta cuenta con una composición propia. Si los pájaros no ingieren una dieta suficientemente variada, pueden desarrollar cuadros patológicos.

Anillamientos

Si se está iniciando en la actividad de criador, hará bien integrándose en una sociedad ornitológica. Así tendrá la oportunidad de intercambiar experiencias con otras personas que comparten su afición, de modo que no se encuentre solo cuando algo no marche del todo bien. Podrá también encargar a este tipo de asociaciones los anillos cerrados para colocárselos a los pájaros que esté usted criando. Existen tallas especiales para cada una de las especies. Tendrá que colocar un anillo en una de las extremidades del animal cuando alcance una edad determinada. La edad precisa en la que se tiene que

Este diamante moteado ha escogido su propio emplazamiento para anidar.

Los ejemplares jóvenes deberían ser anillados, ya que éste identifica al pájaro durante toda su vida.

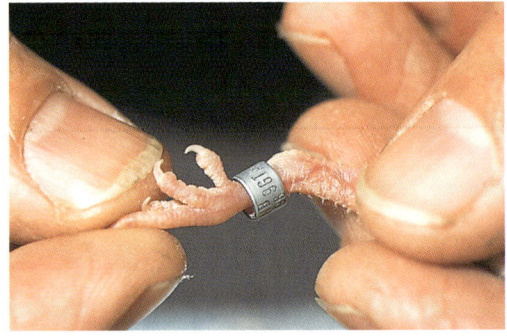

Diamante australiano.

Los pájaros son anillados relativamente pronto, por lo común antes de que emplumezcan.

Nido de canarios.

Los pájaros son juzgados en los concursos según diversos parámetros, incluyendo estado general, color y psique.

proceder al anillamiento depende de cada especie y del desarrollo individual de cada ejemplar. El anillado de los pájaros no sólo tiene interés para criadores que quieran presentar sus ejemplares a concurso, o para quienes críen a gran escala. Ciertas especies están sometidas a regulaciones de orden legal, que pueden llegar a establecer que determinadas especies deben ser anilladas con el anillo cerrado suministrado por una asociación en particular. Si cualquier ejemplar perteneciente a una de estas especies no estuviese anillado de acuerdo a estas normas, su propietario puede verse envuelto en un procedimiento legal desagradable. Incluso las especies que pueden poseerse y ser vendidas sin especiales restricciones, deben ser también anilladas, ya que los anillos contienen información de interés, como el año en el que tuvo lugar el anillamiento. Este tipo de información hace posible identificar al animal a lo largo de su vida.

Es muy importante que los pájaros sean anillados con material del tamaño adecuado. Un anillo demasiado pequeño puede llegar a clavarse en la pata del animal cuando pase cierto tiempo, mientras que uno demasiado grande puede provocar irritaciones y lesiones en el animal, llegando incluso a poner su vida en riesgo, en determinadas circunstancias.

Después de emplumecer, el pájaro todavía está un tiempo bajo los cuidados de sus progenitores.

Cruce entre estrilda de Angola y estrilda de cabeza azul.

Emplumecido

El momento de la eclosión del emplumecido varía según las especies. Sí se puede afirmar para todas las especies que los pájaros no pueden cuidarse por sí mismos inmediatamente después de emplumecer. Todavía no disponen de su plumaje definitivo y necesitan aún ser cuidados y alimentados por sus progenitores durante algún tiempo adicional. Los polluelos son muy vulnerables durante este período. Una súbita lluvia torrencial puede resultar muy dañina para este tipo de pájaro. Puede valer la pena aislar y cubrir una parte de la pajarera de modo que los polluelos puedan encontrar refugio en caso de mal tiempo. Los cuidados precisos por parte de los padres, refugio y un buen suministro de comida variada ayudará a los pájaros a superar esta fase vulnerable de sus vidas en cuestión de semanas. Ése será el momento en el que podrá coger los polluelos e instalarlos en espacios separados. Esta separación será obligado en el caso de las especies más agresivas, que no tolerarán por mucho tiempo convivir con sus crías en un mismo espacio.

Podemos comprobar si un huevo está fecundado por medio de una linterna.

Estos nonpareils de la India tienen una coloración diferente a la de los otros miembros de su especie.

Mutaciones

¿Qué entendemos por una mutación?

Muchas especies conocidas de pájaros tienen colores y manchas que no se aprecian en ejemplares de la misma especie que viven en libertad. Muchos de esos llamativos colores son el resultado de mutaciones, que son cambios espontáneos en la conformación genética de los pájaros. Las mutaciones son fenómenos muy naturales, tan viejos como la vida misma. Se manifiestan en todos los seres vivientes, incluidos los humanos y las plantas, así como los virus y los microbios. Una mutación puede tener dos tipos de efectos, dependiendo del lugar de la anatomía en el que tiene lugar. Puede, por ejemplo, afectar al cerebro o al aparato digestivo, aunque en avicultura las mutaciones se refieren por lo general a la coloración de los animales y a la conformación y estructura del plumaje.

Las mutaciones son siempre hereditarias, lo que significa que el ejemplar mutante puede pasar su nueva característica a sus crías, asumiendo que la mutación no se perpetúa de la misma manera que en el apareamiento natural o en los hábitos de cría.

El objeto de las mutaciones de color

Cuando vemos el aspecto general de los pájaros, podemos observar que sus colores están adaptados en gran medida a los de su entorno natural original. Los guacamayos de vivos colores, por ejemplo, apenas destacan en una selva tropical llena de contrastes cromáticos. Los numerosos mirlos europeos apenas pueden ser percibidos sobre los suelos arenosos, en los que pasan buena parte de su tiempo. Un buen camuflaje es de vital importancia para los pájaros. Cuanta menos atención atraiga un pájaro, menor será el riesgo de que caiga víctima de un ave de presa o un predador felino. Los pájaros dotados con un plumaje de un color que se aparta de la norma se dan, sin embargo, de una forma bastante espontánea y natural, y aunque pudiera parecer como si esas anomalías no sirvieran para ninguna finalidad en concreto, y solamente supusiesen un perjuicio para las posibilidades de supervivencia

Cardenal de cresta roja.

57

Cuervo blanco.

individual en la lucha por la vida, en realidad las mutaciones juegan una función en la evolución de las especies, consideradas como un conjunto.

Un periquito de Bourke con plumas amarillas.

El entorno natural de una especie de pájaro puede cambiar a lo largo del tiempo, y este cambio puede llegar a ser tan grande, que el camuflaje originario ya no serviría realmente de gran cosa a la hora de proteger a los animales. Una mutación de color puede, sin embargo, resultar muy útil para evitar la extinción de las especies. Las mutaciones pueden, por consiguiente, ser como una mano salvadora de la madre naturaleza para contribuir a que las especies sobrevivan. Las mutaciones, sin embargo, no siempre tienen éxito, y en bastantes casos no lo tienen en absoluto. Un plumaje rizado, por ejemplo, resultará sin duda perjudicial para un periquito en su entorno natural. Una mutación sólo ayudará a preservar una especie, si bien es cierto que en una forma alterada, si dota al mutante con unas características que le dan una ventaja sobre otros miembros de su especie.

Este ejemplar de ostrero muestra un llamativo e inusual plumaje.

Mutaciones en avicultura

Periquito barrado verde oliva.

Los pájaros que viven en nuestras jaulas o pajareras no tienen enemigos naturales. En principio no necesitarían ninguna clase de colores de camuflaje. Cuando un pájaro viable y fértil nace con alguna característica fuera de la norma y esta característica se considera bonita por parte del propietario, surge una ocasión para que el mutante sea utilizado para criar pájaros con un tipo de coloración enteramente nuevo. Estos pájaros se emparejarán con otros que tengan también este nuevo tipo de coloración o plumaje, o que pudieran portarlo en sus genes, siempre que sea posible para, con el paso del tiempo, crear una raza diferente o un pájaro con una coloración distinta. Los numerosos colores de los periquitos y las llamativas formas de ciertos canarios son sólo algunos ejemplos de mutaciones que son el resultado de una cría selectiva. Un nuevo tipo de coloración en una especie puede también ser el resultado de una estricta selección de ciertas características. Es el caso que se da cuando los criadores seleccionan sus pájaros estrictamente sobre la base de unas manchas determinadas o unos tonos cromáticos muy claros o particularmente oscuros. Debido a que las mutaciones suceden de cuando en cuando y a que las posibilidades de mutación son virtualmente infinitas, podemos esperar ver bastantes colores y variaciones nuevas en el futuro. Las mutaciones de color y plumaje que se describen en esta enciclopedia se basan, por consiguiente, en el actual estado de las cosas.

*Las mutaciones tienen lugar periódicamente.
En la foto, un avefría de un color fuera de la norma.*

Este mirlo es un ejemplo magnífico de una mutación de color que no resulta útil para la especie. Será visto más rápidamente por los predadores que los ejemplares con la coloración habitual.

2. Codornies – Phasianidae

Excalfatoria chinensis

CODORNIZ PINTADA CHINA

DISTRIBUCIÓN

Sudeste de Asia y Australia.

TAMAÑO

De 12 a 13 centímetros.

DIFERENCIACIÓN ENTRE LOS SEXOS

La diferencia entre los sexos se aprecia de un vistazo en los originales colores de esta especie. El macho tiene unas manchas distintivas de color blanco y negro en la garganta

CARACTERÍSTICAS SOCIALES

La codorniz pintada china hace una vida muy independiente en la pajarera y suele dejar en paz a las demás especies. Debido a que los ejemplares machos son muy viriles, conviene no comprar un solo ejemplar de hembra por cada macho, sino varios. En los espacios pequeños en particular, el macho tiende a perseguir a la hembra sin parar. Como quiera que los machos tienen un fuerte instinto territorial durante la época de cría y defienden con determinación el espacio alrededor del nido y los polluelos, es mejor no mezclar estos pájaros con otras especies que vivan en el suelo. Se dan algunos ejemplares que no cumplen con sus obligaciones paternas, sino que muestran actitudes agresivas hacia las hembras o los polluelos. Es mejor quitarlos de la pajarera. Este tipo de conducta, no obstante, está provocado a menudo por la sobrepoblación.

HÁBITAT ADECUADO

Las codornices pintadas chinas se encuentran a gusto en casi todos los tipos de hábitat, siempre que puedan escarbar por allí y por allá. Son unos pájaros de suelo extremadamente adaptables, especialmente adecuados para combinarlos con estrildas. No son muy exigentes, pero resulta aconsejable tener algunas plantas en la pajarera bajo las que puedan encontrar refugio.

TEMPERATURA AMBIENTE

Las codornices pintadas chinas son pájaros muy fuertes. No presentan particulares restricciones en lo que se refiere a la temperatura ambiente. Deberán poder acceder, sin embargo, a un refugio nocturno sin corrientes, humedad y a prueba de heladas, además de una esquina cubierta con plantas en la que esconderse durante los meses fríos de otoño e invierno.

ALIMENTACIÓN

Muchos dueños de pajareras no alimentan de forma separada a sus codornices pintadas chinas. En principio, comen todo lo que otras especies desperdician. Una dieta básica adecuada consiste en

Hembra pintada china sin manchas en la garganta.

Macho de codorniz pintada china con su plumaje natural.

Izquierda: Ejemplar macho de codorniz arlequín.

Macho de pintada china sin manchas en la garganta.

Codorniz pintada china hembra, color gris pastel, con manchas de cuclillo.

una combinación de semillas para pájaros tropicales pequeños y semillas para canarios.

Además, les gustan unos pocos bocados de alimento verde (hierbas) y, por supuesto, gravilla de la que extraen su calcio y que le ayudan a digerir la comida. Durante la época de cría, necesitan alimentación animal, como los gusanos y la pasta preparada de insectos.

Hembra de codorniz pintada china, con polluelos.

Macho de codorniz pintada china de color gris pastel.

ACTIVIDADES

Las codornices pintadas chinas son pájaros gregarios y activos, que están prácticamente todo el tiempo escarbando por el suelo de la pajarera en busca de alimento. Les gusta darse baños de arena para limpiar su plumaje. Una caja pequeña con arena fina y limpia resulta óptima para este fin. Asegúrese de cambiarla tras los baños, de forma que no se contamine con deposiciones.

CRÍA

Las codornices pintadas chinas son bastante fáciles de criar. La hembra deposita sus huevos en un pequeño agujero en el fondo de la pajarera, preferiblemente en un lugar protegido bajo un arbusto. Se pueden esperar entre ocho y diez huevos en cada puesta. El tiempo de incubación es entre dieciséis y dieciocho días. Cuando los huevos eclosionan los pollos se muestran precoces. Pueden caminar junto a la madre casi inmediatamente y saben picar comida del suelo. También necesitan agua, pero como pueden llegar a ahogarse en un cuenco para beber de tamaño medio, será mejor colocar un plato poco profundo con agua. Deberá cambiar el agua varias veces al día. El macho permanecerá con la hembra y los polluelos a lo largo de todo el período de cría, para espantar a cualquier intruso que se acerque demasiado. Cuando los polluelos tienen unas cuatro semanas, pueden valerse completamente por sí mismos, aunque lo mejor será esperar al menos otras cuatro semanas antes de separarlos de sus padres.

Aun cuando una buena pareja de cría pueda llegar sin mayores dificultades a poner hasta dos o tres puestas al año y criar a los polluelos, puede ser que la hembra no incube los huevos. Simplemente hace la puesta y se olvida de los huevos. En ocasiones todo lo que usted necesita hacer es recolectar estos huevos y colocarlos en un agujero no muy profundo, situado bajo un arbusto. Si esta solución no surtiera efecto, deberá poner los huevos en una incubadora. Los polluelos deberán ser criados con alimentos tales como insectos,

Los huevos de las codornices pintadas chinas se pueden presentar en cualquier color.

semillas tropicales y preparado de huevo. Durante las primeras dos semanas, los pollos deben ser protegidos térmicamente con una lámpara de calor. Con el objetivo de permitir a los polluelos acostumbrarse a la temperatura ambiente habitual, puede aumentar gradualmente la altura a la que cuelgue la lámpara.

MUTACIONES

Se dan varias mutaciones bien conocidas, incluyendo aquellas que se muestran a través de manchas poco habituales, así como casos en los que no se aprecian las típicas manchas en la garganta. En algunos casos aparecen colores diferentes a los propios de la especie, tales como las tonalidades rojizas, los colores canela, los blancos puros, ruano, así como diversas variantes de los colores pastel.

INFORMACIÓN ADICIONAL

Las codornices pintadas chinas son una de las especies de pajarera más populares. Resultan muy indicadas para quienes se inician en esta actividad.

Coturnix japonica

CODORNIZ JAPONESA

DISTRIBUCIÓN
Sudeste asiático.

TAMAÑO
Aproximadamente 9 centímetros.

DIFERENCIACIÓN ENTRE LOS SEXOS
Las manchas en la cabeza y en la garganta en los ejemplares macho de esta especie de codorniz japonesa contrastan demasiado con las de las hembras.

CARACTERÍSTICAS SOCIALES
Las codornices japonesas pueden instalarse en

Codorniz japonesa macho con plumaje natural.

Codorniz japonesa hembra con su plumaje natural.

Codorniz japonesa con una mutación blanquecina.

pajareras mixtas sin ningún tipo de problemas. Por lo general no interactúan de ninguna forma con otras especies de pájaros, haciendo su propia vida pacíficamente.

HÁBITAT ADECUADO
La mejor opción para estas codornices es una pajarera amplia y bien provista de plantas con un refugio anexo para pasar las noches. A estos pájaros les gusta encontrar refugio bajo arbustos altos y grandes. Pueden defenderse bien en pajareras de interior, aunque suelen ser demasiado pequeñas.

TEMPERATURA AMBIENTE
Las codornices japonesas son pájaros bastante fuertes. Si cuentan con un refugio bien aislado para pasar la noche, no necesitarán calefacción adicional.

ALIMENTACIÓN
Las codornices japonesas comen cualquier cosa que dejen los otros pájaros de la pajarera. Les gusta comer mezclas de semillas para pequeños pájaros tropicales, complementadas con hierbas y algo de alimentos vivos, especialmente en la época de cría. Conviene que tengan arenilla a

Codorniz japonesa de color rojizo.

mano, de forma que los polluelos puedan tomar cuanta necesiten.

ACTIVIDADES

Estas codornices permanecen en el suelo, por el que picotean en busca de alimentos. Les gusta tomar baños de arena. Con este fin, puede colocarse un plato con arena limpia en el suelo de la pajarera. Conviene cambiar el plato después del baño, de forma que no permanezca sucio con excrementos.

CRÍA

Las codornices japonesas no son unas criadoras particularmente buenas. En una situación ideal, la hembra deposita sus huevos (por lo general más de ocho) en un agujero poco profundo practicado en una zona protegida. La hembra incuba los huevos aproximadamente durante dieciséis a dieciocho días. Los polluelos son precoces y por ello pueden ya pasear con su madre y picotear la comida casi después de eclosionar los huevos. A los polluelos les gusta comer también algunas presas vivas, además de comida para codornices y pequeñas semillas. Los pollos son plenamente independientes y pueden ser separados de sus padres cuando tienen alrededor de cuatro semanas.

El macho no toma parte activa en la incubación y cría de los polluelos. Debe vigilar el nido y sus alrededores. Si tiene una hembra que parezca no tener intención de cuidar sus huevos –y se trata de una situación frecuente en este tipo de pájaros– tendrá que colocar éstos en una incubadora. Si una vez que hayan eclosionado los huevos, los polluelos no son mantenidos al calor de la madre, habrá que proporcionarles soluciones de calor artificial, tales como las lámparas de infrarrojos. Se les suministrará comida especial para polluelos de codorniz, alimentos para todo tipo de pájaros y pequeñas semillas e insectos. Habrá que evitar la posibilidad de que los pollos puedan ahogarse haciendo que su bebedero sea un plato poco hondo. Deberá cambiar varias veces cada día el agua para beber. Bajaremos gradualmente la lámpara de calor, de modo que los pollos se vayan acostumbrando a la temperatura ambiente normal. Generalmente responden muy bien a los cuidados, siendo capaces de emparejarse a los tres meses.

MUTACIONES

A lo largo del tiempo han tenido lugar varias mutaciones de color, de modo que en la actualidad se dan variantes blancas, perladas, rojizas y moteadas.

INFORMACIÓN ADICIONAL

La codorniz japonesa es menos conocida que su pariente de menor tamaño, la codorniz pintada china, aunque su cría resulta también apropiada para los nuevos aficionados a los pájaros.

Coturnix delegorguei

CODORNIZ ARLEQUÍN

DISTRIBUCIÓN

Sur y este de África.

TAMAÑO

Entre 15 y 17 centímetros.

DIFERENCIACIÓN ENTRE LOS SEXOS

Los machos cuentan con una marca en la garganta que no tienen las hembras.

CARACTERÍSTICAS SOCIALES

Esta especie de codorniz puede vivir sin mayores dificultades en una pajarera mixta. Su tendencia natural es vivir su vida y dejar tranquilos a los ejemplares de otras especies que convivan en la pajarera. Sin embargo no se llevan bien con otras especies de codorniz, y ésta es la razón por la que deberá restringirse a la cría de una única especie. Los ejemplares macho de especies diferentes de codorniz pueden hacerse recíprocamente la vida

Pareja de codornices arlequín.

imposible, especialmente durante la época de cría. Será preferible tener un único macho con varias hembras.

HÁBITAT ADECUADO

Las codornices arlequín deben tenerse en una pajarera exterior bien surtida de plantas, con muchos refugios. Pueden adaptarse a una pajarera interior, pero la superficie del suelo de estas pajareras suele ser muy pequeña.

TEMPERATURA AMBIENTE

Las codornices arlequín no son unos pájaros frágiles y delicados, pero en invierno, sobre todo en caso de heladas, deben contar con un refugio cálido y cubierto. La temperatura debe ser tenida siempre por encima de los siete grados.

ALIMENTACIÓN

Las codornices arlequín se alimentan de semillas, y en su ambiente natural comen sobre todo semillas de hierbas. Se les puede suministrar una mezcla de semillas específica para una pajarera mixta o alguna semilla especial para codornices. Además, les gusta la comida vegetal (hojas de lechuga y pamplinas), así como insectos, sus larvas, crisálidas y huevos. Esta especie suele criarse como pájaro de suelo en pajareras mixtas, donde comen la comida desperdiciada por los otros pájaros. Debe comprobar siempre que disponen de suficiente gravilla.

ACTIVIDADES

Las codornices arlequín viven en el suelo de la pajarera. Son bastante tranquilas y disfrutan tomando baños de arena. Con este fin, puede colocar un plato grande de loza lleno de arena. No olvide retirar el plato después de los baños, para que no se ensucie con deposiciones.

CRÍA

El nido de la codorniz arlequín consiste en un agujero en el suelo en un área protegida fuera del alcance de la vista. Como promedio, las puestas suelen ser de entre seis y diez huevos. Los huevos son de color entre verdoso y crema, con manchas oscuras. Éstos son incubados por la hembra aproximadamente durante diecisiete días. La codorniz arlequín es precoz. Pueden marchar junto a la madre y picotear comida inmediatamente tras la eclosión de los huevos. En el mercado existe comida especial para polluelos de codorniz, que se les debe suministrar durante las primeras dos semanas. También les gustan algunas pequeñas presas vivas. Los pollos son completamente independientes tras las primeras cuatro o seis semanas. Entonces ya pueden ser separados de sus padres. Una buena pareja cría dos veces al año. Las codornices arlequín son en ocasiones algo descuidadas con los

Codornices Bobwhite. Con su plumaje natural (derecha).

huevos. La hembra puede poner huevos a lo ancho y a lo largo de la pajarera y después simplemente olvidarlos. En ciertos casos resulta útil que cavemos nosotros mismos un hoyo pequeño en un lugar protegido de la pajarera y coloquemos dentro los huevos, pero con frecuencia es mejor ponerlos directamente en la incubadora. Los pollos que han nacido en estas circunstancias pueden ponerse bajo una lámpara de calor durante las primeras dos semanas y ser criados con comida especial para pollos de codorniz, semillas y pequeños insectos. Para asegurarnos de que los polluelos no se ahoguen, debemos poner el agua para beber en un plato poco hondo. Deberemos bajar poco a poco la temperatura de la lámpara para que se acostumbren a la temperatura ambiente.

Colinus virginianus

CODORNIZ NORTEAMERICANA O BOBWHITE

DISTRIBUCIÓN

Este de los Estados Unidos, América Central e Indias Occidentales.

TAMAÑO

Alrededor de 22 o 23 centímetros.

DIFERENCIACIÓN ENTRE SEXOS

El contraste en las marcas de la cabeza es ligeramente menor en las hembras. El color de las manchas es blanco en los machos y crema en las hembras.

CARACTERÍSTICAS SOCIALES

Puede mantener estas codornices distribuidas en parejas, pero por lo general es mejor mantener un macho con varias hembras. Nunca debe mantener especies distintas de codorniz en la

Codornices norteamericanas de color blanco y rojizo.

misma pajarera que la de la codorniz norteamericana. Tampoco es recomendable tener más de un macho por pajarera. Las codornices norteamericanas viven su vida de modo independiente, dejando en paz, por lo general, a los pájaros voladores que conviven con ellas. Las posibles agresiones entre ellas se deberán a la falta de espacio vital.

HÁBITAT ADECUADO

Estas codornices son bastante grandes y necesitan espacio. Las pajareras interiores son con frecuencia demasiado pequeñas. Lo mejor sería una pajarera exterior grande con muchas plantas y un refugio resultaría el hábitat ideal para ellas.

TEMPERATURA AMBIENTE

Estas codornices son bastante duras y fuertes. Si tienen acceso a un refugio nocturno bien aislado, por lo general no serán necesarias otras instalaciones.

ALIMENTACIÓN

La comida más adecuada para estos pájaros incluye mezclas especiales para codornices, mezcla específica para hembras, y todo el grano y las semillas que no sean aprovechados por las demás aves de la pajarera. Aprecian la inclusión en su dieta de comida vegetal y de algún insecto. Se les debe suministrar arenilla en cantidad suficiente.

ACTIVIDADES

La codorniz norteamericana no vive sobre el suelo todo el día. Pasa buena parte del tiempo entre arbustos espesos. Por la noche duerme en alguna rama elevada, pudiendo molestar a algunos otros pájaros. Les gusta darse baños de arena para cuidar su plumaje. Con esta finalidad, puede colocar un plato de loza con arena limpia en el suelo de la pajarera. Para evitar que la arena se manche con excrementos, tenga la precaución de retirar el plato después del baño de arena.

CRÍA

La codorniz norteamericana cava un agujero en una zona resguardada, que cubre con tallos de hojas de hierba y con ramitas. Una nidada completa puede tener entre catorce a dieciocho huevos. La hembra incuba estos huevos en veintidós o veintitrés días. Los pollos son precoces y pueden, de forma casi inmediata, marchar junto a sus padres y picotear comida. Puede suministrarles comida especial para pollos de codorniz, complementada durante este período con insectos. Las codornices norteamericanas no son unas reconocidas criadoras de polluelos. Con mucha frecuencia, se olvidan por completo de los huevos una vez que los han puesto. En esos casos, una incubadora será la mejor solución. Los polluelos necesitan ser mantenidos al calor durante el primer par de semanas, lo que hace imprescindible contar con una lámpara de calor. El agua deberá ponerse en un plato muy llano para evitar que se ahoguen los polluelos. La temperatura deberá bajarse de modo gradual (aumentando progresivamente la altura de la lámpara). De este modo los pollos se acostumbran gradualmente a la temperatura ambiente normal.

MUTACIONES

Se han desarrollado varias mutaciones de color, incluyendo el blanco, rojizo y perlado.

Lophortyx californicus

CODORNIZ DE CALIFORNIA

DISTRIBUCIÓN

El oeste de los Estados Unidos.

TAMAÑO

En torno a los 24 o 25 centímetros.

DIFERENCIACIÓN ENTRE LOS SEXOS

Los machos de esta atractiva especie de codorniz tienen marcas negras y blancas en la garganta, que no aparecen en las hembras. Además, la cresta de los ejemplares macho es negra y larga, mientras que la de las hembras es corta y marrón.

CARACTERÍSTICAS SOCIALES

Estos pájaros apenas causan ningún problema a otras especies que vivan a alturas medias o superiores de la pajarera, aunque lo mejor es combinarlas con especies de pájaro de tamaño más grande. Debe mantener preferiblemente un macho con varias hembras. Con frecuencia, los casos de agresión se deben al hecho de que haya demasiadas codornices en un espacio muy pequeño.

Ejemplar de codorniz de California macho.

HÁBITAT ADECUADO

Las codornices de California deben ser instaladas en pajareras espaciosas, y con plantas. Son muy sensibles a la humedad y agradecerán que la pajarera esté parcialmente cubierta.

TEMPERATURA AMBIENTE

Esta especie puede ser mantenida todo el año en una pajarera exterior, siempre que pueda protegerse en un refugio nocturno a prueba de heladas, libre de corrientes y sin humedad.

ALIMENTACIÓN

Una mezcla de semillas especial para pájaros de pajarera, complementada con algo de comida a base de hierbas, insectos vivos y alimentos comunes para pájaros pueden mantener en buena forma a estos animales. Deben tener siempre a su disposición gravilla en la pajarera, de forma que los pájaros puedan tomar tanta como necesiten.

ACTIVIDADES

Las codornices de California pasan en el suelo buena parte de su tiempo, donde picotean y escarban en busca de alimento. Sin embargo son capaces de volar y pueden encontrarse a veces en los lugares más elevados. Por la noche buscan un lugar alto y recogido entre el verdor con el fin de pernoctar, lo que a veces molesta a los demás pájaros de la pajarera. Disfrutan con los baños de arena. Un plato sólido hace las veces de una perfecta bañera. Asegúrese de que la arena esté limpia y retírela después del tiempo de baño, de modo que no se vea ensuciada con deposiciones.

CRÍA

Esta especie de codorniz es muy productiva en lo que hace al número de huevos por puesta –resulta normal que ponga más de veinte– aunque de la misma forma que otras especies de codorniz, estos animales no destacan precisamente por la dedicación a las labores de la crianza. Esto no tiene por qué ser un problema, ya que los pollos son muy precoces, siendo capaces de caminar y picotear comida justo después de la eclosión de los huevos.

Si la hembra no los empolla, podremos incubar los huevos en una incubadora. Los huevos, de color azul pálido con manchas marrones, eclosionarán aproximadamente entre los dieciocho y los veintitrés días.

3. Palomas – Colombidae

Geopelia cuneata

PALOMA DIAMANTE

DISTRIBUCIÓN

Australia.

TAMAÑO

Entre 18 y 19 centímetros.

DIFERENCIACIÓN ENTRE LOS SEXOS

Una mirada experta notará que, especialmente durante la época de cría, el color del anillo alrededor de los ojos en el macho es más brillante que el de las hembras.

CARACTERÍSTICAS SOCIALES

Las palomas diamante son una de las más pacíficas especies de palomas. Pueden ser mantenidas en una pajarera mixta sin mayores problemas. También muestran una conducta ejemplar hacia pájaros de mucho menor tamaño, como por ejemplo la estrilda. Durante la época de cría, los machos de esta especie pueden luchar entre ellos. Por esta razón, sólo debemos tener una pareja de palomas diamante en cada pajarera, y si este aviario es grande, dos.

HÁBITAT ADECUADO

Las palomas diamante pueden mantenerse perfectamente tanto en una pajarera exterior como en una interior. Dado que estas aves no son trepadoras, conviene más una pajarera amplia que una alta.

TEMPERATURA AMBIENTE

Estas especies de paloma son bastante resistentes. Cuando hace mal tiempo, sin embargo, deben

Paloma diamante con rabadilla blanca.

poder guarecerse en un refugio a prueba de heladas y bien aislado.

ALIMENTACIÓN

Puede proporcionar a estos pájaros una dieta básica de mezcla de semillas para pájaros tropicales. Además, puede suministrarles alguna comida a base de hierbas, mijo italiano y semillas germinadas de cuando en cuando.

Debe asegurarse siempre de que los pájaros tengan a su alcance un buen surtido de gravilla, de forma que puedan tomar cuanta necesiten. Las palomas diamante comen relativamente poco.

ACTIVIDADES

Estas aves, por lo común, son muy tranquilas. Apenas se bañan, aunque si la situación lo permite, les gusta mojarse bajo la lluvia. Si el clima se mantiene seco durante mucho tiempo, puede rociarlas con un espray ultrafino para plantas. Las palomas diamante son verdaderas adoradoras del sol. También les gusta hurgar en el suelo de la pajarera en busca de comida.

CRÍA

Esta especie puede criar tanto en una pajarera como en una jaula. Puede colgar nidos artificiales, que deben medir por lo menos 12 por 12 centímetros y aproximadamente 5 centímetros de alto, en varias puntos distintos de la pajarera. Estos pájaros prefieren nidos de alambre o cajas-nido semiabiertas. El nido está construido de todo tipo de materiales, como el heno o las ramillas. Antes, durante y después del período de cría, los pájaros tienen una necesidad creciente de comida a base de huevo. Las palomas diamante ponen dos huevos. Los padres comparten la responsabilidad de empollar los huevos, lo que dura entre doce y trece días. Durante el primer par de días, los polluelos son alimentados

Paloma diamante de color pastel.

izquierda: Las palomas diamante son pájaros sociales.

Paloma diamante con rabadilla color pastel.

Los entusiastas de las palomas combinan generalmente las palomas diamante con las reidoras.

con leche de pichona por la hembra. Después de esto el macho también colabora. El emplumecido tiene lugar a los doce o catorce días. Los pájaros no son entonces aún capaces de alimentarse por sí mismos adecuadamente y permanecen aún una temporada siendo alimentados por sus padres. Una pareja de cría en buena forma puede críar dos o tres puestas al año.

MUTACIONES

Además de su propio plumaje natural, hay palomas diamante de color perlado, ágata, rojizo o plateado. También existe una mutación que presenta la rabadilla blanca, que puede combinarse con todos los otros colores.

Oena capensis

PALOMA NAMAQUA

DISTRIBUCIÓN

Madagascar, África Central y Oriental.

TAMAÑO

Aproximadamente 23 centímetros.

DIFERENCIACIÓN ENTRE LOS SEXOS

Las diferencias entre los dos sexos se pueden apreciar fácilmente. Las hembras no cuentan con una máscara negra.

Paloma namaqua macho.

CARÁCTERÍSTICAS SOCIALES

Estas palomas encajan muy bien en pajareras mixtas, incluso con especies más pequeñas. Lo mejor es no mantener más de una pareja de palomas namaqua en una misma pajarera. También es conveniente no combinarla en el mismo hábitat con otras especies de paloma. Las distintas especies de palomas no son tolerantes entre sí.

HÁBITAT ADECUADO

Estos pájaros deben ser mantenidos preferiblemente en una pajarera exterior, aunque colocada en un lugar resguardado. Les gusta refugiarse entre el verdor, y se les debe dar la oportunidad de hacerlo. Estos pájaros también salen adelante en una pajarera interior, siempre que encuentren plantas. Como quiera que estas aves no son trepadoras, la jaula o la pajarera ha de ser más ancha que alta.

TEMPERATURA AMBIENTE

Las palomas namaqua se encuentran mejor en los días calientes del verano. Disfrutan del calor y detestan la humedad. Para esta especie resulta esencial contar con un refugio bien aislado, con sistemas de calor durante el invierno.

ALIMENTACIÓN

Se les puede suministrar mezclas de semillas para periquitos y para pájaros tropicales pequeños, además de algo de mijo italiano. Por lo general disfrutan también con las semillas germinadas. Deberá suministrarles una buena provisión de gravilla de modo que puedan tomar todo lo que deseen. De vez en cuando les gusta tomar algo de comida a base de huevo.

ACTIVIDADES

Estos pájaros están lejos de ser asustadizos, siempre que el entorno les resulte cómodo. Pueden domesticarse de forma bastante rápida. Las palomas namaqua no son unas aves delicadas, siendo su carácter más bien tranquilo. Les gusta tomar baños de arena para cuidar su plumaje. Debe facilitarles las cosas para que lo hagan a diario, colocando un plato de loza con arena limpia y fina en el suelo. Procure quitar el plato después del baño de arena, de modo que ésta no se ensucie con deposiciones.

CRÍA

Para la reproducción, deberá colgar nidos en distintas zonas resguardadas de la pajarera, de modo que puedan escoger ellas mismas su lugar de anidamiento. Las palomas namaqua ponen habitualmente dos huevos, que eclosionan como promedio transcurridos cuarenta días. Otros catorce días después los pájaros empluman. Si los padres están en buena forma, pronto comenzarán una nueva nidada. Resulta mejor separar a los polluelos de sus padres inmediatamente después de que sean capaces de alimentarse por sí mismos. Lleva entre dos y cuatro meses que alcancen su color permanente. Los ejemplares de esta especie no están maduros para la reproducción hasta que tienen entre un año y medio y dos años. Es necesario reducir al mínimo los ruidos y otro tipo de molestias durante la época de cría.

Streptopelia risoria

PALOMA REIDORA

DISTRIBUCIÓN

La paloma reidora es un pájaro domesticado. El prototipo de esta paloma vive en África del Norte.

TAMAÑO

Aproximadamente 23 centímetros.

DIFERENCIACIÓN ENTRE LOS SEXOS

La diferencia entre los sexos no resulta fácil de apreciar. Los machos son más grandes a veces, con un cuerpo y una cabeza más grandes que las hembras, pero éste no es un método fiable de diferenciación. Es mucho mejor observar atentamente a los animales. El macho pone en escena todo un alarde exhibicionista durante la época de cría.

Paloma reidora blanca.

Pareja de palomas reidora rojiza.

Paloma reidora moteada.

Paloma reidora rojiza.

CARACTERÍSTICAS SOCIALES

Las palomas reidoras generalmente no causan ningún problema cuando se combinan con otro tipo de pájaros. Resultan también más tolerantes en relación con otras palomas que otras especies. Si cuenta con una pajarera espaciosa, puede mantener dos o más parejas. Debe vigilarlas, sin embargo, durante la época de reproducción.

HÁBITAT ADECUADO

Las palomas reidoras se sienten más cómodas en una pajarera exterior espaciosa, y mejor aún en una pajarera ancha que en una alta. No están de más las plantas, pero no son en absoluto imprescindibles para que este animal se sienta cómodo. A veces estas palomas se tienen como única especie. La jaula debe tener entonces, por lo menos, 70 por 40 de ancho y de fondo. Las perchas adecuadas para esta especie han de tener un diámetro de aproximadamente 2,5 centímetros.

TEMPERATURA AMBIENTE

Si la pajarera tiene un refugio para las noches, por lo general no tendrá que disponer instalaciones adicionales.

ALIMENTACIÓN

Las palomas reidoras se alimentan con una mezcla de comida preparada para tórtolas, complementadas con una mezcla de semillas para pájaros tropicales pequeños. Además, les gusta tomar algo de comida a base de huevo y a base de hierbas. Debe comprobar que cuente siempre con una buena provisión de gravilla, de modo que puedan tomar tanta como precisen.

ACTIVIDADES

Esta especie cuenta con un canto maravilloso. Se puede domesticar de una forma relativamente rápida si se le proporcionan los cuidados precisos y si se le trata con tranquilidad. Su conducta es dócil tanto en jaulas como en pajareras, no dando muchos brincos ni saltos. Para cuidar su plumaje, a las palomas reidoras les gusta tomar baños de arena. Podrá colocar para este fin un plato llano de loza con arena limpia y fina sobre el suelo de la jaula o de la pajarera.

CRÍA

No resulta muy difícil criar palomas reidoras. Los padres, por lo general, llevan a cabo sus obligaciones parentales con diligencia. Una cesta para pichones es lo que se suele usar como lugar de anidamiento. También les puede servir para anidar una estantería de unos 20 centímetros, con un borde elevado de 5 centímetros, puesto en un lugar seguro. No olvide colocar algo de paja y ramitas en el lugar de anidamiento. Estos pájaros no dedican mucho esfuerzo a construir su nido. Casi todas las veces las palomas reidoras ponen dos huevos, que son incubados por las noches por la hembra y durante el día por el macho. Los huevos generalmente eclosionan poco después de las dos semanas. El emplumado tiene lugar tres semanas escasas después. Esta especie no es capaz de cuidar de sí misma adecuadamente cuando llega el emplumado, por lo que necesitan ser alimentados, normalmente por el macho, durante algún tiempo más. Los pollos pueden ser separados de sus padres cuando se alimentan de forma autónoma. Mientras tanto, los padres ya están ocupados con la siguiente nidada. Las palomas reidoras son conocidas por su excelente disposición hacia la crianza. Los huevos y polluelos de otras especies de paloma peor dispuestas son por lo común aceptados por ellas sin mayores problemas.

MUTACIONES

Existen muchas mutaciones conocidas de estas especies de pájaro. Existen, entre otras, una variante blanca y moteada, pero se dan también numerosas variantes en la intensidad del color del plumaje y de las marcas. Entre las mutaciones más conocidas se incluyen los pájaros blancos con los ojos negros, el color perlado, y mutaciones con la cabeza melocotón y moteadas. También se dan palomas reidoras con plumajes especiales, como la paloma reidora rizada y la sedosa. Esta última no vuela bien.

Columbina cruziana

PALOMA DE TIERRA PERUANA

DISTRIBUCIÓN
La región septentrional de Chile, Perú y Ecuador.

TAMAÑO
Aproximadamente 15 centímetros.

DIFERENCIACIÓN ENTRE LOS SEXOS
No resulta fácil distinguir entre los dos sexos. En general, el plumaje de los machos es de un color algo más intenso que el de las hembras. Su plumaje tiene un tono algo más parduzco.

CARACTERÍSTICAS SOCIALES
La paloma de tierra peruana es muy amistosa cuando no se encuentra en época de cría, y puede ser criada sin problemas con otras especies de pájaros en la pajarera. Durante la época de cría, sin embargo, se vuelve más bien agresiva, fundamentalmente respecto a los miembros de su misma especie o hacia ejemplares de otras especies de paloma. En este caso, es mejor separarlas.

HÁBITAT ADECUADO
Estos pájaros pueden ser mantenidos en una pajarera exterior, situada en un lugar protegido, o bien en una pajarera interior espaciosa. Le gustan las plantas. Como quiera que este tipo de pájaro no es trepador, la jaula debe ser más bien ancha que alta.

TEMPERATURA AMBIENTE
La paloma de tierra peruana no soporta muy bien el frío. Si se le mantiene en el exterior, el refugio debe tener calor artificial durante el invierno.

ALIMENTACIÓN
Esta especie prefiere los tipos más finos de semillas. Deberá proporcionarle una mezcla de semillas especiales para periquitos, semillas para pájaros tropicales y algo de semillas de hierba. Además, les gusta tomar un poco de mijo italiano, apreciando mucho tomar un poco de comida a base de huevo, especialmente en la época de reproducción. Debe comprobar en todo momento que disponen de una buena provisión de gravilla, de forma que pueda tomar cuanta necesite.

ACTIVIDADES
La paloma de tierra peruana tiene un carácter más bien retirado y tímido. Tiene que aproximarse a ella de forma más bien tranquila y tratarla con suavidad. Disfruta con los baños de arena. Puede colocar arena fina y limpia en un plato de loza sobre el suelo de la jaula o de la

Paloma de tierra peruana.

pajarera especialmente para este propósito. No olvide retirar el plato de arena después de los baños, de modo que ésta no se ensucie con los excrementos.

CRÍA

Si quiere tener palomas de tierra peruanas con fines de cría, deberá colocar en diferentes sitios de la pajarera platos para el anidamiento. Las aves pueden entonces elegir el lugar que más les convenga para anidar. El nido de esta especie es más bien desordenado y lo construye a partir de materiales tales como heno u hojas de hierba. La paloma de tierra peruana pone dos huevos que eclosionan aproximadamente en catorce días. El emplumado tiene lugar cuando los pollos tienen entre once o doce días. Son cuidados y alimentados hasta que tienen aproximadamente tres semanas. A partir de ese momento, pueden ser considerados independientes y deben ser separados. Los ejemplares de esta especie tienen una necesidad creciente de comida a base de huevo durante la estación de cría. En este período debe tratar en lo posible de evitar ruidos y molestias en lo posible. Los pájaros necesitan descanso. Una buena pareja de cría puede sacar adelante varias nidadas al año.

Este ejemplar de paloma de tierra peruana sufre una alteración pigmentaria temporal debida al estrés.

Paloma pacífica.

Geopelia striata

PALOMA PACÍFICA

DISTRIBUCIÓN

Australia, Nueva Guinea y Sudeste Asiático.

DIFERENCIACIÓN ENTRE LOS SEXOS

Se necesita contar con un ojo experto para ser capaz de apreciar las diferencias externas entre los dos sexos. Los machos son por lo general más grandes que las hembras de la misma especie, y cuentan con una coloración ligeramente más intensa. Los cortejos de los machos permiten identificarlos con mayor certidumbre.

CARACTERÍSTICAS SOCIALES

Estas palomas son extraordinariamente gregarias, llevándose bien con otras especies más pequeñas, no causando el menor tipo de problemas en una pajarera mixta. Deberá mantener, sin embargo, sólo una pareja de animales de esta especie, ya que pueden mostrarse intolerantes en relación con otros ejemplares de su misma especie y con ejemplares de otras especies de paloma.

HÁBITAT ADECUADO

La paloma pacífica se mantiene adecuadamente en una pajarera exterior con suficientes plantas o se puede mantener en una jaula si ésta es lo suficientemente grande, así como en pajareras interiores. Como esta especie no es trepadora, la jaula o la pajarera debe ser más ancha que alta.

TEMPERATURA AMBIENTE

La paloma pacífica es muy sensible al frío, por lo que necesita un refugio interior con calefacción para pasar sin problemas el invierno.

ALIMENTACIÓN

Se puede alimentar a los ejemplares de esta especie con una dieta a base de combinaciones

Ejemplar de paloma de corazón sangrante de Luzón.

de semillas para pájaros tropicales pequeños. Los pájaros también disfrutan con algunas pequeñas dosis de comida a base de huevo y con semillas germinadas. Lo mismo vale para las frutas y los vegetales. Debe asegurarse siempre de que cuentan con una buena ración de gravilla, de modo que los pájaros puedan tomar la cantidad que precisen.

ACTIVIDADES

La paloma pacífica es una especie por lo común muy tranquila que disfruta pasando su tiempo en el suelo de la pajarera. De cuando en cuando le gusta tomar baños de arena. Se puede colocar un plato de loza grande con arena de río limpia y fina en el suelo de la pajarera para que pueda hacerlo. Además, les gusta también darse baños de agua en los días de calor. Aquellos ejemplares de paloma pacífica que han sido instalados en pajareras al aire libre pueden ser más bien distantes o nerviosos, pero si mantiene estos pájaros en una pajarera interior desde que son jóvenes, prestándoles la suficiente atención, pronto se mostrarán dóciles.

CRÍA

La paloma pacífica no resulta difícil de criar siempre que consigamos que permanezca en un entorno tranquilo. Los pájaros son muy sensibles a cualquier molestia. Las consecuencias pueden llegar a suponer el abandono de los huevos o de los polluelos. A estas palomas se les puede dejar hacer su vida tranquilamente en una pajarera al aire libre, siempre que esté situada en un lugar tranquilo con muchas plantas, de forma que estas aves no se vean sobresaltadas por los ruidos o por los otros pájaros. Si ése fuera el caso, será mejor cambiarlas a otro lugar, como una jaula separada y amplia en el interior de la casa. Las palomas construyen sus desordenados nidos en un plato de loza especial para nidificaciones de palomas, aunque también pueden hacerlos en cajas-nido semiabiertas, nidos en los que ponen dos huevos que son incubados por la hembra. Los huevos eclosionan a los doce o trece días. El emplumado tiene lugar dos semanas después. Los pájaros son criados y alimentados, cada vez con menor intensidad, durante algún tiempo más. La mayoría de las veces, sin embargo, los padres habrán comenzado ya una nueva nidada. Es mejor separar a los pollos de los padres una vez que sean capaces de comer de forma independiente.

Gallicolumba luzonica

PALOMA CORAZÓN SANGRANTE DE LUZÓN

DISTRIBUCIÓN

Filipinas e islas de Luzón y de Polillo.

TAMAÑO

Aproximadamente 25 centímetros.

DIFERENCIACIÓN ENTRE LOS SEXOS

El punto rojo en el pecho de los machos a veces es mayor y más brillante. En general, los machos son mayores y más robustos que las hembras.

CARACTERÍSTICAS SOCIALES

Se muestran muy pacíficas en relación con los otros pájaros de la pajarera, pero están lejos de mostrarse amistosos con otros ejemplares de su especie y con otras especies de palomas. Para evitar problemas deberá comprar una sola pareja.

HÁBITAT ADECUADO

La paloma corazón sangrante de Luzón se mantiene mejor en pajareras grandes con muchas plantas dentro. Los pequeños arbustos y otro tipo de plantas que le dan refugio son las más adecuadas.

TEMPERATURA AMBIENTE

Aunque algunos amantes de los pájaros mantienen estas especies de paloma en refugios bien aislados pero sin calefacción, no es algo que se pueda generalizar para la paloma corazón sangrante de Luzón. Por lo general se recomienda la instalación de algún sistema adicional de calefacción.

ALIMENTACIÓN

La paloma de corazón sangrante de Luzón debe ingerir una dieta variada de semillas, tales como una combinación seleccionada de semillas para tórtolas, alimentos de utilidad general para pájaros, insectos (entre otros, gusanos e insectos pequeños) y comida a base de huevos y a base de fruta. Les gusta también comer bayas. Toman casi en exclusiva su alimento del suelo. Es una excelente idea ponerles cerca los desperdicios de rastrillado de jardín que hayan estado amontonados durante una temporada. Allí hay toda clase de insectos pequeños y gusanos que a esta especie le gustan mucho. Compruebe siempre que cuenta con un surtido amplio de gravilla, de modo que los pájaros puedan tomar la cantidad que necesiten.

ACTIVIDADES

Esta llamativa especie de paloma forma parte de la familia de las palomas de tierra. Pueden volar, pero durante muy poco tiempo y recorriendo poca distancia. Viven fundamentalmente en el suelo, donde buscan comida. Por la noche, generalmente van en busca de un lugar más alto. Las palomas corazón sangrante de Luzón constituyen una especie de carácter sosegado.

CRÍA

La paloma corazón sangrante de Luzón no siempre construye sus nidos en el suelo, lo que constituiría la solución más lógica para esta especie, sino que a veces los construye a una altura de un metro o más. Usted puede colocar un nido de cría de madera en un arbusto resguardado, que podrá cubrir con materiales tales como paja y ramillas. El macho es por lo general el que encuentra el material, que la hembra adapta al nido. Como media, estas palomas ponen dos huevos, de color crema. Los huevos son incubados generalmente por el macho durante el día, y por la hembra durante la noche. Eclosionan después de catorce o dieciséis días. El emplumado tiene lugar a las dos semanas, pero también se puede adelantar o atrasar unos días. Las palomas son capaces de cuidar de sí mismas otros catorce días después de que el emplumado tenga lugar. Es mejor separar los polluelos de sus padres inmediatamente después de que sean capaces de comer de forma independiente. Durante la época de cría, la paloma corazón sangrante de Luzón también ve incrementarse su necesidad de alimentos vivos y de comida a base de huevo. La corazón sangrante no siempre es muy brillante criando. Si resulta molestada durante la cría, puede hartarse y abandonar la nidada o los polluelos. La paz y la tranquilidad son, por lo tanto, elementos muy interesantes para el éxito de la cría.

Columba guinea

PALOMA DE GUINEA

DISTRIBUCIÓN

África.

TAMAÑO

Entre 32 y 36 centímetros.

DIFERENCIACIÓN ENTRE LOS SEXOS

No hay diferencias de color entre los dos sexos.

Paloma de Guinea.

Paloma de Guinea.

Las hembras son a menudo algo más pequeñas y delgadas.

HÁBITAT ADECUADO

Deberá mantener preferiblemente esta gran especie de paloma en una pajarera exterior espaciosa con muchas plantas. La paloma de Guinea no se encuentra a gusto en pajareras desprovistas de vegetación, pues le gusta esconderse entre el follaje.

TEMPERATURA AMBIENTE

Las palomas de esta especie no son muy sensibles al frío. Necesitan, sin embargo, un refugio libre de corrientes, eficaz contra las heladas y sin humedad.

ALIMENTACIÓN

La paloma de Guinea come semillas y comida a base de hierbas, así como alimentos vivos. Puede darles una combinación especial de semillas para tórtolas complementada con algo de avena como dieta básica. Además de todo esto, esta especie de paloma disfruta mucho comiendo hierbas y bayas. Entre otros, los gusanos y los pequeños grillos son su comida animal favorita. Debe siempre comprobar que disponen de un buen surtido de gravilla, para que tomen lo que quieran.

ACTIVIDADES

La paloma de Guinea es una especie bastante tranquila. Le gusta tomar baños de arena. Debe darle una oportunidad diaria de hacerlo colocando un plato de loza con arena fina y limpia en el suelo, retirándolo después del baño para que no se ensucie con restos de excrementos.

CRÍA

Esta especie no es normalmente difícil para la cría, siempre que las palomas dispongan de espacio y tranquilidad suficientes. La forma mejor para que estos animales se reproduzcan es que tengan una pajarera separada y preparada para este fin, donde no haya otro tipo de pájaros. Las hembras ponen dos huevos, que eclosionan aproximadamente a los diecisiete días de incubación. El emplumado tiene lugar a los veintidós o veintitrés días.

Paloma de Guinea.

4. Fringílidos – Fringillidae

Fringilla coelebs

PINZÓN

DISTRIBUCIÓN
Europa, Asia Occidental y África del Norte.

TAMAÑO
Aproximadamente 15 o 16 centímetros.

DIFERENCIACIÓN ENTRE LOS SEXOS
Los machos de esta especie pueden ser reconocidos por su magnífico canto y sus colores y manchas más llamativos.

CARACTERÍSTICAS SOCIALES
Los pinzones son los creadores de su propio espacio vital, que defienden vigorosamente contra cualquier intruso, en especial durante la época de cría. Esta característica reduce su idoneidad para formar parte de una pajarera mixta. Durante la época de cría, lo mejor es mantener una pareja de estas aves en una jaula o en una pajarera especialmente preparada para ellos. Los ejemplares macho pueden mostrarse verdaderamente agresivos respecto de otros machos de su misma especie en la época de cría, por lo que se debe evitar mantenerlos en el mismo hábitat durante ésta.

HÁBITAT ADECUADO
Los pinzones deben mantenerse preferiblemente en una pajarera cubierta con muchas plantas de hoja perenne, tales como las coníferas o piceas.

TEMPERATURA AMBIENTE
Estas aves están perfectamente adaptadas a vivir en un clima templado. No resulta necesario para ellas contar con un refugio nocturno, siempre que la pajarera esté situada en un lugar resguardado y haya suficientes plantas como para que las aves se refugien.

ALIMENTACIÓN
Existe una abundante oferta de mezclas de semillas para pájaros domésticos europeos. Estas mezclas se pueden suministrar como dieta básica. Además, los pinzones disfrutan tomando presas vivas como los gusanos y los áfidos. Les gustan también las frutas y las bayas. Siempre deben contar con un suministro abundante de gravilla en la jaula o la pajarera, de modo que puedan tomar tanta como quieran.

ACTIVIDADES
Los pinzones son aves bastante tranquilas. Los machos son conocidos por su extraordinario canto.

CRÍA
Los pinzones destacan por ser los arquitectos de unos nidos extraordinariamente ingeniosos para los que usan toda clase de materiales, tales

Pinzón hembra de color isabelino.

Pinzón macho con su color natural.

Izquierda: Camachuelo común macho.

Pinzón hembra con su color natural.

Pinzón macho color ágata.

Pinzón hembra color ágata.

Pinzón macho alimentando a su polluelo.

como tallos de hojas de hierba, cordón de cáñamo desenredado y las raíces de las plantas. La hembra es la única artífice del nido, mientras que el macho permanece alrededor para vigilar el territorio. La hembra, por lo general, construye el nido en un arbusto tupido, aunque en ocasiones también utiliza una caja-nido colocada en la pajarera o una cesta para anidamientos. Como promedio, los pinzones ponen entre tres o cuatro huevos. Son incubados fundamentalmente por la hembra. Los huevos eclosionan una vez que hayan transcurrido entre once y trece días. Los polluelos son alimentados por los dos padres y durante el primer par de días en particular, tienen necesidad de tomar insectos vivos, como áfidos, gusanos y moscas de la fruta. Se les pueden dar grandes cantidades varias veces al día. Los polluelos empluman una vez transcurridos entre doce y dieciséis días. Todavía deberán ser alimentados durante una temporada, fundamentalmente por el macho, y de forma progresivamente decreciente, hasta que sean plenamente independientes. Una vez que hayan alcanzado esta etapa, deben ser separados, ya que el macho podría actuar agresivamente respecto a ellos, y en particular respecto a los machos jóvenes. Las parejas de cría en buena forma pueden hacer varias nidadas en un mismo año, resultando posible conseguir que estos pájaros críen en jaulas de cría en interior, aunque esto requiere conocimiento y experiencia. La cría en interior da peor resultado que la que se lleva a cabo en pajareras exteriores. Los pinzones se emparejan de por vida. Si uno de los integrantes de una pareja de cría muere, deberemos esperar hasta la llegada de la próxima temporada de cría para presentar una nueva pareja. Los supervivientes de la anterior pareja pueden llegar a intentar matar al nuevo pájaro si se les incorpora demasiado pronto.

MUTACIONES

Son conocidas varias mutaciones de color, incluidos el perlado, marrón, pastel, ópalo y el pinzón moteado.

DETALLES ADICIONALES

Este pinzón es una especie protegida. Los pájaros de esta especie (*Fringilla coelebs*) sólo pueden poseerse bajo ciertas restricciones y con una supervisión estricta.
Durante siglos, los concursos de canto de pinzones se celebran en distintos lugares de Europa, pero en particular en Bélgica. Actualmente estos eventos, que forman parte del folclore, están prohibidos por la ley.

Pyrrhula pyrrhula

CAMACHUELO COMÚN

DISTRIBUCIÓN

Las distintas variedades están muy extendidas en varias partes del mundo, desde Europa hasta el interior de Asia.

TAMAÑO

Entre 14 y 17 centímetros.

DIFERENCIACIÓN ENTRE LOS SEXOS

Resulta sencillo distinguir entre los dos sexos. Los machos tienen en el pecho una llamativa mancha de color rosa rojizo, mientras que las hembras tienen una coloración menos vistosa.

Camachuelo hembra.

Nido de camachuelos.

CARACTERÍSTICAS SOCIALES

Deberá mantener una pareja de esta especie, aunque también resulta posible mantener varias. Hablando en términos generales, se puede llevar bien con otras especies de pájaros, en particular con otros pájaros cantores, como el chamariz y los verderones.

HÁBITAT ADECUADO

En su entorno natural, los camachuelos prefieren los entornos boscosos, con pinos. El perfecto acomodo para un camachuelo es, por consiguiente, una pajarera espaciosa con arbustos de hoja perenne y plantas, tales como pinos y coníferas,

Camachuelo marrón.

que imiten su entorno natural. Los pájaros se sienten más adaptados en pajareras algo umbrías que en las que están muy expuestas al sol. También se encuentran a gusto en jaulas o pajareras interiores, sobre todo si encuentran algo de verdor en ellas.

TEMPERATURA AMBIENTE

Los camachuelos que podemos encontrar hoy en jaulas o pajareras son originarios de Europa y, por lo tanto, se adaptan sin dificultades mayores a su clima cambiante, húmedo y a veces demasiado frío. Deberá, por lo tanto, asegurarse de que los pájaros puedan encontrar suficiente refugio frente al viento y la lluvia.

ALIMENTACIÓN

Los camachuelos son fundamentalmente granívoros. Una combinación especialmente preparada para ellos puede constituir su dieta básica. Además, a estos pájaros les gustan las semillas de hierba, los brotes de diente de león, los brotes de frutales y algunas semillas de plantas herbáceas. También les gustan muchos tipos de bayas de temporada. Además de las semillas, debemos proporcionar de forma regular a estos pájaros algo de comida a base de vegetales y semillas germinadas. Especialmente antes, durante y después de la época de cría, necesitan recibir buenas raciones de insectos vivos de todo tipo, así

Camachuelo color pastel.

como de larvas. Debe haber siempre un amplio suministro de gravilla en la jaula o en la pajarera, de modo que los pájaros puedan tomar toda la que quieran.

ACTIVIDADES

Los camachuelos pueden encontrarse con frecuencia entre el verdor. Si reciben los cuidados adecuados se domestican sin gran dificultad. Los machos cantan maravillosamente. Los ejemplares jóvenes pueden aprender a imitar silbidos cortos directamente de su dueño.

CRÍA

Los mejores resultados de la cría de estos pájaros se han obtenido en los llamados cuartos de pájaros. Se trata de habitáculos con una altura de dos metros, un fondo de dos metros y un ancho de un metro. Tienen compartimentos cerrados, de forma que las parejas no pueden verse entre sí. La techumbre consiste en láminas de plástico. La madre contará con un nido en forma de cuenco hecho con fibra de coco y hojas de hierba. La hembra utilizará los materiales más suaves para recubrir el nido. Los camachuelos construyen sus nidos en lugares resguardados. Resulta apropiado que haya un arbusto bien tupido. Si lo desea, podrá camuflar de antemano con ramillas verdes las cestas-nido. Esta especie pone de cuatro a cinco huevos por nidada. Su color va del azul pálido al verde pálido con manchas de color oscuro. La hembra es quien incuba los huevos. Es, no obstante, alimentada de forma regular por el macho, para que de esta forma no tenga que abandonar el nido. Los huevos eclosionan a los doce o catorce días. Los pollos empluman una semana o dos después. Entretanto, los pájaros tienen una gran necesidad de alimentos vivos, como gusanos y moscas de la fruta. Deben serles suministrados en grandes cantidades varias veces al día. Si una pareja de cría está en buena forma, y se les da una dieta variada, hay una buena oportunidad de que saquen adelante dos o tres nidadas consecutivas. Los camachuelos son conocidos por su monogamia. Las parejas permanecen muy unidas y no se muestran interesados en otros ejemplares de esta especie.

Camachuelo hembra color pastel.

Pareja de camachuelos en el nido.

MUTACIONES

A lo largo del tiempo han tenido lugar, y se han consolidado, varias mutaciones. Las más conocidas son la perlada, pastel y el camachuelo marrón.

DETALLES ADICIONALES

Si se les suministran los cuidados necesarios, los camachuelos pueden alcanzar la edad de diez años. El camachuelo es una especie protegida de pájaro. Existen normas legales muy estrictas y restricciones a su tenencia y comercio.

Carduelis spinus

CHAMARIZ

DISTRIBUCIÓN
Europa, parte de Asia y África del Norte.

TAMAÑO
Aproximadamente 12 centímetros.

DIFERENCIACIÓN ENTRE LOS SEXOS
Los machos tienen una corona negra y un amarillo verdoso mucho más intenso que el de las hembras. Los machos se reconocen también por su canto.

CARACTERÍSTICAS SOCIALES
Esta especie de pájaro es conocida por su tolerancia. Se mantiene muy bien en pajareras mixtas, no causando ningún problema. Puede ser combinado con otras especies de pájaros, como los pardillos, los verderones y los camachuelos. El chamariz se domestica muy bien y puede llegar a tomar comida directamente de la mano de su criador.

HÁBITAT ADECUADO
El chamariz puede tenerse indistintamente en una pajarera interior o exterior o en una jaula de cría espaciosa. El mejor hábitat, sin embargo, es una pajarera exterior con muchas plantas.

Chamariz marrón hembra.

Chamariz hembra.

Chamariz macho.

TEMPERATURA AMBIENTE
El chamariz puede, desde luego, como hemos explicado anteriormente, mantenerse en una pajarera exterior, siempre que esté situada en un lugar protegido. Resulta muy importante para estos pájaros contar con muchos arbustos y plantas entre los que refugiarse. Las coníferas y las piceas son ideales. Un refugio a prueba de heladas es una buena idea, aunque no es imprescindible bajo condiciones invernales normales, siempre que la pajarera esté situada en un lugar resguardado del viento.

ALIMENTACIÓN
El chamariz se alimenta con una combinación de semillas para pájaros cantores silvestres complementada con algo de pasta de insectos. Estas semillas se pueden suministrar como dieta básica. La dieta de los pájaros, no obstante, debe incluir algunos insectos vivos. Al chamariz también le gusta tomar semillas de hierbas. Debe contar con una bien surtida provisión de gravilla, para tomar lo que necesite.

ACTIVIDADES
El chamariz es un pájaro por lo común tranquilo, que no se sobresalta fácilmente y pueden encontrarse entre los arbustos y plantas. Los machos cantan, aunque normalmente su canto no resulta muy melodioso.

Chamariz en una mutación blanquecina.

CRÍA

En la época de cría el chamariz prefiere construir su nido en un lugar resguardado entre el verdor. Para ello, utiliza toda suerte de materiales para construir nidos, tales como el heno, hojas de hierba, trozos de musgo y pelos de animales. La hembra pone entre cuatro y cinco huevos, que incuba durante trece días. Alimentar los polluelos es una tarea que llevan a cabo ambos padres. Los jóvenes se alimentan casi exclusivamente de pequeños insectos vivos. Asegúrese de que se les aporta esta dieta dos veces al día. Los insectos más idóneos son arañas, trozos de gusano, moscas de la fruta y áfidos. Los pollos empluman a los dieciocho días aproximadamente. No son capaces por entonces de cuidar de ellos mismos todavía, siendo cuidados y alimentados durante una semana más tanto por el macho como por la hembra. Los ejemplares jóvenes de chamariz parecen iguales a las hembras, aunque de un color algo más pálido.

MUTACIONES

Han tenido lugar varias mutaciones de color, que se han consolidado, incluido el color pastel, los colores moteados, el marrón, el ágata y el perlado.

DETALLES ADICIONALES

El chamariz es una especie protegida. Existen restricciones legales a la hora de criar y vender estos pájaros.

Carduelis chloris

VERDERÓN

DISTRIBUCIÓN

Europa, Asia Occidental y África del Norte.

TAMAÑO

Entre 14 y 15 centímetros.

DIFERENCIACIÓN ENTRE SEXOS

Los machos tienen un color algo más intenso que las hembras.

CARACTERÍSTICAS SOCIALES

Los verderones son unos animales muy sociables y pacíficos, que se integran extraordinariamente bien en pajareras combinadas o mixtas. Se pueden mantener en la pajarera como una pareja o en un grupo más amplio. Es mejor no tenerlos junto a los canarios, ya que estas especies hibridizan.

HÁBITAT ADECUADO

Estos pájaros pueden mantenerse tanto en pajareras exteriores como interiores, conteniendo muchas plantas. También se mantienen bien en jaulas de cría espaciosas.

TEMPERATURA AMBIENTE

Los verderones son pájaros duros y resistentes que soportan bien los inviernos rigurosos, siempre que la pajarera esté a resguardo del viento y tenga muchas plantas de hoja perenne, de modo que los pájaros puedan encontrar refugio en ellas.

ALIMENTACIÓN

Los verderones se crían bien con una combinación de semillas especial para pájaros cantores,

Verderón macho.

Verderón hembra.

Verderón macho marrón.

Verderón hembra color ágata.

Verderón macho de color satinado.

complementadas con algunas hierbas, como por ejemplo las pamplinas. También les gusta tomar comida a base de huevo, semillas de hierba, insectos, bayas y semillas germinadas. Estos alimentos se pueden suministrar como dieta básica. Compruebe que disponen siempre de suficiente provisión de gravilla, como para tomar cuanta necesiten.

ACTIVIDADES

Los verderones son por lo general pájaros tranquilos que utilizan el conjunto de la pajarera, aunque son más fáciles de encontrar en las áreas verdes de la misma.

CRÍA

Si desea criar estos pájaros, debe colgar jaulas en distintas partes de la pajarera. Los verderones prefieren jaulas colgadas en sitios altos. La fibra de coco y la de heno pueden ser utilizadas como materiales para nidificar. El interior del nido se cubre, por lo común, con pelo de animales y plumas desprendidas. La hembra, por lo general, construye el nido e incuba los huevos. Como media pone de tres a seis huevos, que eclosionan entre trece y quince días. Los verderones jóvenes son alimentados tanto por la hembra como por el macho y empluman cuando tienen aproximadamente dos semanas. Los verderones en buena forma y con una dieta equilibrada pueden sacar adelante varias nidadas en el mismo año. Los pollos pueden ser dejados junto a sus padres sin ningún problema. Los verderones pueden también criar en jaulas de cría espaciosas. Puede cubrir la caja-nido con ramas de coníferas o picea, por ejemplo, de modo que los pájaros tengan algún refugio.

MUTACIONES

A lo largo del tiempo han tenido lugar varias mutaciones de color, incluidas la isabelina, marrón, ágata y pastel.

DETALLES ADICIONALES

El verderón es una especie protegida de pájaro. Existen restricciones legales estrictas para su tenencia y venta.

Carduelis carduelis

JILGUERO

DISTRIBUCIÓN

Europa, Asia Occidental y Central y África del Norte.

TAMAÑO

Entre doce y diecisiete centímetros.

Jilguero de Europa Central.

DIFERENCIACIÓN ENTRE LOS SEXOS

No resulta fácil ver las diferencias entre los sexos. Un ojo experto se sirve de pequeños detalles. Los machos tienen por lo general un pico algo más largo y la mancha roja de la cabeza tiende a prolongarse más hacia atrás. Las patillas de los machos y la curva de las alas son intensamente negros mientras que los de las hembras son de un marrón grisáceo. Tanto los machos como las hembras de esta especie son cantores.

CARACTERÍSTICAS SOCIALES

Estos pájaros normalmente se adaptan bien a la vida en una pajarera mixta, y por lo general se llevan bien con ejemplares de la misma especie. Si se quieren lograr buenos resultados en la cría es mejor mantener a la pareja de cría en una jaula separada, sin otros pájaros alrededor que les molesten. No se deben mezclar en una misma pajarera con canarios porque estas dos especies pueden engendrar ejemplares híbridos.

HÁBITAT ADECUADO

Puede mantener jilgueros tanto en pajareras espaciosas exteriores como en pajareras interiores o en jaulas. Es importante que el habitáculo esté bien provisto de plantas para hacer que los pájaros se sientan más a gusto. Las especies vegetales más adecuadas son las de hoja perenne, tales como las coníferas y las piceas. Los llamados cuartos para pájaros (véase el capítulo del camachuelo común para la descripción) es un lugar excelente para mantener una pareja de estos pájaros.

Jilguero blanco.

Éste es el jilguero de menor tamaño, el Carduelis brittanica, *de las islas Británicas.*

El de mayor tamaño es el Carduelis major *de Siberia.*

TEMPERATURA AMBIENTE

Los jilgueros están perfectamente adaptados a nuestro clima, pero necesitan un refugio adecuado durante el invierno. Si la pajarera está resguardada del viento y tiene suficientes plantas no será necesario instalar otros elementos.

ALIMENTACIÓN

Puede dar a estos pájaros una dieta básica adecuada a base de una combinación especial de semillas para pájaros cantores silvestres, aunque también pueden tomar las denominadas semillas para pajarera, que es una combinación de tipo general. Como los demás granívoros, estos pájaros necesitan gravilla. Deberá, por consiguiente, asegurarse de que cuentan con abundante provisión en la pajarera, para que tomen cuanto necesiten. A los jilgueros les gustan mucho las semillas de cardo, que les podrá dar sin ninguna prevención. También comen insectos pequeños, comida a base de huevo, bayas y comida a base de hierbas.

ACTIVIDADES

Los jilgueros son generalmente pájaros bastante activos, que disfrutan pasando el tiempo entre el verdor. Los machos cantan maravillosamente, con gran claridad de tonos. Algunas hembras cantan también, pero su canto es algo menos brillante.

CRÍA

El nido lo construyen en lugares altos de la pajarera, si es posible en un arbusto denso de conífera. Sin embargo, los pájaros también usan cajas-nido. Prefieren para la construcción de sus nidos materiales de color claro, como lana de cordero. Los jilgueros ponen de promedio entre tres y seis huevos. Tienen un color azul pálido, con manchas marrones. Los huevos son incubados por la hembra una media de trece a quince días. Cuando los huevos eclosionan, pero preferiblemente también los días previos, puede alimentar a los pájaros con pequeñas cantidades de insectos en diversas etapas de desarrollo (larvas, huevos y crisálidas), además de su habitual combinación de semillas. También les puede dar algo de comida a base de hierbas (diente de león y pamplina), semillas germinadas, comida a base de huevo y frutas. En lo que a proteínas de origen animal se refiere, normalmente prefieren áfidos y gusanos. Los pollos empluman entre las dos y las tres semanas. Son cuidados y alimentados por los padres, aunque el macho es el protagonista principal en este aspecto, hasta que son capaces de alimentarse por sí mismos. Los pollos no tienen su color adulto aún por entonces, lo que ocurrirá transcurridas dos semanas. Los jilgueros en buena forma pueden empezar una nueva nidada una vez hayan criado los polluelos de la anterior.

MUTACIONES

A lo largo del tiempo se han producido varias mutaciones cromáticas que se han preservado. Algunas de ellas son variantes marrones, ágata, pastel, perlado, blanco, de garganta blanca moteada y de vientre amarillo.

DETALLES ADICIONALES

Existen varias subespecies de jilguero. Las especies que se conocen más son las variedades que se distinguen por el tamaño (grande y pequeño respecto al estándar). El grande lleva el nombre científico de *Carduelis carduelis major*.

El jilguero es una especie protegida. Existen normas reguladoras protectoras del jilguero. Hay normas y requisitos legales para la tenencia y la venta de estos animales.

Jilguero marrón.

Jilguero pastel.

Carduelis cannabina

PARDILLO

DISTRIBUCIÓN
Europa, sudoeste de Asia y norte de África.

TAMAÑO
Entre 13 y 14 centímetros.

DIFERENCIACIÓN ENTRE LOS SEXOS
El macho sólo es automáticamente reconocible durante la época de cría. Cuenta con plumas carmesí en el pecho y la corona. Fuera de esta temporada, también es posible reconocer los distintos sexos porque la hembra tiene líneas más amplias en el pecho y, además, los machos cantan.

CARACTERÍSTICAS SOCIALES
Los pardillos son unos pájaros tolerantes y pacíficos. Son muy adecuados para las pajareras mixtas, no causando ningún tipo de problemas. Puede tener una pareja o un grupo pequeño de ellos.

HÁBITAT ADECUADO
Los pardillos se sienten inseguros en los espacios vacíos. Una pajarera espaciosa con muchas plantas crea un entorno idóneo para estos pájaros. Las

Pardillo macho.

Pardillo hembra.

Nido de pardillos.

especies de hoja perenne, como las coníferas y las piceas, deben ser utilizadas para crear espesura y verdor.

TEMPERATURA AMBIENTE
Si la pajarera se sitúa en un lugar resguardado del viento y si las plantas y arbustos dan suficiente abrigo, no harán falta elementos adicionales. En otros casos un refugio nocturno será una útil iniciativa.

COMIDA
Puede dar a sus pardillos una combinación de semillas para pájaros cantores, complementada con algunas semillas de hierbas. También les gusta comer hierbas frescas, frutas, preparados a base de huevos y semillas germinadas. Deben contar siempre con un amplio surtido de gravilla en la pajarera, de forma que puedan tomar toda la que necesiten.

ACTIVIDADES
A los pardillos les gusta mucho volar, aunque también hacen vida en el suelo de la pajarera de cuando en cuando. Con frecuencia se muestran inquietos y ansiosos. Los machos de esta especie son conocidos por su canto maravilloso, que también emiten fuera de la época de cría.

Pardillo macho alimentando a sus pollos.

CRÍA

Estos pájaros tienen más probabilidades de criar cuando son introducidos en una pajarera exterior separada donde no sean molestados o alterados por los otros pájaros. Normalmente construyen su nido en un arbusto denso, aproximadamente a un metro del suelo. Utilizan toda clase de materiales para esto, como raíces de plantas, fibra de coco, hojas de hierba, heno y pelos de caballo. Los pájaros también pueden utilizar una cesta como nido, siempre que sea colocada en un lugar adecuado. La hembra toma la plena responsabilidad tanto para construir los nidos como para incubar los huevos. Como media ponen de cuatro a seis huevos de color azul pálido con puntos oscuros, que eclosionan aproximadamente a los doce o catorce días. La primera semana después de que hayan eclosionado, los pollos son alimentados principalmente a base de pequeños insectos, además de partículas para la molleja. Es muy importante durante este período comprobar que cuentan con un amplio surtido de pequeños insectos o de larvas. Los pollos son alimentados por ambos padres. Empluman transcurridos catorce días, pero aún no son capaces de cuidarse por sí solos. Reciben alimentos y cuidados todavía durante una semana adicional. Los pardillos son por lo general unos pájaros fieles entre sí, que permanecen juntos de por vida. Resulta, por lo tanto, recomendable no separar una pareja que se lleva bien.

MUTACIONES

Además del aspecto conocido en los ejemplares que viven al aire libre, hay también variantes pastel, que tienen las mismas marcas, aunque un color más claro. También se da una muy rara variante de varios colores.

DETALLES ADICIONALES

El pardillo es una especie protegida. Existen estrictos requerimientos legales y restricciones con respecto a la forma en la que estos pájaros deben ser mantenidos y también en relación con su venta.

Gorrión doméstico macho con plumaje natural.

Gorrión doméstico macho marrón.

Passer domesticus

GORRIÓN DOMÉSTICO

DISTRIBUCIÓN

Los gorriones viven casi en cualquier lugar en el que haya población humana.

TAMAÑO

Aproximadamente 15 centímetros.

DIFERENCIACIÓN ENTRE LOS SEXOS

La cabeza de los machos y las plumas traseras son de color castaño, contando también con marcas negras en la garganta que descienden hacia el pecho. Los colores de la hembra son más apagados y cuenta con unas líneas anchas en las plumas del dorso.

CARACTERÍSTICAS SOCIALES

Estos pájaros pueden convivir sin problemas con otras especies en pajareras mixtas, siempre que no estén en temporada de cría. Tan pronto como la temporada de cría comienza, sin embargo, pueden tener comportamientos inamistosos y desagradables con los demás pájaros. Es mejor separarlos.

HÁBITAT ADECUADO

Los gorriones domésticos se mantienen mejor en una pajarera cubierta o cuarto para pájaros, con especies de hoja perenne en el interior, como las píceas y las coníferas.

TEMPERATURA AMBIENTE

Los gorriones domésticos pueden ser mantenidos en una pajarera exterior sin ningún problema, siempre que se encuentre en un lugar resguardado. El pájaro, sin embargo, necesita muchas plantas y arbustos en los que resguardarse. Tanto las coníferas arbustivas como las píceas se utilizan con este fin. Un refugio a prueba de heladas también es útil, aunque no será imprescindible en condiciones normales de invierno siempre que la pajarera esté situada en el lugar adecuado.

Gorrión doméstico pastel.

Gorrión doméstico de color pastel perlado.

Gorrión doméstico variegado.

ALIMENTACIÓN

Puede dar a estos pájaros una combinación de semillas para pájaros cantores silvestres, complementada con pasta a base de insectos como base nutricional. Además, debe darles con regularidad insectos vivos, semillas de hierba a medio madurar y comida a base de hierbas. Debe siempre asegurarse de que hay un amplio surtido de gravilla en la pajarera, de modo que los pájaros puedan tomar cuantas necesiten.

ACTIVIDADES

Son pájaros bastante activos y algo inquietos. Les gusta esconderse en el verdor cuando no se sienten seguros y darse baños, de modo que podemos colocar un cuenco lleno de agua, bien en el suelo o en una plataforma. Deberemos quitar el cuenco tras un par de horas, de forma que los pájaros no puedan beber del agua sucia.

CRÍA

Los gorriones domésticos construyen sus nidos en lugares resguardados. Pueden ser construidos en una caja-nido cerrada, en un arbusto denso o bajo las tejas, si les resulta posible. Hierba, plumas, musgo y pelos de animales son utilizados como material de anidamiento. Como promedio, la hembra pone de cuatro a seis huevos de un color azulado con manchas oscuras. Son incubados por la hembra durante trece o catorce días.

Los pollos son alimentados por ambos padres y eclosionan después de diecisiete o dieciocho días. Una pareja en buena forma es capaz de sacar adelante varias nidadas al año.

MUTACIONES

Muchos de los colores que puede presentar un gorrión doméstico son el resultado de mutaciones que han ido teniendo lugar y que se han consolidado. Incluyen al ágata marrón, el ópalo, el pastel, el perlado, el castaño, el color satinado, el albino y el blanco.

Acanthis flammea

PARDILLO SIZERÍN

DISTRIBUCIÓN

Distintas partes de Europa.

TAMAÑO

Entre 11,5 y 14,5 centímetros, en función de las diferentes subespecies.

DIFERENCIACIÓN ENTRE LOS SEXOS

El macho puede ser reconocido por su pecho, garganta, mejillas y rabadilla de color carmín, además del hecho de que las bandas de su cuerpo no son

Pardillo sizerín ágata.

tan anchas como las de la hembra. También tiene un color algo más intenso que el de la hembra. Ambos sexos tienen un remate de color rojo en la cabeza.

CARACTERÍSTICAS SOCIALES

El pardillo sizerín es muy tolerante y adecuado, por tanto, para formar parte de una pajarera mixta. Los compañeros más idóneos para esta especie en una pajarera mixta son otras especies de pájaros europeos, tales como los pardillos comunes, los verderones y los camachuelos. El pardillo sizerín puede llegar a ser domesticado por completo y mostrar un comportamiento muy amistoso. Si lo tratamos bien y recibe los cuidados adecuados, en poco tiempo se acercará a usted y comerá de su mano.

HÁBITAT ADECUADO

Las pajareras exteriores y las interiores, o una jaula de cría espaciosa, son adecuadas para esta especie, aunque quizá el habitáculo más adecuado sea una pajarera exterior con muchas plantas.

TEMPERATURA AMBIENTE

El pardillo sizerín es un tipo de pájaro bastante resistente. La pajarera, sin embargo, tiene que ser instalada en un lugar resguardado del viento. Una vegetación frondosa, en la que los pájaros puedan

Pequeño macho de pardillo sizerín.

Pequeño ejemplar hembra de pardillo sizerín.

Pequeño pardillo sizerín marrón.

encontrar refugio, es también recomendable. Se pueden utilizar arbustos para ello. No está de más un refugio a prueba de heladas, aunque no es imprescindible si el invierno es climáticamente normal y la pajarera está resguardada.

ALIMENTACIÓN

Puede dar a estos pájaros una dieta básica que comprenda combinaciones de semillas complementada con pasta de insectos. Su dieta debe incluir también insectos vivos y semillas de hierba a medio madurar, además de comida a base de hierbas. Debe comprobar que tienen en la pajarera una buena provisión de gravilla para que tomen la cantidad que precisen.

ACTIVIDADES

El pardillo sizerín es por lo general un pájaro tranquilo y manso. Los machos cantan, aunque no puede decirse que su canto sea realmente melodioso.

CRÍA

Esta especie no es difícil de criar. Se le conoce, junto al verderón, como el pájaro más adecuado para que los criadores novatos comiencen su actividad. En habitáculos para pájaros se han conseguido unos buenos resultados, así como en pajareras y jaulas de cría. En las pajareras exteriores el pardillo sizerín suele construir sus nidos entre los arbustos. Utiliza todo tipo de materiales para anidar, tales como hojas de hierba, heno, trozos de musgo y pelos de animales, especialmente de caballo. Se pueden esperar cuatro o cinco huevos por puesta, que eclosionarán tras trece días de incubación. Aunque la hembra toma la plena responsabilidad de la incubación, los polluelos son alimentados por ambos padres. Se alimentan casi exclusivamente de insectos vivos, de los que deben contar con una ración varias veces al día. Son adecuados pequeños trozos de gusano, arañas, moscas de la fruta y áfidos. Los pollos empluman aproximadamente a los dieciocho días.

MUTACIONES

Son conocidas varias mutaciones de color, entre las que se incluyen el marrón, el ágata, el perlado y el pastel.

DETALLES ADICIONALES

El pardillo sizerín es una especie protegida. Su cría y tenencia están sometidas a restricciones y condiciones estrictas.

Carduelis cucullata

CHAMARIZ ROJO

DISTRIBUCIÓN

Venezuela y Colombia.

TAMAÑO

Más o menos 11 o 12 centímetros.

DIFERENCIACIÓN ENTRE LOS SEXOS

La diferencia entre ambos sexos se aprecia con claridad. Los machos de esta especie son de un color rojo brillante y tienen las alas y la cabeza negra. Los colores de la hembra son menos brillantes.

CARACTERÍSTICAS SOCIALES

El chamariz rojo es un pájaro muy pacífico que puede llevarse bien con otros pájaros de la pajarera. La excepción son los machos durante la época de cría, que pueden llevarse mal con otros ejemplares machos durante esta época. Para evitar problemas y peleas es mejor contar sólo con una pareja de esta especie. En las pajareras grandes se podrán llegar a tener dos parejas. También se pueden tener exclusivamente machos. No reñirán mientras no haya hembras de chamariz rojo cerca. No es recomendable mantener junto a estos pájaros a los canarios, porque las dos especies hibridizan. Aun cuando la hibridización puede dar como resultado algunos ejemplares de canarios realmente hermosos, estos cruces no deben llevarse a cabo sin razones bien definidas.

Chamariz rojo macho.

Chamariz rojo macho color pastel.

HÁBITAT ADECUADO

Estos pájaros prosperan bien tanto en pajareras interiores como exteriores que contengan plantas. Durante la época de cría, puede mantenerlos incluso en pajareras espaciosas. Al chamariz rojo le gusta dormir tan alto como sea posible, de modo que es una buena idea colocar perchas y, mejor aún, ramas de aliso en lo alto de la pajarera.

TEMPERATURA AMBIENTE

Aunque el chamariz rojo no es un pájaro endeble, es aconsejable proporcionarle calor adicional durante el invierno.

ALIMENTACIÓN

Puede suministrar a estos pájaros comida para canarios, complementada con otras semillas, como dieta básica. También les gusta comer un poco de preparado a base de huevo, pasta de insectos y semillas germinadas, especialmente durante la época de cría. Les gusta la comida vegetal, pero por razones de salud es mejor no dárse-

Chamariz rojo hembra.

Pollos de chamariz rojo.

Chamariz rojo mutante con un nuevo color.

la sino en muy pequeñas cantidades. Como el resto de los granívoros, el chamariz rojo ha de tener acceso a cierta cantidad de partículas de arena. Deberá asegurarse, por tanto, de que cuentan con abunante provisión de ésta.

ACTIVIDADES

El chamariz rojo es un pájaro rápido, vivaz e inquisitivo. Los machos cantan. Les gusta el sol y los baños. Puede colocar a este fin un plato de loza lleno de agua en el suelo de la pajarera. Asegúrese de que cambia el agua del baño cada día, de forma que los chamarices rojos no la puedan beber porque se ensucia fácilmente.

CRÍA

El chamariz rojo construye sus nidos preferentemente en cestas de anidamiento. Puede esperar una media de tres a cuatro huevos. Son de un color azul muy pálido con manchas marrones. La hembra asume toda la responsabilidad de incubar los huevos. El macho es responsable de alimentarla, de manera que apenas tenga que abandonar el nido. Los huevos eclosionan después de doce o catorce días y los pollos empluman otros dieciséis o dieciocho días después. En ese momento todavía deberán ser alimentadas durante una temporada tanto por la hembra como por el macho, y de forma progresivamente decreciente, hasta que sean plenamente independientes. Sólo transcurridas seis semanas son capaces de salir a por comida sobre el terreno. En ese momento se les puede separar de los padres.

MUTACIONES

A lo largo del tiempo han tenido varias mutaciones conocidas, como la moteada y la marrón. También hay una variedad de esta especie con los ojos rojos.

Ejemplar de canario de frente amarilla macho.

Canario de frente amarilla hembra.

Serinus mozambicus

CANARIO DE FRENTE AMARILLA O DE MOZAMBIQUE

DISTRIBUCIÓN

África.

TAMAÑO

Alrededor de 11 o 12 centímetros.

DIFERENCIACIÓN ENTRE LOS SEXOS

Los machos tienen una mancha amarilla lisa en el pecho, mientras que las hembras tienen una cadena de puntos oscuros sobre el amarillo. Los colores del macho son algo más brillantes.

CARACTERÍSTICAS SOCIALES

En su entorno natural, estos pájaros viven en grupos. Sin embargo, no siempre conviven bien con otras especies en la pajarera. Las otras especies no tienen nada que temer de este pájaro africano de color amarillo brillante. Es la razón que lo convierte en un pájaro muy adecuado en las pajareras mixtas. Lo mejor es no mantenerlo junto a los canarios comunes, ya que pueden hibridizar.

HÁBITAT ADECUADO

Estos pájaros se sienten más felices en una paja-

Canario de frente amarilla isabelino.

rera exterior. Le gustan las plantas, aunque no son estrictamente necesarias. Los pájaros que hayan sido adquiridos a un criador pueden instalarse asimismo en una jaula o en una pajarera interior sin mayores problemas. Los machos de esta especie se tienen en habitáculos interiores a causa de su canto. Compruebe que hace suficiente ejercicio para que no gane excesivo peso. No le dé demasiada comida. Una jaula alta, en la que las perchas están lo suficientemente alejadas las unas de las otras como para que los animales puedan volar entre ellas, es todo lo que hace falta para que el pájaro esté en buena forma.

TEMPERATURA AMBIENTE

Los canarios de frente amarilla son unos pájaros bastante resistentes que en principio no necesitan un refugio nocturno con calefacción. Asegúrese, sin embargo, de que el refugio esté bien aislado y situado en un lugar resguardado.

ALIMENTACIÓN

Puede dar a estos pájaros una combinación de semillas para pájaros tropicales como dieta básica. Además, también les gustan otras semillas, tales como el mijo italiano y semillas de hierba frescas o secas. Disfrutan también de pequeños trozos de fruta, aunque no se les debe dar mucho. Del mismo modo que las demás especies de pájaros granívoros, estos pájaros necesitan gravilla para ablandar las semillas en su molleja. Deberemos, por consiguiente, asegurarnos de que cuenta con una provisión suficiente de este elemento en la pajarera o en la jaula, de forma que tomen cuanta necesiten.

ACTIVIDADES

Los machos canarios de frente amarilla cantan maravillosamente, pero en la mayor parte de los casos lo hacen sólo durante la temporada de cría. Si el macho vive en un habitáculo separado, cantará casi todo el tiempo. Estos pájaros son instalados normalmente en una pajarera, donde se dejan oír sobre todo al alborear y por la tarde. Por lo general se trata de pájaros activos, aunque no nerviosos. Se amansan con relativa rapidez.

CRÍA

Los canarios de frente amarilla pueden criar tanto en una pajarera exterior como en una jaula de cría. Prefieren cestas-nido, que podremos colocar en diferentes lugares, si mantiene los pájaros en el exterior. Pueden escoger un emplazamiento por sí mismos. La hembra toma la plena responsabilidad de construcción del nido y utiliza toda una gama de materiales, tales como fibras de cuerda de cáñamo y hojas de hierba secas. Esta especie pone una media de dos a cuatro huevos. Son de un color entre blanco y azul pálido, con puntos marrón rojizo. Los huevos son incubados fundamentalmente por la hembra, aunque el macho puede encontrarse también en la cesta-nido por la noche. Los huevos eclosionan una vez transcurridos aproximadamente trece días. Los pollos son alimentados por los dos padres. Éstos empluman después de tres semanas. El macho continúa entonces alimentándolos durante unas cuantas semanas más. Resulta aconsejable retirar los pollos una vez que hayan adquirido la plena independencia. Desde entonces en adelante, la mayor parte de las veces no serán tolerados por el macho. Puede llevar un año antes de que los pollos adquieran su plumaje adulto. Hasta entonces es difícil distinguir a los pollos de las hembras. Una buena pareja de cría es capaz de sacar adelante varias nidadas al año.

Aunque estos pájaros, por lo general, se alimentan con una dieta consistente en semillas y alimentos vegetales, necesitan tomar pequeños insectos durante la temporada de cría. Deberemos suministrarle en ese período comida a base de insectos, pequeños insectos vivos (entre ellos moscas de la fruta) y comida a base de huevo varias veces al día, especialmente cuando son ejemplares jóvenes.

Este color no ha sido observado entre los canarios de frente amarilla. El pájaro que se ve aquí fue capturado en su medio natural.

MUTACIONES

Sólo hay una mutación de color conocida en esta especie. El plumaje de los mutantes es algo más pálido.

Canarios

CLASES DE CANARIO, RAZAS CANTORAS Y SELECCIONADAS POR EL COLOR

DISTRIBUCIÓN

El canario silvestre es el ancestro del canario doméstico de nuestros días. El canario silvestre puede ser localizado en muchas localidades, incluyendo las islas Canarias y Madeira. Los canarios domésticos son el resultado de cruces de canarios silvestres con otro tipo de fringílidos, seleccionados en función de características particulares, y para preservar las mutaciones.

TAMAÑO

El tamaño varía según las razas. El canario silvestre mide entre 12 y 13 centímetros, mientras el canario cantor tipo y el canario seleccionado por el color suele tener unos 14 centímetros. La raza de canarios de mayor tamaño es el canario Lancashire. Este pájaro mide entre 22 y 23 centí-

Existen muchos colores distintos, que han sido protegidos creando un estándar.

Los canarios utilizan la totalidad de la pajarera.

TEMPERATURA AMBIENTE

La mayoría de las especies son fuertes y adaptadas a la temperatura y al clima. Hay unas pocas excepciones que serán descritas cuando se traten las principales razas de canario.

ALIMENTACIÓN

En las tiendas especializadas se pueden comprar combinaciones especiales de semillas para canarios. Se puede complementar esta dieta de cuando en cuando con un poco de preparado a base de huevo (especialmente durante la temporada de

metros. Las razas más pequeñas de canario, como el canario Gloster, el japonés Hoso, el canario timbrado español y el canario Fancy miden en torno a 11,5 centímetros.

DIFERENCIACIÓN ENTRE LOS SEXOS

Las diferencias externas entre los sexos son difíciles de apreciar. Cuando se acerca la época de cría, un criador experto puede determinar el sexo por la posición y el tamaño de la cloaca. Además, las hembras que están dispuestas para la cría tienen el vientre prácticamente calvo. Como el macho es el único que canta, esta circunstancia le aportará la respuesta definitiva.

CARACTERÍSTICAS SOCIALES

Los canarios son pájaros muy gregarios que conviven bien unos con otros y con otras especies de pájaros. No suelen ser agresivos. Es mejor no mantenerlos junto a otros pinzones ya que pueden hibridizar con casi todas las especies.

HÁBITAT ADECUADO

Los canarios pueden ser mantenidos en la sala de estar, en una jaula de cría o en una pajarera exterior. A estos pájaros les gustan las plantas, aunque no son realmente necesarias para su bienestar. Los machos se mantienen en una jaula separada a causa de su maravilloso canto.

Hay diferentes razas, muy populares entre los criadores.

Huevos de canario en el nido.

Polluelo de canario blanco.

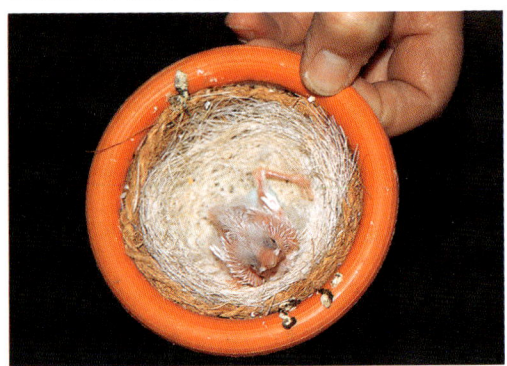

Canario. *Canario.*

cría), semillas frescas de hierba y semillas de pamplinas. A los canarios también les gusta tomar de vez en cuando trocitos de fruta, como por ejemplo de manzana. Debe contar siempre con una buena provisión de gravilla, para que tomen lo que necesiten.

ACTIVIDADES

Todos los machos de canario cantan, independientemente de la raza. Desde que los canarios cantores comenzaron a ser seleccionados en función de su tipo de canto, las especies resultantes son las que destacan más por sus trinos. A casi todas las razas de canarios les gusta tomar baños. En el mercado existen bañeras especiales para estos pájaros, que pueden ser instaladas mediante fijaciones a las jaulas. En una pajarera, un cuenco con agua limpia bastará para estos fines. El agua debe, sin embargo, cambiarse cada día. El carácter de los pájaros cambia en función de las diferentes razas. Ciertas razas de canario, entre las que se cuenta el canario de Norwich, son muy tranquilas, mientras que otras son más activas y vivaces. Si nos acercamos a ellas con tiento, si las tratamos con cuidado, los canarios se acostumbrarán sin tardanza a la presencia de su amo, aunque nunca llegarán al nivel de amaestramiento de los distintos tipos de periquitos o loros, por ejemplo.

CRÍA

Los canarios pueden criar perfectamente en jaulas de cría instaladas en interiores. Una jaula de cría para canarios tiene 35 o 40 centímetros de largo y 30 centímetros de alto y de fondo. Una jaula de ese tipo constituye un alojamiento perfecto para una pareja de cría durante la temporada de reproducción. Esta clase de pájaros prefiere un nido abierto, como por ejemplo una cesta, también las cajas-nido semiabiertas, o bien una jaula de alambre semiabierta. El nido se construye con una gama de materiales que incluyen fibras reblandecidas de cuerda de sisal. Como promedio, la hembra pone entre cuatro y cinco huevos. Son de un color verde pálido, con manchas oscuras. La hembra incuba los huevos durante trece o catorce días. Los padres no sólo dan a sus recién nacidos semillas, sino también comida preparada a base de huevo. Resulta de vital importancia que los pájaros cuenten durante todo este tiempo con una provisión suficiente de preparado de huevo, ya que la mayoría de los polluelos necesitarán cierta cantidad de este elemento para sobrevivir. Los polluelos empluman a los catorce días. A esta edad, no son todavía capaces de cuidar de sí mismos adecuadamente, y serán alimentados por los machos, cada vez con menos intensidad, por algún tiempo adicional. Una pareja de cría sana, en buena forma, puede sacar adelante varias nidadas al año.

Canarios cantores

**CANARIOS DE LAS MONTAÑAS DE HARZ
CANARIOS WATERSLAGERS
CANARIOS TIMBRADO ESPAÑOLES
CANARIOS CANTORES AMERICANOS**

ASPECTOS GENERALES

Aunque todos los canarios machos cantan, independientemente de su raza, los canarios cantores son reconocidos por la calidad de su canto. El canto de las distintas razas es evaluado en los concursos puntuándose los diferentes aspectos del canto y la sonoridad. El aspecto es una variable menos importante en estos pájaros. El cantor americano, procedente de los Estados Unidos, constituye una excepción. Esta raza, que todavía no es muy común en Europa, no solamente es evaluada por su canto, sino también por su configuración morfológica.

HISTORIA DE LOS CANARIOS CANTORES

El canario cantor tiene una larga historia. La raza más antigua entre los canarios cantores es la de los canarios cantores de la montaña de Harz, que reciben su nombre de la región minera en la que primero se hicieron célebres, el territorio de Harz, en Alemania. En un principio, lo que de verdad interesaba a los mineros no era precisamente el talento de estos animales para el canto. En realidad, llevaban siempre consigo un canario a las galerías de las minas, de modo que pudieran servirles como señal de alerta respecto a las emanaciones de monóxido de carbono y otros gases tóxicos, a los que los pájaros son más sensibles que los humanos. Más adelante, los pájaros fueron seleccionados cada vez más en función de su canto, especialmente cuando los mejores ejemplares se convirtieron en una mercancía muy valiosa, con la que se podía llegar a ganar mucho dinero. Los canarios cantores de las montañas de Harz pronto se hicieron muy populares en otras regiones y en otros países.

Waterslager.

El color es un aspecto menos importante en los canarios cantores.

Ágata con rojo marfil intenso.

Isabelino con amarillo intenso.

Gracias a los canarios de las montañas de Harz muchos mineros pudieron dejar sus peligrosos e insalubres empleos para comenzar a ganarse la vida criando y vendiendo canarios cantores y accesorios, como jaulas. Según cuentan, no menos de tres cuartos de la población de Saint Andreas consiguió vivir muy bien con esta actividad. En la actualidad, no hace falta viajar hasta las montañas de Harz para conseguir un buen ejemplar. En prácticamente todo el mundo se crían hoy buenos ejemplares de esta raza. El canario de las montañas de Harz es conocido por sus hazañas acrobáticas. Los ancestros de otra raza bien conocida de canarios cantores, los Waterslagers, probablemente proceden de Italia, donde fueron muy apreciados por tener un color amarillo.

Alrededor de 1900, los aficionados belgas a los pájaros comenzaron a criar una raza de canarios cantores que partía de dichos canarios italianos, que tienen muchas diferencias con los canarios de las montañas de Harz. Los canarios Waterslagers son completamente amarillos y algo más grandes que los canarios de las montañas de Herz. Para los aficionados a los pájaros, el aspecto más destacable es que el canto de estas dos razas es distinto. El canto de los Waterslagers es parecido al de los ruiseñores.

El canario timbrado español es el último pájaro cantor aparecido tras el canario cantor americano, seleccionado en los Estados Unidos a partir de la década de 1920. La variedad española fue creada a partir de la década de 1950. Esta raza, cuyos ejemplares miden unos 13 centímetros de longitud, fue reconocida en España en 1962. Hoy en día, el timbrado español puede encontrarse en algunos lugares fuera de España, mientras que el cantor americano es aún bastante infrecuente en Europa.

CARACTERÍSTICAS

Resulta obvio que la gente que está interesada en poseer un pájaro cantor adquirirá, antes que otra raza o variedad de canario, un canario cantor. El canto de estas variedades de canarios es muy sofisticado y melodioso y, por consiguiente, nada intrusivo o pesado. Cualquier sonido fuera de tono, estridente, así como cualquier tono desagradable, han sido eliminados de alguna forma durante el proceso de selección. Los tipos de canto también son muy variados. En principio, todos los aspectos que son apreciados en otros tipos de canario valen también para los canarios cantores. Si está interesado en conseguir un buen ejemplar de canario cantor, debe ponerse en contacto con una asociación local. Sus miembros estarán encantados de darle direcciones de criadores de confianza. Las distintas variedades de canario cantor tienen su propia manera de cantar, que le podrá gustar o no. En los concursos especializados usted podrá encontrar distintas especies de canarios criados para el canto o por el color. Siempre será una oportunidad de escuchar su canto y decidir qué clase de canario prefiere.

Razas de canarios de color

ASPECTOS GENERALES

El más extendido y popular tipo de canario, con diferencia, es aquel que se cría por su color. Aunque lo cierto es que no solamente se cría en razón de su color, sino también buscando determinados rasgos morfológicos. Tienen un tamaño

Negro ónice con rojo escarcha.

de aproximadamente 14 centímetros, significando que, en términos de tamaño, pertenecen a las variedades de canario medianos. Una gama amplia de colores y de combinaciones cromáticas han ido apareciendo a través de los años como resultado de una cría selectiva y de las mutaciones. Hoy hay casi cuatrocientos tipos de coloración reconocidos. Una de las consecuencias de este reconocimiento es que se pueden observar en los concursos.

Una gran mayoría de los distintos tipos de coloración se pueden crear combinando diversos colores y factores. Aparte de esto, la naturaleza está también modificando constantemente los pájaros. Lo previsible es que veamos más mutaciones en el futuro, que serán preservadas por los criadores siempre que sean viables y estéticamente bonitas. Las nuevas mutaciones pueden, a su vez, ser combinadas con las coloraciones ya existentes, lo que con el tiempo puede dar lugar a miles de tipos distintos de coloración en los canarios.

Los canarios tienen ya tantas variedades de color y de dibujo que resulta casi imposible para un profano diferenciarlas plenamente. Especialmente cuando, al preguntarle a un experto, durante una exhibición, por el color de su canario, recibe la siguiente respuesta: «Es negro pastel de ala gris con mosaico rojo marfil tipo II-macho.» Para arrojar algo de luz sobre estos aspectos, subrayaremos algunos conceptos básicos y colores, así como la manera en la que se transmiten. El texto y las ilustraciones pueden ayudarle a entender las cosas un poco mejor. La lista no es exhaustiva, sin embargo. Para la gente que desee hacer un estudio más profundo de este tema, se han escrito muchos libros especializados.

COLORES BÁSICOS

Pigmentos lipocromáticos y pigmentación

Los canarios de color pueden ser divididos en dos grupos fundamentales, a saber: los canarios

Rojo intenso.

Marrón con rojo intenso.

de color pigmentado (con pigmentación marrón o negra) y los no pigmentados o canarios de color lipocromático (sin pigmentación marrón o negra). Los pájaros pigmentados también tienen un pigmento lipocromático además de su pigmento marrón o negro, que se asocia a su color primario. En los canarios pigmentados también se suele hacer referencia a su color secundario. También se usa el término carotenoideo. Los términos pigmento lipocromático, color secundario y carotenoideo en realidad significan lo mismo. El canario pigmentado más conocido es el negro (color primario) con amarillo (color secundario). Uno de los colores más populares del grupo de pigmento lipocromático (también conocido como el grupo de los no pigmentados) es por supuesto el amarillo, el color por el que se conocen los canarios.

Negro con amarillo intenso.

Canarios pigmentados

La melanina en los canarios pigmentados
Las manchas oscuras que tienen los canarios está formada por la melanina. La melanina se encuentra en distintas partes de las plumas de los pájaros. La posición, cantidad y tipo de la melanina determina el color y las marcas de los pájaros. La pigmentación de color marrón oscuro y la pigmentación negra se conoce como

eumelanina y la de color marrón más claro, como faeomelanina. La melanina de color marrón claro se puede hallar en casi todas las plumas, mientras que la eumelanina, más oscura, sólo puede encontrarse en las plumas de la parte superior. La eumelanina, por así decirlo, se da en la parte superior de la faeomelanina, dando al plumaje sus marcas. Estas manchas pigmentadas se asocian a las franjas de color. Con el tiempo han tenido lugar diferentes mutaciones que han afectado a la pigmentación. Unas sólo han afectado a la eumelanina, mientras que otras lo han hecho a la faeomelanina.

Ágata con amarillo escarcha.

Negro con rojo intenso.

pigmentado en negro, con el amarillo como color secundario, se cita como un ejemplar negro con amarillo. Un canario con pigmentación ágata y el rojo como color secundario se describe como ágata con rojo. Si el color secundario del pájaro

Marrón pastel con amarillo escarcha.

es el blanco, se habla de un ejemplar con un blanco dominante o recesivo (véase «Canarios blancos»).

Pastel
El factor pastel afecta a todos los pigmentos clásicos y no al color secundario o al pigmento lipocromático. Como consecuencia, las manchas oscuras desaparecen casi por completo en los pájaros con pigmentación clara, como el canario de color perlado y el marrón. Lo que queda es un color uniforme de tono marrón claro, sin marcas. Los pájaros pigmentados en negro y ágata todavía tienen algunas marcas, pero el pigmento se ha visto reducido a un beige o un gris. El factor pastel es recesivo y se traspasa a través de un género particular. Cuando dos canarios pastel se emparejan, siempre tendrán crías de color pastel. El factor pastel puede permanecer latente en la configuración genética de un canario y manifestarse en los polluelos cuando el portador se empareja con otro ejemplar portador de este factor o con un canario pastel. Si un pájaro es portador latente de un factor de color determinado, se dice que están desdoblado o escindido en ese factor de color concreto.

Pigmentaciones clásicas
La pigmentación clásica de estos pájaros es la que se ha descrito con las distintas variables de melanina. Las pigmentaciones clásicas son las series: negras, marrones, ágata y perladas o isabelinas. El color primario de un canario pigmentado es siempre uno de los citados. El pigmento negro del ágata parece ligeramente blanquecino, con bordes más claros alrededor de las plumas de vuelo, como consecuencia. El color perlado o isabelino, se caracteriza por un pigmento marrón blanquecino. Los colores secundarios pueden ser el blanco, el amarillo y el rojo. Cuando nos referimos al color de un canario, siempre mencionaremos en primer lugar al color de pigmentación, citando en segundo lugar al color secundario. Un canario

Canario de varios colores o variegado
Los canarios producto del cruce entre especies pigmentadas y no pigmentadas normalmente son de varios colores y el cruce entre dos ejemplares de varios colores produce polluelos tanto pigmentados como no pigmentados.

No existe demanda de canarios de varios colores entre los criadores especializados en el color, de forma que no los encontrará en las muestras de este tipo. Los encontraremos tanto en los canarios criados por su canto como en los criados por su configuración morfológica. Aquí el color y las marcas de los canarios tienen una importancia secundaria,

Canario opalino con rojo escarcha.

pero hay aficionados a los que le gusta ver ejemplares de varios colores que exhiban un perfecto equilibrio y simetría entre las distintas marcas. Resulta imposible seleccionar a un pájaro sobre la base de la perfección de sus marcas y el cruce de dos pájaros de varios colores perfectamente simétricos no garantiza en absoluto que sus descendientes conserven idénticas marcas.

Canarios no pigmentados

Los pigmentos lipocromáticos pueden ser divididos en el factor rojo y el factor amarillo. Otras denominaciones utilizadas para designar los pigmentos lipocromáticos son color secundario y carotenoideo.

Los pigmentos lipocromáticos pueden intensificarse mediante la influencia de colorantes vegetales, tales como el caroteno de las zanahorias y ciertas semillas de plantas que dan flores amarillas. Lo opuesto es verdad, a saber: que si el pájaro no come colorantes vegetales, entonces los pigmentos lipocromáticos no se mostrarán plenamente.

Canarios de color rojo

Uno de los pigmentos lipocromáticos más conocidos es el rojo. El factor rojo es el resultado de cruces entre canario y chamariz rojo. Los canarios rojos son muy populares entre criadores y aficionados. El color rojo no puede desarrollarse en plenitud a no ser que el pájaro coma cantidades suficientes de caroteno y otros nutrientes y aditivos que estimulen la generación de color rojo. Existen canarios rojos con los ojos rojos y negros. Los canarios con ojos rojos se llaman rubinos (véase «Factor ino»).

Rojo escarcha.

Amarillo intenso.

Canarios de color amarillo

El amarillo es el color más común y conocido entre los canarios lipocromáticos. Estos pájaros se crían en muy diferentes matices de amarillo.
Los criadores de canarios que buscan resultados de color, no realizarán cruces entre ejemplares con diferentes tonos de amarillo, ya que los descendientes de estos cruces podrían tener un tono intermedio. Los canarios amarillos pueden tener los ojos oscuros o rojos. Estos últimos se denominan lutinos (véase «Factor ino»).

Canarios blancos

Los de color blanco son pájaros no pigmentados, pero su color no es un pigmento lipocromático. La raza de los canarios de color blanco constituye un grupo separado. Los canarios blancos pueden ser divididos en canarios recesivos y dominantes. Se dan con los ojos de color rojo u oscuro. Los de ojos rojos se llaman albinos (véase «Factor ino»).

Blanco dominante. Repárese en las manchas amarillas.

Blanco dominante

El factor que provoca el color blanco de las plumas en los canarios de color blanco dominante hace que el carotenoideo apenas destaque. Los canarios dominantes blancos no son por completo de color blanco puro, ya que siempre queda algo de caretoneideo, que tiende a aparecer fundamentalmente en las plumas que se utilizan para volar. Esta muestra de carotenoideo se conoce como depósito. En las muestras ornitológicas, la gente normalmente quiere ver la menor cantidad de depósito posible. Los canarios dominantes blancos normalmente se cruzan con canarios de diferente color, ya que cuando se emparejan canarios dominantes blancos, el 25% de los polluelos mueren dentro del huevo (factor letal). Un canario dominante blanco genéticamente intensivo se cruza con un pájaro no intensivo y viceversa. El color de la pareja tiene menos importancia, dado que se trata de un pájaro con pigmentación lipocromática, por ejemplo, un pájaro que no tiene ninguna pigmentación. El cruce con los canarios rojos raramente tiene lugar, porque en las muestras se prefiere un depósito amarillo.

Blanco recesivo.

Blanco recesivo

Los de color blanco recesivo son más populares entre los criadores que los de color blanco dominante. Son de color absolutamente blanco, algo muy difícil de conseguir para los criadores de color blanco dominante. Los canarios blancos recesivos pueden emparejarse entre sí sin mayores problemas. Las personas que se propongan criar o poseeer estos animales deben ser conscientes de que estos pájaros no pueden generar por sí mismos vitamina A. Debe serles aportada una vez a la semana.

FACTORES QUE PUEDEN INCIDIR EN EL COLOR Y EN LAS MARCAS DE LOS PÁJAROS

Intensos y escarchados

Tanto los canarios pigmentados como los no pigmentados pueden ser divididos en intensos y no intensos, o canarios de efecto escarchado.
En el caso de la coloración intensa, el pigmento lipocromático se extiende uniformemente a todo lo largo del pájaro. Esto se debe al hecho de que los pájaros de color intenso tienen las plumas bastante cortas. El pigmento de los

Amarillo escarcha opalino.

Eumo negro con amarillo intenso.

Negro ópalo con amarillo escarcha.

canarios con plumas más largas está más extendido, como resultado de lo cual, entre otras cosas, el final de las plumas se queda sin color. Esto les proporciona un efecto escarchado. No resulta recomendable que los canarios de color intenso se emparejen entre sí, ya que esto tiene como resultado, con frecuencia, que los polluelos tengan las plumas demasiado finas y delgadas. Muchos de estos pollos morirán dentro del huevo, antes de eclosionar. Un pájaro de coloración intensiva deberá, por consiguiente, ser emparejado con otro de coloración escarchada. Tampoco es adecuado emparejar entre sí pájaros de coloración escarchada, ya que tenderán a producir polluelos con las plumas excesivamente largas.

Negro pastel de pluma gris con blanco dominante.

Alas grises

En el caso de pájaros con el factor de las plumas grises, la parte media del cañón de la pluma, y las plumas de la cola también, son más claras y están por lo general coloreadas. Un detalle añadido al factor de las plumas grises es que las franjas del dorso están muy reducidas. Este factor sólo se produce en canarios con el factor pastel e incluso entonces, sólo en canarios con pigmentación negra.

Factor ópalo

En el caso de los canarios en los que se da el factor ópalo, la melanina de las plumas está adaptada de una forma diferente a la habitual. Este factor, por consiguiente, elimina casi por completo el pigmento marrón. Si un pájaro con pigmento negro, por ejemplo, tiene el factor ópalo, sus plumas resultan de un color que tiende al gris azulado. Las plumas de los canarios con pigmentación marrón apenas conservan pigmento en absoluto como consecuencia del factor ópalo. El factor ópalo se hereda recesivamente, lo que significa que una combinación de dos canarios ópalo sólo puede producir descendientes con factor ópalo. El factor ópalo puede estar en presencia latente en la configuración genética de un canario y puede manifestarse cuando su portador se empareja con otro portador de este factor. Si este pájaro es un portador latente de un factor de color, se dice entonces que está escindido en ese concreto color latente.

Mosaico de tipo I.

Mosaico

El factor mosaico es el resultado de un cruce con el chamariz rojo. El color original del pájaro es el blanco, con distintas partes de su cuerpo colo-

Mosaico de tipo II.

Mosaico del tipo II gris pastel con rojo.

sus ejemplares hembra a los concursos, o en mosaicos del tipo II y en ese caso concreto, estos criadores sólo presentarán a sus machos. Los criadores del tipo I generalmente prefieren tener machos en sus programas de cría que cuenten con manchas que se parezcan algo a las de las hembras, y viceversa. Esto incrementa las posibilidades de conseguir pájaros que cuenten con marcas que se valoren. El factor mosaico, con el tiempo, se ha combinado con pigmentaciones, lo que ha producido canarios todavía más apreciados.

Amarillo marfil intenso.

Perlado satinado con amarillo marfil.

readas. En las muestras y concursos, se premia con puntos el color, la posición y el tamaño de las zonas de color. Una de las características estrechamente relacionadas con el factor mosaico es que las hembras y los machos tienen diferentes tipos de marcas. Esto se debe a la influencia del chamariz rojo. Los machos y las hembras de esta especie tienen diferentes colores. Los dos diferentes modelos de manchas se denominan mosaico de tipo I (modelo de las hembras) y mosaico de tipo II (modelo de los machos). La mayor parte del tiempo, los criadores propenden a autorrestringirse a un solo tipo de mosaico. Se especializan en mosaicos de tipo I, y entonces presentan

Factor marfil

El factor marfil sólo afecta al pigmento lipocromático, sin afectar en realidad al propio pigmento. La posición de los elementos del pigmento lipocromático cambian bajo la influencia de este factor y el efecto visible no es otro que el pigmento lipocromático se descolora. El amarillo se transforma en un amarillo muy pálido y el rojo se transforma en un rojo desvaído hacia el rosa. El factor marfil se hereda recesivamente, aunque también está ligado al género. Si un criador quiere conseguir polluelos con efecto marfil, combinará dos canarios con el factor marfil.

Rubino intenso.

Factor ino

Los canarios con los ojos rojos son menos conocidos entre el gran público, aunque se pueden ver con asiduidad en las exhibiciones. El factor ino no es muy antiguo, siendo seleccionado con determinación y asiduidad sólo hace unas cuantas décadas, cuando la gente empezó a criar esta mutación de modo generalizado. La característica de los ojos rojos tenía lugar entre muchos canarios, tanto pigmentados como no. Los no pigmentados más conocidos son el lutino, rubino y albino. Los lutinos son canarios amarillos con los ojos rojos; los rubinos son canarios rojos con los ojos rojos, y los albinos son canarios blancos con los ojos rojos.

El factor ino se transmite recesivamente, por ejemplo, cuando un canario ino se cruza con un canario de ojos negros sin antecesores ino, ningún descendiente nacerá con los ojos rojos. Estos polluelos portarán siempre el factor ino.

El cruce de dos canarios ino dará una descendencia con los ojos rojos. En la práctica, no se hace nunca, ya que la descendencia de dos canarios de ojos rojos estaría constituida por canarios muy frágiles. Para conseguir una descendencia robusta, presencia de ejemplares de ojos rojos, se puede conseguir cruzando machos de ojos rojos con hembras que aunque tengan los ojos oscuros, sean portadoras del factor ino.

Perlado satinado con blanco.

Satinados

Los canarios satinados muestran una falta total de faeomelanina, e incluso la eumelanina de color marrón claro no se muestra con rotundidad. Esto da como resultado un canario con sólo un poco de eumelanina de color marrón claro. Los canarios satinados se caracterizan por un borde blanco alrededor de las plumas pigmentadas. Este factor sólo afecta al pigmento, quedando sin alterar el pigmento graso. Los canarios satinados siempre tienen los ojos rojos. El factor satinado se hereda recesivamente.

Phaeo marrón rojizo.

Factor phaeo

El factor phaeo tiene un efecto similar al satinado. Sin embargo, el factor phaeo provoca que los gránulos negros y marrones del pigmento de eumelanina desaparezcan por completo. El color de los ojos también cambia, haciendo que los ojos sean rojos. La faeomelanina marrón claro no se ve afectada, como el pigmento graso. El factor phaeo se transmite recesivamente, lo que significa que el cruce entre dos canarios con factor phaeo producirá exclusivamente canarios con factor phaeo. En la práctica este cruce no se produce apenas. El factor phaeo puede, sin embargo, ser llevado en la estructura genética

Negro con blanco dominante.

Canario rizado del sur de Holanda.

de manera no visible, y sin embargo hacerse manifiesto en la descendencia, y el portador es emparejado con un canario que también sea portador de este factor. Si un pájaro es portador de un factor invisible, se dice que está escindido o desdoblado en dicho factor.

Características

Hay canarios realmente atractivos, en particular aquellos que se dan en colores puros, menos conocidos que los que hemos citado, que casi no se encuentran en las tiendas de animales. Si está interesado en un animal de este tipo, lo mejor será que se ponga en contacto con el club o la sociedad local especializada. Ellos le podrán proporcionar direcciones de criadores especializados de la zona.

Canarios rizados franceses

CANARIO PARISINO
CANARIO DEL NORTE DE HOLANDA
CANARIO DEL SUR DE HOLANDA
CANARIO JOROBADO ITALICUS
CANARIO MILANÉS
CANARIO GIBOSO ESPAÑOL
CANARIO DE PADUA CON CRESTA
CANARIO DE PADUA
CANARIO FIORINO CON CRESTA
CANARIO FIORINO
CANARIO RIZADO SUIZO
CANARIO RIZADO JAPONÉS
MEHRINGER
RIZADO GIGANTE ITALIANO

ASPECTOS GENERALES

Los primeros informes de canarios con plumas rizadas se recibieron a principios del siglo XIX. Países como Italia, Francia y España, pero también Bélgica y Holanda, jugaron un papel significativo en la historia del desarrollo de estas variedades.

Los canarios franceses rizados, o canarios de plumas rizadas, constituyen quizá las más llamativas entre las razas de canarios. Con su cuerpo emplumado escasamente y su postura especial, puede que no le gusten a todo el mundo a primera vista. Estas especies de canario pueden ser divididas entre aquellas que tienen plumas rizadas a lo largo de todo su cuerpo, como el canario rizado francés de tamaño grande, y aquellas que, como en el caso del canario rizado francés ligero, sólo tienen plumas rizadas sobre la zona dorsal, la pechuga y los flancos. Los canarios rizados grandes incluyen el parisino, el milanés, el Mehringer y el canario de Padua. Entre los ligeros se encuentran los canarios rizados holandeses, el del norte y el del sur, el rizado suizo y el talicus. Hay diferencias significativas entre las distintas variedades de canarios de pluma rizada. El de mayor tamaño, sin duda, es el canario parisino rizado, que mide entre 19 y 22 centímetros, y el rizado grande italiano, que mide unos 21 centímetros. El Mehringer es una versión de tamaño reducido del parisino. El más pequeño entre los canarios de tipo rizado es el fiorino, que mide unos 13 centímetros. Con 15 centímetros, el Italicus no es precisamente un gigante. En términos de longitud, el resto de las especies de este grupo se sitúa en un término medio, con la mayoría de ellas situadas entre los 17 y 18 centímetros.

Canario rizado parisino.

Canario rizado del norte de Holanda.

Canario jorobado Italicus.

CARACTERÍSTICAS

Algunas personas dicen que los canarios rizados no pueden ser instalados en pajareras exteriores, ya que sostienen que la estructura de sus plumas no puede retener el calor. Esto es cierto en el caso de las variedades parcialmente calvas, como por ejemplo el Italicus, el canario Giboso español y los japoneses rizados. En los días fríos, los ejemplares pertenecientes a estas razas deben preferentemente ser mantenidos en pajareras interiores. Esto no deberá ser un problema insuperable, ya que muchos amantes de los pájaros mantienen de cualquier modo a sus pájaros de plumaje normal en pajareras interiores. Los demás tipos de canario rizado pueden tenerse en pajareras exteriores, incluso durante el invierno. La condición previa para esto, sin embargo, es que cuenten con un refugio nocturno resguardado y bien aislado. Para la mayoría de los canarios de estas variedades, una jaula de cría de 35 centímetros de largo por 30 centímetros de fondo y de alto es más que suficiente, aunque las especies más grandes necesitan más espacio, sobre todo durante la época de cría. Así, una jaula de cría de 60 centímetros de largo por 40 centímetros de fondo y de alto, resulta más adecuada. Este tipo de canario apenas se encuentra en las tiendas de animales o de pájaros. Si está interesado en este tipo de canario, incluso si está decidido a poseer uno, es aconsejable entrar en contacto con su club local.

Mehringer.

Mehringer.

Variedades seleccionadas por la postura o por la pose

Fancy escocés.

**BELGA GIBOSO
FANCY ESCOCÉS
HOSO JAPONÉS
CANARIO MUNIQUÉS
RHEINLANDER**

ASPECTOS GENERALES

Las variedades seleccionadas por la postura son bastante populares entre los criadores a lo largo de todo el mundo. Su postura o pose corporal específica no es, sin embargo, del gusto de todo el mundo. No obstante, la pose con la que son examinados en los concursos y con la que se les describe generalmente no es la postura en la que pasan la mayor parte de su tiempo. Se trata, en efecto, de lo que podríamos denominar una pose de trabajo. Cuando vuelan libremente por la pajarera ocupados en sus cosas, estos canarios parecen como todos los demás, aunque con un cuerpo delgado y algo más alargado. La pose que asumen los pájaros en parte es innata, pero también se aprende, hasta cierto punto. Los canarios más grandes de este grupo son el Giboso belga y el Fancy escocés, midiendo los dos aproximadamente 17 centímetros. El más pequeño de los

109

Fancy escocés.

Rheinlander.

canarios de postura o de pose es el Hoso japonés, que tiene una longitud corporal de 11,5 centímetros. Estas variedades de canario se dan en todos los colores, incluidos los variegados.

CARACTERÍSTICAS

Las variedades criadas por su postura pueden ser mantenidas sin problemas en jaulas de interior y en pajareras exteriores. Los refugios nocturnos al resguardo de las heladas, las corrientes de aire y la humedad, generalmente aportan la suficiente protección durante los fríos días de invierno. Si está interesado en una de estas variedades, resulta aconsejable contactar con un club local especializado. Estas variedades nunca o casi nunca están a la venta en las tiendas de animales. Compruebe cuando adquiera uno que las plumas no sean demasiado largas. Por supuesto, esto no es un problema para un uso de tipo general, pero sí lo será si adquiere el canario con la finalidad de acudir a los concursos. Estas variedades tienen que resultar realmente acicaladas y pulcras.

Canarios criados por su forma

NORWICH
BORDER
BERNER
FANCY PÍFANO
CANARIO PEQUÑO DE RAZA ESPAÑOLA
YORKSHIRE
FANCY IRLANDÉS

ASPECTOS GENERALES

Las variedades de forma, particularmente el canario Norwich y el Border, son muy populares entre los criadores junto a los canarios de color. Ninguna feria de pájaros está completa sin una buena representación de este tipo de canarios. La de mayor tamaño es la Yorkshire, que tiene como mínimo 17 centímetros de largo. Le siguen por debajo el canario Berner y el Norwich, con

Fancy pífano.

Yorkshire.

Norwich.

Raza española.

Border.

largo por 30 centímetros de alto y de fondo. Los canarios de esta variedad de mayor tamaño, como el Norwich, el Berner y el Yorkshire, pueden tenerse mejor en una jaula de cría más espaciosa, con una longitud de aproximadamente 60 centímetros y una altura y profundidad de 40 centímetros. Naturalmente, estas dimensiones valen para pájaros que dispongan de más espacio fuera de la estación de cría. Si está interesado en una de estas variedades, póngase en contacto con un club local. Son variedades de pájaros realmente atractivas, que apenas se encuentran, si tienen algún valor para concursos, en las tiendas especializadas de mascotas o de pájaros.

Variedades de canario con cresta

GLOSTER (CONSORT)
GLOSTER CON CRESTA (CORONA)
CANARIO CRESTADO
CANARIO ALEMÁN CON CRESTA
LANCASHIRE CON CRESTA
CANARIO LANCASHIRE
FANCY COLUMBUS CON CRESTA
CANARIO STAFFORD CON CRESTA

Canario con cresta.

longitudes entre los 16 y 17 centímetros. Hay dos pequeñas variedades enanas, a saber: el canario pequeño de raza española y el Fancy pífano, ambos de unos 11,5 centímetros.
Todos los canarios de este grupo se crían en todos los colores, incluidas aquellas variedades que tienen varios colores.

CARACTERÍSTICAS

Estas variedades se pueden criar tanto en pajareras interiores como exteriores. Si cuentan con un refugio resguardado y bien aislado, no tendrá que tomar ninguna medida adicional. Las dimensiones normales para una jaula de cría para estas variedades son de 35 centímetros de

Gloster sin cresta.

Lancashire.

ASPECTOS GENERALES

Las variedades de canarios con cresta son muy populares, tanto en el mundo de los concursos y de la cría como entre los criadores y el público en general.

Con la excepción del canario crestado alemán, estas variedades se crían en todos los colores, incluidos los que combinan varios colores en un solo ejemplar. El canario crestado alemán es una excepción, aunque sea un canario de color con cresta.

El color de estos tipos de canario con cresta es muy importante en los concursos. Sólo se cria-

Canario crestado alemán.

Gloster corona.

rán, por consiguiente, en los colores admitidos para canarios coloreados. Los ejemplares de varios colores no son recomendables en estas variedades. Un tipo de coloración con distintos colores en un mismo ejemplar se da en el canario crestado alemán, cuando presenta la cresta en un color diferente, lo que da a este pájaro un aspecto realmente encantador y atractivo. El canario crestado alemán se diferencia también en otros aspectos de los otros canarios crestados. Así, la versión de cabeza lisa de los otros canarios de cresta es admitida y evaluada en los concursos y exhibiciones. Sin embargo, la versión sin cresta de los canarios crestados alemanes no puede ser presentada a los concursos. Los canarios más grandes entre los de este grupo son los Lancashire, que mide aproximadamente 22 o 23 centímetros. El más pequeño es el Gloster, que mide 11,5 centímetros.

CARACTERÍSTICAS

Existe una versión sin cresta de cada canario crestado. Esto se debe a que cuando se cruzan dos canarios crestados, aproximadamente el 25% de las crías mueren en el huevo. Mientras que si los pájaros se emparejan con otro de la misma variedad pero sin cresta, no tienen lugar

Lizard.

muertes prematuras, pero los polluelos nacen sin cresta. Los canarios con cresta pueden ser tenidos tanto en pajareras interiores como en exteriores. Si además pueden encontrar cobijo en un refugio bien aislado no tendrá que tomar ningún tipo de medida adicional. Las medidas adecuadas para una jaula de cría son 35 centímetros de largo y 30 centímetros de profundidad y altura, pero naturalmente el Lancashire necesitará una instalación mucho más grande para moverse libremente. Una jaula de cría que mida 70 centímetros de largo por 40 de profundidad y altura será por lo general suficiente. Los canarios crestados se encuentran a veces en las tiendas de pájaros. Si quiere un ejemplar realmente bueno, es mejor contactar con un club local, sin embargo. Allí le podrán ayudar con las direcciones de criadores serios de estas variedades.

Variedades con marcas

CANARIO LIZARD

ASPECTOS GENERALES

El canario lizard es una especie única en este grupo de variedades de canario con cresta. Se trata de una especie muy antigua. Es probable que fuera criado en Gran Bretaña en el siglo XVII. La característica más chocante del lizard son sus marcas. Son oscuras y de forma escamosa, parecidas a las escamas de un reptil, de ahí su nombre de lizard. Otra característica llamativa de esta variedad es el «sombrero», una zona de color diferente en la parte superior de la cabeza. En función de la colocación de esta marca los lizards se dice que tienen «sombrero» entero o partido. Los lizards sin «sombrero» se conocen como destocados. En los concursos, los ejemplares sin marca en la cabeza deben contar con las marcas próximas al pico. Los lizards se crían en distintos colores y tienen una longitud de unos 13 centímetros aproximadamente.

CARACTERÍSTICAS

Los lizards pueden ser criados tanto en pajareras exteriores como interiores. Si cuentan con un refugio bien aislado y acondicionado, no se requerirá calor extra en invierno. Al ser una especie única, los canarios lizard no son particularmente comunes, no estando nunca o casi nunca a la venta en las tiendas. Si usted está interesado en uno, llame a una sociedad local nacional especializada.

Lizard.

Lizard.

5. Estrildas – Estrildidae

Lagonosticta senegala

PINZÓN DE FUEGO DE SENEGAL

DISTRIBUCIÓN
Occidente de África Tropical.

TAMAÑO
Aproximadamente 10 centímetros.

DIFERENCIACIÓN ENTRE LOS SEXOS
Los dos sexos pueden ser reconocidos de un vistazo. Los machos son de un rojo intenso, mientras que las hembras tienen una apariencia mucho más llamativa. Tienen, dependiendo de las variedades, un plumaje entre beige grisáceo y marrón.

CARACTERÍSTICAS SOCIALES
El pinzón de fuego de Senegal es muy adecuado para una pajarera mixta. Sin embargo, si las demás especies de la pajarera son también pinzones, la adaptación puede ser perfecta. Son animales muy independientes, y por lo general dejan en paz a las demás especies. Durante la época de cría, los machos pueden volverse algo agresivos en relación con los machos de la misma especie.

HÁBITAT ADECUADO
El pinzón de fuego de Senegal puede ser mantenido en una pajarera exterior con arbustos, preferiblemente cubierta, o en una interior, y asimismo en una jaula espaciosa. Es conveniente, para el bienestar de estos pájaros, que vivan en lugares resguardados, no expuestos ni a la lluvia ni al viento.

TEMPERATURA AMBIENTE
El pinzón de fuego de Senegal no soportaría un clima demasiado duro, con mucha lluvia y frío. Lo aconsejable es cambiar de lugar a estos animales durante las estaciones frías, o bien instalar un sistema de calor artificial.

ALIMENTACIÓN
Como alimento básico toman combinaciones de semillas para pájaros tropicales de pequeño tamaño. Además, comen mijo italiano, semillas de hierbas frescas y germinadas. Los ejemplares de esta especie deben tomar pequeñas cantidades de pamplinas. Los pinzones de fuego de Senegal pueden salir adelante sin mayores problemas con una dieta vegetal, siempre que se complemente con cantidades pequeñas de pasta de insecto. Durante la primera semana de vida necesitan tomar pequeñas cantidades de presas vivas. Si los padres no se han acostumbrado a este tipo de alimentación, es muy probable que rechacen tomar presas vivas y ofrecérselas a los pequeños, con resultados desastrosos, así que si desea criar debe dar a los pájaros algunas presas vivas, con la finalidad de que se vayan acostumbrando a ellas. Son fuentes adecuadas de proteínas animales las moscas de la fruta y los gusanos. Deben tener suficiente cantidad de gravilla a su disposición, para tomar cuanta precisen.

ACTIVIDADES
Los pinzones de fuego de Senegal son aves muy vivaces que se moverán por todos los espacios de la pajarera. Les gustan los arbustos y las enramadas, pero también volar por los espacios libres. También picotearán por el suelo de la pajarera en busca de comida. No es recomen-

Ejemplar macho de pinzón de fuego de Senegal.

Ejemplar hembra de pinzón de fuego de Senegal.

Izquierda: Gorrión de Java con su coloración normal.

dable adquirir pájaros importados, ya que no sólo son muy asustadizos, sino también propensos a las enfermedades. Usted y sus pájaros se ahorrarán muchos problemas si únicamente compran ejemplares producidos por los criadores.

CRÍA

Estos pájaros pueden criarse en jaulas de cría (siempre que tengan plantas) o en pajareras. No es una especie quisquillosa en relación con el anidamiento. Se obtienen resultados satisfactorios utilizando tanto cajas-nido cerradas como con cajas-nido semiabiertas. Los pájaros también aceptan como lugar de anidamiento las cestas expresamente preparadas para ello. Algunos ejemplares construirán su nido en los arbustos espesos. En el caso de una caja cerrada, un hueco de entrada de unos 4 centímetros de diámetro será suficiente. Como material para anidar, son especialmente apropiados la fibra de coco, las pequeñas fibras de sisal, el pelo de los animales (por ejemplo el del caballo), las plumas desprendidas de pequeño tamaño y las hojas de hierba. Una nidada consta de tres o cuatro huevos. Tanto el macho como la hembra se turnarán para incubar los huevos. Los pollos salen del huevo transcurridos once o doce días. Los alimentan los dos padres. Durante la primera semana, la dieta de los polluelos de pinzón de fuego de Senegal consistirá, de modo casi exclusivo, en presas vivas, tales como los gusanos. Si no recibe la suficiente cantidad de presas vivas, morirá sin remedio.

Los pollos emplumarán transcurridos entre diecisiete y veinte días. En esta etapa no pueden defenderse por sí mismos y son alimentados y cuidados por sus padres durante una semana adicional o más. Una pareja en buen estado puede producir varias nidadas al año, aunque es mejor no permitirles sacar adelante más de dos nidadas por temporada, ya que de lo contrario podrían ver perjudicada su salud. Los polluelos de nidadas anteriores no suelen ser acosados ni perseguidos por los padres.

Pinzón de fuego de senegal macho.

Estrilda de mejilla anaranjada.

Estrilda melpoda

ESTRILDA DE MEJILLA ANARANJADA

DISTRIBUCIÓN

África.

TAMAÑO

Aproximadamente 10 centímetros.

DIFERENCIACIÓN ENTRE SEXOS

Es muy difícil distinguir entre los dos sexos. La mancha anaranjada de los machos es en ocasiones más brillante, aunque no siempre esto es así. Los machos se exhiben y cantan durante la época de reproducción.

CARACTERÍSTICAS SOCIALES

Las estrildas de mejilla anaranjada es una especie perfectamente adecuada para vivir en una pajarera combinada o mixta. Son unos pájaros muy pacíficos, que no tienen problemas con otros animales.

HÁBITAT ADECUADO

Las estrildas de mejilla anaranjada pueden ser mantenidas tanto en una pajarera exterior como en una pajarera interior. Una estancia temporal en una jaula de gran tamaño es también posible, aunque los resultados de cría serán mejores en una

Estrilda de mejilla anaranjada.

Estrilda de mejilla anaranjada.

una pajarera. Es muy recomendable que cuenten con algún tipo de refugio en forma de plantas arbustivas.

TEMPERATURA AMBIENTE

Las populares estrildas de mejilla anaranjada son unos pájaros bastante resistentes que no precisan cuidados especiales durante el invierno, siempre que puedan retirarse a un refugio bien aislado.

ALIMENTACIÓN

Su base dietética puede perfectamente estar constituida por semillas para pájaros tropicales. Durante la época de reproducción en particular, los pájaros necesitan más proteínas y pequeñas cantidades de alimentos vivos, como los gusanos. Tienen que contar con una cantidad suficiente de gravilla.

ACTIVIDADES

La estrilda de mejilla anaranjada es un pájaro vivaz, muy móvil, que vuela mucho y se mueve por todas las zonas de la pajarera. A menudo se muestran algo nerviosas. Les gusta bañarse. Resulta pues ideal colocar un bol con agua en una plataforma o en el suelo de la pajarera. Hay que cambiar el cuenco transcurridas unas cuantas horas para evitar que los pájaros beban agua contaminada. Los machos cantan durante la época de reproducción.

CRÍA

En la vida salvaje, la estrilda de mejilla anaranjada a menudo construye un nido sobre el suelo o cerca del mismo, y en ocasiones quiere hacer lo mismo en la pajarera. A veces, sin embargo, hará uso de los lugares más altos en el verdor, o bien decide construir su nido en una caja-nido semiabierta. Como promedio, pone entre cuatro y seis huevos de color blanco. Estos huevos son incubados por los dos padres, aunque la hembra pasa más tiempo en el nido. Los huevos eclosionan aproximadamente en doce días. Durante su primera semana o su primera quincena de vida, los pollos se alimentan principalmente de pequeños insectos terrestres y de moscas. Los polluelos podrán también tomar comida a base de huevo y semillas germinadas. Una vez que hayan cumplido dos semanas, empluman. Llegados a este punto, todavía tienen los picos de color negro y son de un color más oscuro que sus padres. La mancha de la mejilla todavía no está desarrollada del todo. No se pueden defender todavía por sí mismos y, por lo tanto, son alimentados y cuidados por sus padres. Cuando tienen cinco semanas, los pollos pueden independizarse. Una pareja en buen estado puede producir varias nidadas al año. Es importante que haya la mayor paz y tranquilidad posible durante la época de cría. Los ruidos y las molestias pueden tener como consecuencia que los padres abandonen el nido y las crías.

Pico de coral.

Pico de coral de pico amarillo.

Estrilda troglodytes

PICO DE CORAL

DISTRIBUCIÓN

Estepas del nordeste y del oeste de África.

TAMAÑO

Aproximadamente 10 centímetros.

DIFERENCIACIÓN ENTRE SEXOS

Las hembras, por lo general, están menos coloreadas que los machos.

CARACTERÍSTICAS SOCIALES

Se trata de un pájaro poco problemático, que no suele tener conflictos con otros de su especie o con otros pájaros. Apenas riñen, ni siquiera en la época de reproducción.

HÁBITAT ADECUADO

Los pico de coral pueden instalarse tanto en una pajarera de interior como en una exterior. También resulta factible instalarles en una jaula de gran tamaño, pero siempre de modo temporal. En este último caso, es preciso asegurarse de que las perchas están atadas o sujetas de tal forma que los pájaros tengan que volar para pasar de una a otra. Esta medida les protegerá frente al sobrepeso.

TEMPERATURA AMBIENTE

Los pico de coral son pájaros razonablemente resistentes y fuertes, pero no soportan las temperaturas bajo cero. Desplácelos, pues, al interior durante los meses más crudos del invierno, o bien instale un sistema de calor artificial para calentar un poco el refugio nocturno, de forma que en esta instalación la temperatura no baje de los 10 grados.

CRÍA

La cría de estos animales no resulta fácil. Con frecuencia se emparejan sin problemas, pero no resulta fácil sacar adelante los polluelos. Necesitan todo tipo de pequeñas presas vivas, de las que tendrán que tener en todo momento abundante provisión. Podrá dejar incluso a la pareja en una tranquila pajarera exterior o en una espaciosa jaula de cría interior. Estos pájaros prefieren construir nidos muy ingeniosos y variados en la espesura de los arbustos o incluso sobre el suelo. Una característica llamativa de estos animales es que no pocas veces construyen un segundo nido encima del auténtico, en el que se depositan los desperdicios del nido. Se acepta generalmente que la función del segundo nido es despistar a los potenciales ladrones de nidos. En la vida salvaje, los pájaros de esta especie casi siempre construyen estos nidos falsos, aunque en una pajarera o en una jaula de cría casi nunca se toman la molestia. La nidada consiste en tres a seis huevos incubados por ambos padres en turnos, durante un período de once a trece días. La comida para los polluelos consiste en semillas parcialmente germinadas, pero inicialmente la mayor parte de su dieta consiste en pequeños insectos, como moscas de la fruta y trozos pequeños de gusano. Los polluelos emplumarán tras dos o tres semanas, tras las cuales serán alimentados, cada vez con menos intensidad, por los padres. Transcurridos tres meses, los polluelos presentarán el mismo color que sus progenitores.

Ejemplares de pico de coral de pico amarillo y cola negra.

Pico de coral con mutación de color.

Estrilda astrild

ESTRILDA COMÚN

DISTRIBUCIÓN

África del Sur, predominantemente la isla de Santa Elena.

TAMAÑO

Aproximadamente 11 centímetros.

DIFERENCIACIÓN ENTRE LOS SEXOS

Resulta extremadamente dificultoso llevar a cabo a simple vista la distinción de género en estos pájaros. Las marcas del macho a menudo muestran grandes contrastes y el rojo de su vientre tiene un matiz más intenso, pero ésta no es una forma segura de diferenciar sexualmente esta especie.

CARACTERÍSTICAS SOCIALES

Estos pájaros se encuentran cómodos en compañía de otras especies, incluso durante la época de cría. No desarrollan ningún tipo de agresividad al lado de otros pájaros si disponen de suficiente espacio. Pero, en un recinto demasiado cerrado comenzarán a acosarse entre ellos.

HÁBITAT ADECUADO

La estrilda común se encuentra cómoda y a gusto tanto en las pajareras interiores como en las exteriores. También pueden ser mantenidas en jaulas de cría, pero no pueden obtenerse buenos resultados de esta forma en la reproducción. A estos pájaros les gustan las espesuras de los arbustos y matorrales.

TEMPERATURA AMBIENTE

En inviernos de condiciones normales, bastará que los pájaros puedan refugiarse en un refugio para pasar la noche, al resguardo de las corrientes de aire y de las heladas. Si hiciese verdadero frío, será mejor calentar el refugio o llevar los pájaros al interior durante el invierno.

ALIMENTACIÓN

La dieta básica de la estrilda común debe ser una combinación de semillas para pájaros tropicales, complementada con mijo italiano y semillas de hierba. Durante el período de reproducción en particular, diferentes insectos pequeños y algo de alimentos preparados a base de huevos deben estar en el menú. Tiene que contar también con la cantidad adecuada de gravilla, para que tomen la que necesite.

ACTIVIDADES

La estrilda común constituye una especie con gran movilidad, que ocupa todos los espacios de la pajarera. Le gusta estar en el interior de los arbustos y de los matorrales, o cerca de ellos, mostrándose también algo asustadiza e imprevisible. Poder contar con un ambiente tranquilo es algo muy importante para estos pájaros, especialmente si están incubando. Les gusta bañarse. Resulta muy adecuado para este fin un cuenco de loza, situado en una plataforma o en el suelo. Es preciso cambiar el agua una vez transcurrido cierto tiempo, porque de lo contrario los pájaros podrían beber agua contaminada. La estrilda común pasa la noche en un nido para dormir, debiendo contar con varios de ellos distribuidos por la pajarera, especialmente en el refugio.

Estrilda común.

Estrilda Común.

Estrilda Común.

CRÍA

Este tipo de pájaros prefieren construir sus nidos entre el verdor, aunque en ocasiones no desdeñará una caja-nido, por ejemplo una jaula o una caja semiabierta. Construye su nido con heno y fibra de coco, rematado con materiales de tacto suave. Normalmente, pone de cuatro a seis huevos, incubados por el macho y por la hembra por turnos, durante un período de aproximadamente once a trece días.

Los polluelos reciben inicialmente una dieta que consiste fundamentalmente en insectos pequeños de muy distintos tipos. También se debe incluir en su alimentación preparados a base de huevos, así como pequeñas cantidades de semillas germinadas. Esto último debe suministrársele a los pájaros distribuidos en varias comidas al día para que los animales tengan bastante cantidad. Si no reciben la cantidad suficiente, los padres pueden abandonar. Los polluelos empluman entre dos y tres semanas después de la eclosión. Son aún apoyados y alimentados tanto por la hembra como por el macho, de forma decreciente, durante algunas semanas. Cuando los polluelos pueden vivir de forma independiente, podrán separarse definitivamente de la tutela de sus padres.

MUTACIONES

Una mutación de color de esta variedad es la que tiene el pico amarillo.

Estrilda rhodopyga

ESTRILDA DE COLA CARMESÍ O DE OBISPILLO

DISTRIBUCIÓN
Nordeste de África.

TAMAÑO
Aproximadamente 10 centímetros.

DIFERENCIACIÓN SEXUAL
Es difícil separar los sexos. Las hembras de esta variedad a menudo son algo más suaves en color, aunque no siempre es el caso. Los machos pueden ser reconocidos por su canto, pero el sonido que producen es muy bajo de tono, sólo la vibración de las plumas de la garganta aporta un indicio.

CARACTERÍSTICAS SOCIALES
La estrilda de cola roja es un pájaro muy apacible y sociable. Son, por lo tanto, animales muy adecuados para una pajarera mixta. Resulta una idea muy adecuada mantener juntos pequeños grupos de esta variedad.

HÁBITAT ADECUADO
Esta variedad puede ser instalada en jaulas de cría grandes, aunque resulta más adecuada una pajarera bien surtida de plantas, bien sea interior o exterior.

TEMPERATURA AMBIENTE
Con la excepción de los pájaros importados, que pueden resultar débiles y experimentar problemas de adaptación, este tipo de pájaro es bastante fuerte. Si cuenta con un refugio bien aislado, no suele ser necesario suministrar calor adicional durante la estación fría.

Estrilda de cola carmesí o de obispillo.

ALIMENTACIÓN

Estos pájaros deben recibir una dieta básica con una combinación de semillas para pequeños pájaros tropicales, complementado con mijo italiano y con semillas de hierba maduras y germinadas. También les gustan los insectos pequeños. Deben contar siempre con suficiente gravilla, como para tomar toda la que quieran.

ACTIVIDADES

Las estrildas de cola carmesí son pájaros que se mueven mucho, les gusta volar y ocupar todos los espacios posibles de la pajarera. No suelen ser demasiado asustadizos o imprevisibles.

CRÍA

Algunas estrildas de cola carmesí construyen sus nidos libremente en los arbustos, mientras que otras ocupan cajas-nido semiabiertas. El nido se construye utilizando fibra de coco, fibras cortas y desenredadas de cuerda de sisal, hojas de hierba y heno. Para revestir el nido utilizan plumas suaves.

La estrilda de cola carmesí suele poner entre dos y cuatro huevos, incubados por ambos padres alternativamente. Los polluelos emergen del huevo tras aproximadamente doce días. Son alimentados por sus padres con una dieta variada, aunque las semillas germinadas y los pequeños insectos, como las moscas y las arañas pequeñas, son esenciales. Una vez que cumplen los dieciséis días, tiene lugar el emplumado. En esta etapa no pueden defenderse autónomamente, siendo alimentadas por sus padres durante una semana o dos más.

Estrilda caerulescens

COLA DE VINAGRE

DISTRIBUCIÓN

Noroeste de África.

TAMAÑO

Aproximadamente 11 centímetros.

DIFERENCIACIÓN ENTRE SEXOS

Los sexos de la estrilda cola de vinagre se parecen mucho entre sí. Los machos pueden reconocerse por su canto durante la temporada de reproducción.

CARACTERÍSTICAS SOCIALES

La estrilda cola de vinagre es una habitante tolerante y pacífica de las pajareras mixtas. No tiene por qué surgir ningún problema, ni con los otros ejemplares de estrilda lavanda ni con los otros pájaros.

HÁBITAT ADECUADO

Estos pájaros pueden ser mantenidos tanto en una pajarera interior como exterior. Una aco-

Ejemplar de estrilda cola de vinagre con marcas maravillosas.

Estrilda cola de vinagre

modación temporal en una jaula de cría tampoco supondrá ningún problema especial para ellos. Les gusta mucho que haya plantas en la pajarera.

TEMPERATURA AMBIENTE

En un invierno normal, debería ser suficiente que los pájaros pudieran refugiarse en un recinto aislado de forma adecuada. En condiciones climatológicas extremas, o si los pájaros señalan que tienen frío abullonando las plumas, es aconsejable calentar por medios artificiales el aire del refugio.

COMIDA

La comida ideal de la estrilda cola de vinagre es un combinado de semillas para pájaros tropicales pequeños, complementado con mijo italiano y semillas de hierbas. Les gustan los preparados a base de huevo, la pasta de insectos y algunas presas vivas, como los gusanos. La comida vegetal, como los trocitos de hierbas verdes, es su favorita. Deben contar con gravilla en cantidad suficiente, para tomar cuanta quieran.

ACTIVIDADES

La estrilda cola de vinagre es un animal muy móvil y activo. Si se le maneja con calma, aprenderán a confiar en quien le suministra comida y cuidados.

CRÍA

La estrilda cola de vinagre cría tanto en una pajarera exterior como en una jaula de cría grande. Puede incluso hacer uso de cajas de anidamiento, pero prefiere construir libremente sus nidos en matorrales y arbustos espesos. El nido, de forma esférica, lo construye a base de largas hojas de hierba, con el llamativo detalle de que el hueco de entrada y salida apunta frecuentemente hacia abajo.
Como promedio, estos pájaros ponen entre tres y cinco huevos de color blanco, incubados alternativamente por ambos padres. El pollo sale del huevo aproximadamente a los doce o catorce días. Para empezar, los padres los alimentan con una dieta que consiste predominantemente en pequeños insectos, tales como gusanos cortados, moscas y diversos tipos de arañas de pequeño tamaño.
Los polluelos empluman un poco después de cumplir dos semanas. Antes de que se vuelvan completamente independientes, lo que tiene lugar a las cuatro semanas más o menos, pasan las noches en el nido de sus padres. A la edad de cuatro meses tendrán ya el mismo color que sus padres. Los pollos podrán, si el espacio lo permite, permanecer con los padres, que ya estarán ocupados con su siguiente nidada. Las estrildas cola de vinagre en buen estado y que reciban una dieta suficiente y variada pueden sacar adelante varias nidadas cada temporada, aunque no es conveniente.

INFORMACIÓN ADICIONAL

Existe también una variedad de estrilda de color gris. Se trata de una especie muy semejante a la estrilda cola de vinagre y necesita prácticamente el mismo tipo de cuidados, por lo que se pueden seguir todos los consejos facilitados para la primera.

Estrilda gris.

Uraeginthus bengalus

AZULITO DEL SENEGAL

DISTRIBUCIÓN
África.

TAMAÑO
Aproximadamente 11 centímetros o más.

DIFERENCIACIÓN ENTRE SEXOS
Los machos de esta especie tienen un punto rojo en la mejilla, mostrando generalmente un azul más brillante que las hembras.

Ejemplar macho de azulito del Senegal.

CARACTERÍSTICAS SOCIALES

Los azulitos del Senegal se llevan bien, en general, con los de su misma especie y con los demás pájaros. Durante el período de reproducción, pueden mostrarse intolerantes e incluso agresivos hacia otros ejemplares de la misma especie. Para evitar luchas, es mejor mantener una pareja en cada jaula.

HÁBITAT ADECUADO

El azulito del Senegal puede instalarse tanto en una pajarera exterior llena de plantas como en una pajarera de interior. Una jaula de cría es recomendable sólo como hábitat temporal.

TEMPERATURA AMBIENTE

El azulito del Senegal no es un pájaro melindroso ni delicado, pero el refugio de la pajarera debe mantenerse a resguardo de heladas durante los meses de invierno.

ALIMENTACIÓN

Estos pájaros deben tomar una combinación de semillas para pequeños pájaros tropicales, complementada con semillas de hierbas y mijo italiano. También les gusta comer pequeños trozos de alimento vegetal. Fuera de la temporada de reproducción esto suele ser suficiente, pero en época de cría necesitan proteínas animales extra en forma de comida a base de huevo y pasta de insectos. Los polluelos, en particular, deben recibir su aporte de presas vivas, como por ejemplo

Ejemplar de azulito con las mejillas anaranjadas.

las moscas. Y como en el caso de las demás especies granívoras, el azulito del Senegal necesita gravilla.

ACTIVIDADES

El azulito del Senegal es un pájaro activo que siempre parece muy ocupado y que se mueve alrededor de todas las zonas de la pajarera. De modo regular picotea por el suelo de la pajarera, buscando alimento. Durante los días calurosos, le gusta tomar un baño. Un cuenco de loza sobre una plataforma o bien en el suelo de la pajarera es muy adecuado para este fin. Retire el cuenco cuando hayan transcurrido unas horas, con el fin de que los pájaros no beban del agua sucia. Los machos cantan, especialmente cuando cortejan a las hembras.

CRÍA

Los nidos pueden construirse en todo tipo de lugares. En ocasiones estos pájaros los construyen en medio de la espesura de un arbusto, mientras que en otras ocasiones utiliza asimismo cajas-nido de alambre o cestas. El nido está construido con todo tipo de materiales. El número de huevos que pone está entre los cuatro y los seis, y tienen un color blanco homogéneo. Los huevos los incuba normalmente la hembra, aunque el macho la releva a intervalos regulares. Transcurridos aproximadamente entre once y trece días, los pollos emergen del huevo. Durante su primera semana, necesitan una gran cantidad de pequeñas presas vivas, tales como moscas y arañas. Compruebe que estas fuentes de proteína animal se les repone varias veces cada día, para evitar insuficiencias. Un inadecuado aporte de proteína animal provocará daños, y los polluelos podrían morir como consecuencia de ello. Cuando son un poco más mayores, a los polluelos les gusta comer semillas germinadas. Empluman a los diecisiete o diecinueve días. Más tarde, son alimentados y cuidados por los padres, fundamentalmente por el macho, durante un período adicional de catorce días. A la edad de cinco semanas, los polluelos ya pueden cuidarse de sí mismos y deberán ser retirados de la pajarera. A esta edad tienen un plumaje bastante apagado, más parecido al color de su madre. La coloración sólo comienza a aparecer a los tres meses aproximadamente, y el punto rojo de la mejilla del macho sólo aparecerá después de cinco o seis meses. Si se le cuida adecuadamente y hay suficiente paz en la pajarera, si además toma una dieta variada, no es infrecuente que estos pájaros saquen adelante varias nidadas en una temporada.

MUTACIONES

Ocasionalmente tienen lugar mutaciones de color, incluyendo variantes blancas (los machos tienen la mejilla roja), así como pájaros con un punto amarillo en la mejilla, aunque éstos no han sido bien definidos.

Azulito de cabeza marrón.

Estrilda azul.

INFORMACIÓN ADICIONAL

El azulito del Senegal y el menos conocido azulito de cabeza marrón son especies de pájaros muy parecidas que requieren los mismos cuidados.

Uraeginthus cyanocephala

ESTRILDA DE CABEZA AZUL

DISTRIBUCIÓN

África del Este.

TAMAÑO

Aproximadamente 13 centímetros.

DIFERENCIACIÓN ENTRE LOS SEXOS

Los machos estrilda de cabeza azul, como indica su nombre, tienen la cabeza azul, mientras que las hembras sólo tienen algo de azul en la frente. Las zonas azules de los machos son más brillantes que las de las hembras.

CARACTERÍSTICAS SOCIALES

La estrilda de cabeza azul resulta ideal para su instalación en una pajarera mixta. Por lo general, deja tranquilas a las otras especies de pájaros. Sólo durante la época de cría se muestra

Estrilda de cabeza azul isabelina.

Ejemplar hembra de estrilda de cabeza azul.

Ejemplar macho de estrilda de cabeza azul.

Pareja de estrildas de cabeza azul.

poco amistosa hacia otras estrildas de cabeza azul. Para evitar problemas, es mejor mantener una pareja en cada jaula.

HÁBITAT ADECUADO

Estos pájaros, de atractivo color azul brillante, pueden vivir en una pajarera exterior con plantas, pero también se adaptan a una pajarera interior. Como hábitat temporal, puede valer también una jaula de cría de tamaño grande.

TEMPERATURA AMBIENTE

La estrilda de cabeza azul no soporta el frío. Es mejor instalarla en el interior o calentar la pajarera durante la estación fría.

ALIMENTACIÓN

Puede dar a estos animales una dieta básica que tenga una combinación de semillas para pequeños animales tropicales, complementada con mijo italiano y semillas de hierba. A estos pájaros también les gustan las semillas de hierba sin madurar y las semillas germinadas. Durante la época de cría, y preferiblemente antes, deberemos suministrarles, al menos una vez cada día, algunas presas vivas, pasta de insectos y pequeñas cantidades de preparado de huevo. Siempre tiene que haber algo de gravilla, para permitir que estos pájaros tomen cuanto necesiten en cada momento.

ACTIVIDADES

Las estrildas de cabeza azul son pájaros bastante pacíficos. Durante la época de reproducción, pueden ser más bien asustadizos y necesitan cuanta paz y tranquilidad sea posible. En los días de calor, les gusta tomar un baño.

CRÍA

El nido lo construyen los dos miembros de la pareja a partir de diversos materiales, tales como hojas de hierba y fibra de coco. A veces construirán su nido en un arbusto, mientras que en otras ocasiones utilizarán una caja-nido. La estrilda de cabeza azul pone una media de cuatro a seis huevos, incubados por el macho y por la hembra en turnos. Eclosionan después de doce días. Los pollos de estrilda de cabeza azul necesitan una buena ración de alimentos de presas vivas, tales como moscas y arañas, varias veces al día durante su primera semana de vida. Una dosis insuficiente de proteína animal o una dieta poco variada, provocará daños, y los polluelos podrían morir prematuramente como consecuencia de ello. Éstos empluman aproximadamente a los dieciocho días. Son alimentados por ambos padres, cada vez con menor intensidad, durante aproximadamente dos semanas. A la edad de cinco semanas, están lo suficientemente maduros como para defenderse por sí mismos. Su plumaje no es de ninguna manera aún tan brillante como el de sus padres. El color azul brillante aparece a los tres meses aproximadamente.

MUTACIONES

En la actualidad está siendo criada una variedad de estrilda de cabeza azul con un color más claro.

Estrilda violeta.

Estrilda violeta.

Uraeginthus granatina

ESTRILDA VIOLETA

DISTRIBUCIÓN

Países del sur de África.

TAMAÑO

Aproximadamente 13 o 14 centímetros.

DIFERENCIACIÓN ENTRE SEXOS

Los dos sexos son fácilmente distinguibles. Los machos tienen una coloración más brillante que las hembras.

CARACTERÍSTICAS SOCIALES

La estrilda violeta generalmente vive su vida y no interfiere con otros animales de la pajarera, siempre que no sea de la misma o parecida especie. Sin embargo, a menudo se muestran muy agresivos con los ejemplares de la misma especie o de especies parecidas. Por consiguiente, se recomienda tener sólo una pareja en cada pajarera o jaula.

HÁBITAT ADECUADO

La estrilda violeta puede ser instalada indistintamente en una pajarera interior o exterior. La pajarera debe estar preferiblemente en un lugar soleado, donde los pájaros puedan disfrutar plenamente el sol.

TEMPERATURA AMBIENTE

La estrilda violeta es un pájaro amante del sol, que necesita calor. Sin el suficiente calor y luz solar enfermará con rapidez y morirá. Los pájaros bien aclimatados pueden pasar el invierno en el exterior, pero el refugio nocturno deberá tener calefacción durante este período.

ALIMENTACIÓN

Contrariamente a la mayoría de las estrildas, esta especie necesita grandes cantidades de proteína animal. Puede provenir de pasta de insectos preparada, complementada con presas vivas pequeñas, como la mosca, los gusanos y las arañas pequeñas. También comen semillas. Se le puede dar una mezcla de semillas para pájaros tropicales pequeños, complementada con mijo italiano y semillas de hierba. Deben disponer de gravilla en cantidad suficiente, para que puedan tomar cuanta necesiten.

ACTIVIDADES

La estrilda violeta es un pájaro bastante pacífico. Se moverá por todo el espacio de la pajarera y también picoteará por el suelo.

CRÍA

Estos pájaros se emparejan de por vida y el éxito en la cría se debe en una gran medida al hecho de que, tanto el macho como la hembra, estén bien instalados. Los pájaros pueden acomodarse en grandes jaulas de cría, colocadas de tal manera que dispongan de varias horas matutinas o vespertinas de luz solar. Resulta posible conseguir que se reproduzcan en una pajarera exterior, pero la mortalidad de los polluelos que son criados en esas condiciones es alta. La estrilda violeta no mantiene el calor de sus polluelos más allá del quinto al séptimo día. Esto no supone un problema durante la estación veraniega, pero en cualquier otra circunstancia los polluelos pueden quedar a una temperatura demasiado fría y morir. Una temperatura ambiente de aproximadamente 25 grados centígrados es la ideal.

Como promedio, la estrilda violeta pone entre tres y seis huevos, que eclosionan después de trece días de incubación. Los pollos necesitan una buena dosis de proteína animal y deben tomarla varias veces al día. Empluman cuando están a punto de cumplir tres semanas. En ese momento, se parecen más a la hembra adulta, aunque a la edad de tres meses la mayoría habrá adquirido su coloración adulta. Una pareja de cría en buena condición general de salud, que se alimente con una dieta variada, puede sacar adelante dos o tres nidadas cada período de cría. En la práctica, sin embargo, estos pájaros no son fáciles de criar y los criadores a menudo recurren al uso de padres adoptivos.

Pytilia melba

PINZÓN MELBA

DISTRIBUCIÓN
África.

TAMAÑO
Aproximadamente 12 o 13 centímetros.

DIFERENCIACIÓN ENTRE LOS SEXOS
Los machos de esta especie pueden ser identificados de un vistazo debido a su cabeza y cuello rojos.

CARACTERÍSTICAS SOCIALES
El pinzón melba es pacífico con las demás especies de pájaro, lo que le convierte en un pájaro adecuado en las pajareras mixtas interiores. Sin embargo, estos pinzones no toleran a los pájaros de su misma especie o de especies estrechamente relacionadas. En este aspecto, la agresión es más la regla que la excepción. Resulta aconsejable, por lo tanto, mantener sólo una pareja de esta especie en cada jaula o pajarera, o no tendrá más remedio que separar los machos de

Ejemplar macho de pinzón melba.

Ejemplar hembra de pinzón melba.

Pinzón melba de pico amarillo.

El pinzón melba, conocido como pinzón coloreado.

las hembras. En esta situación no suelen causar problemas, pero, como es natural, no se reproducirán.

HÁBITAT ADECUADO
Los pinzones melba prosperan si su pajarera está situada en un lugar soleado. Pueden ser instalados en una pajarera interior o exterior, indistintamente. Es esencial que cuenten con una parte de la misma ocupada por arbustos, plantas y hiedra.

TEMPERATURA AMBIENTE
Estos pájaros son auténticos adoradores del sol, y les encanta el calor. Durante los períodos fríos, los pájaros pueden ser mantenidos en el interior, o de lo contrario el refugio de la pajarera deberá tener calefacción.

ALIMENTACIÓN
Estos animales pueden ser alimentados mediante un dieta base que comprenda una combinación de semillas para pájaros tropicales pequeños, complementada con pequeños insectos y larvas vivos, pasta de insectos y trocitos de preparado de huevo. Además, comen alimentos vegetales (hierbas) y pequeñas cantidades de mijo italiano de vez en cuando. Naturalmente, deben contar con gravilla, para que tomen cuanta necesiten.

La cantidad de amarillo en el pinzón melba puede variar.

ACTIVIDADES

Los pinzones melba son pájaros más bien activos, a los que les gustan las partes soleadas de la pajarera.

CRÍA

Estos pájaros construyen unos nidos más bien complicados, con materiales diversos, que incluyen fibras de coco y hojas de hierba secas. Este nido puede también ser construido entre la espesura de los arbustos o en una caja-nido. Los pájaros prefieren lugares recogidos. Los pinzones melba ponen entre tres y cinco huevos de color blanco, incubados por turnos, tanto por la hembra como por el macho. Transcurridos entre doce y trece días aproximadamente, eclosionan. Durante las etapas iniciales de su vida, los polluelos son alimentados fundamentalmente con proteínas animales vivas. Sin este aporte nutricional, morirán prematuramente. El porcentaje de alimentos vivos baja ligeramente desde que cumplen la primera semana, siendo introducidas en la dieta, a partir de ese momento, algunas semillas germinadas. Los pollos empluman a las tres semanas. No son capaces entonces de defenderse por sí mismos, pero son cuidados y alimentados por los padres, cada vez con menor intensidad, durante un período de aproximadamente dos semanas. Los pollo se parecen a las hembras, más pálidas que los machos, no contando aún con su distintivo pico de color rojo. Cuando cumplen seis meses, la mayoría habrá adquirido la plenitud de su coloración.

MUTACIONES

En la vida silvestre, han sido observadas diversas mutaciones, incluyendo un pinzón melba de pico amarillo y un pinzón melba marrón. Estas variantes de color aún no han llegado a ser registradas.

Pytilia hypogrammica

PITILIA DE ALAS AMARILLAS

DISTRIBUCIÓN

África Central y Occidental.

Un macho de pitilia de alas amarillas.

Pitilia de alas amarillas hembra.

Ejemplar macho de pitilia de alas amarillas.

TAMAÑO
Aproximadamente 12 centímetros.

DIFERENCIACIÓN ENTRE LOS SEXOS
Los machos de esta especie poseen una máscara de color rojo brillante con la que no cuentan las hembras.

CARACTERÍSTICAS SOCIALES
La pitilia de alas amarillas es un pájaro fuertemente gregario que se lleva bien tanto con pájaros de otras especies como con los de su misma especie. Cuando están anidando cualquier intruso será ahuyentado, pero esta actitud rara vez tendrá consecuencias serias.

HÁBITAT ADECUADO
La pitilia de alas amarillas puede ser instalada tanto en una pajarera interior como exterior. También resulta posible su acomodación temporal en una jaula de cría de gran tamaño.

TEMPERATURA AMBIENTE
La pitilia de alas amarillas necesita calor y le encanta el sol, aunque son menos exigentes en este aspecto que el pinzón melba y la estrilda violeta. No obstante, se recomienda que los pájaros se lleven al interior durante las estaciones frías o que el refugio nocturno cuente con calefacción.

ALIMENTACIÓN
Estos pájaros pueden ser alimentados con una dieta básica compuesta por una combinación de semillas para pájaros tropicales pequeños, complementada con mijo italiano y semillas de hierbas. También les gustan las semillas de hierba muy frescas. Cuando no están en la temporada de reproducción, se les puede dar algún alimento animal, como por ejemplo los gusanos, junto a preparados a base de huevo y semillas germinadas. Durante la cría, necesitan más aportes nutricionales.

ACTIVIDADES
La pitilia de alas amarillas es un pájaro razonablemente vivaz, y no se asusta con facilidad. Ocupa todas las zonas de la pajarera y puede vérsele con frecuencia en el suelo, picoteando en busca de comida.

CRÍA
Algunas pitilia de alas amarillas prefieren nidos construidos libremente a las cajas-nido semiabiertas, pero ésta es la excepción y no la regla. Los materiales para anidar incluyen hojas de hierba y fibra de coco. El interior de los nidos está recubierto con plumas suaves desprendidas. Normalmente ponen entre cuatro y cinco huevos, que son incubados por turnos por ambos padres durante un período de trece días. Es esencial que los pollos reciban una adecuada dieta a base de insectos por parte de sus padres durante las primeras semanas de vida. Las moscas son especialmente recomendables. Sin una dieta adecuada a base de presas vivas, los polluelos no sobrevivirán. Los pollos empluman después de aproximadamente tres semanas, tras las cuales aún serán alimentados por sus padres durante algún tiempo.

Hipargos niveoguttatus

ESTRILDA PUNTEADA DE GARGANTA ROJA

DISTRIBUCIÓN
África Tropical.

TAMAÑO
Aproximadamente 12 o 13 centímetros.

DIFERENCIACIÓN ENTRE LOS SEXOS
Los machos de esta especie de estrilda pueden ser reconocidos por su brillante plumaje, que es especialmente hermoso en la cabeza. Los machos

Estrilda punteada de garganta roja hembra.

Estrilda punteada de garganta roja macho.

de estrilda punteada de garganta roja también cantan.

CARACTERÍSTICAS SOCIALES

La estrilda punteada de garganta roja no constituye, por desgracia, la especie de pájaros más pacífica. No se llevan bien con otros ejemplares de su especie o de especies parecidas y, especialmente durante la época de reproducción, esta circunstancia puede llevar a que se desencadenen feroces peleas, que en ocasiones tienen consecuencias fatales. Los pájaros que tengan un tamaño parecido, y que compartan con esta especie parecidas manchas de color rojo, tales como los pinzones de fuego de Senegal, el pinzón melba y la pitilia de alas amarillas, no deben juntarse con la estrilda punteada de garganta roja durante la época de cría. Las relaciones entre los machos y las hembras no son siempre buenas tampoco. Es preciso tener cuidado cuando reúna distintas parejas de cría. No ponga juntos a los ejemplares jóvenes, débiles aún, con los adultos, mucho más fuertes.

HÁBITAT ADECUADO

La estrilda punteada de garganta roja puede ser instalada tanto en una jaula grande como en una pajarera interior o exterior. Les gusta mucho el verde constituido por los arbustos y matorrales.

Mutación de color de la estrilda punteada de garganta roja.

TEMPERATURA AMBIENTE

La estrilda punteada de garganta roja gusta del calor. Sus crías pueden ser mantenidas en una pajarera exterior, siempre que cuente con un refugio nocturno que tenga calefacción durante los períodos fríos.

ALIMENTACIÓN

Estos pájaros pueden ser alimentados con una dieta básica compuesta por una combinación de semillas para pequeños pájaros tropicales, complementada con mijo italiano, algo de comida vegetal y semillas frescas de hierba. Durante el período de reproducción, estos pájaros necesitan gran cantidad de presas vivas, como moscas y arañas pequeñas. La gravilla debe estar presente en buena cantidad, para que tome cuanta precisen.

ACTIVIDADES

Estos pájaros de brillante colorido gustan de los arbustos y los matorrales, pudiéndose verles en el suelo de la pajarera picoteando comida.

CRÍA

Las estrildas punteadas de garganta roja construyen a veces nidos libres sobre el fondo de la pajarera (bajo un arbusto) o en un matorral cerca del suelo. En ocasiones utilizarán una caja-nido. El nido es construido principalmente por el macho utilizando fibra de coco, heno y hojas de hierba.
Como media, estos pájaros ponen entre tres y cuatro huevos, que son incubados por los padres entre trece y catorce días. Los polluelos de estrilda punteada de garganta roja necesitan una gran cantidad de proteína animal en forma de insectos pequeños y sus larvas, tanto como de semillas germinadas. No sobrevivirían sin este aporte nutricional. Empluman transcurridos entre diecinueve y veintidós días. En ese momento, todavía no se defienden solos, pero son cuidados y alimentados por sus padres durante un período de una o dos semanas. Una buena pareja de cría puede sacar adelante varias nidadas cada período de reproducción.

Mandingoa nitidula

ESTRILDA PUNTEADA VERDE

DISTRIBUCIÓN
África, desde Zaire a Sierra Leona.

TAMAÑO
Entre 10 y 11 centímetros, aproximadamente.

DIFERENCIACIÓN ENTRE LOS SEXOS
Los dos sexos se distinguen con facilidad. Los machos tienen en la cabeza, garganta y pecho un color mucho más intenso. Sus puntos blancos destacan más. Los machos cantan, pero las hembras, no.

CARACTERÍSTICAS SOCIALES
La estrilda punteada verde es un pájaro tolerante que puede convivir tanto con otros ejemplares de su misma especie como con ejemplares de otras especies. Son animales muy adecuados para una pajarera mixta. Una pareja de estos pájaros puede permanecer unida de por vida.

HÁBITAT ADECUADO
Estos pájaros pueden ser instalados tanto en una pajarera exterior como interior. Pueden vivir también en una jaula de tamaño grande, siempre que cuente con el tamaño suficiente y las perchas estén lo suficientemente alejadas unas de otras como para que los pájaros se vean obligados a volar. Esto evitará que los pájaros sufran estreñimiento o engorden. No se sienten a gusto en los espacios vacíos. Les gusta la espesura, apreciando el contar con un cierto refugio y abrigo, incluso en una jaula.

TEMPERATURA AMBIENTE
La estrilda punteada verde es un pájaro amante del calor. Para el bienestar de los pájaros, la pajarera debe estar en un lugar protegido, fuera del alcance del viento y de la lluvia. Resulta esencial llevarse los pájaros al interior o calentar el refugio en las épocas frías.

Ejemplar hembra de estrilda punteada verde.

Ejemplar macho de estrilda punteada verde.

ALIMENTACIÓN
Una combinación especial para pájaros tropicales de semillas de buena calidad puede servir de base, complementada con mijo italiano, semillas germinadas y hierbas. Los pájaros también necesitan proteínas animales en forma de preparado a base de huevo e insectos vivos y secos. La gravilla también tiene que estar presente en buena cantidad, de modo que los pájaros tomen cuanto deseen.

ACTIVIDADES
Este pájaro es muy activo, y se mantiene así incluso cuando se acerca el crepúsculo. Aunque los

Ejemplar hembra de estrilda punteada de Schlegel.

Macho de estrilda punteada de Schlegel.

ejemplares jóvenes pueden resultar algo asustadizos, si tenemos el cuidado y la delicadeza suficientes, pronto aprenderán a confiar en la gente. Se mueven por todas las zonas de la pajarera, pero prefieren los arbustos espesos y el suelo de la pajarera.

CRÍA

La estrilda punteada verde constituye parejas que duran toda la vida y puede resultar más bien exigente y escrupulosa a la hora de elegir un compañero o compañera. El macho es el constructor del nido y a menudo lo construye en un arbusto bien protegido. Utiliza para ello fibra de coco, cuerda desanudada de sisal y materiales suaves como los pelos de los animales o plumas desprendidas. Estos pájaros utilizarán a veces las cajas-nidos. Ponen entre cuatro y cinco huevos blancos, que son incubados por ambos padres en turnos. Los huevos eclosionan aproximadamente a los trece días. Los pollos se alimentan sobre todo de presas vivas, como por ejemplo moscas. Empluman aproximadamente a las tres semanas. En ese momento aún no son capaces de mantenerse por sí solos, por lo que reciben cuidados adicionales de los padres durante dos o tres semanas.

INFORMACIÓN ADICIONAL

Además de la conocida estrilda punteada verde, hay también otras subespecies comunes, como la estrilda de Schlegel. Esta mutación debe ser atendida y mantenida de la misma forma que la variedad estándar.

Macho de pinzón degollado.

Hembra de pinzón degollado.

Amadina fasciata

PINZÓN DEGOLLADO

DISTRIBUCIÓN

África.

TAMAÑO

Aproximadamente de 12 a 13 centímetros.

Pinzón degollado con banda amarilla.

DIFERENCIACIÓN ENTRE LOS SEXOS

La diferencia entre ambos sexo se aprecia con claridad, pues resulta fácil determinar el sexo de los ejemplares plenamente adultos. Reciben su nombre de la marca roja en la garganta de los ejemplares macho. Las hembras por lo general tienen un color más claro.

CARACTERÍSTICAS SOCIALES

El pinzón degollado se lleva bien con otros ejemplares similares, de su mismo tamaño o longitud. Es conocido, sin embargo, por su comportamiento conflictivo durante la época de reproducción. Durante ese período puede provocar problemas a los pájaros más vulnerables y de menor tamaño, por lo que debe evitar mantenerlos en el mismo hábitat durante esta época de cría.

HÁBITAT ADECUADO

El pinzón degollado puede instalarse tanto en pajareras interiores como exteriores. Aprecia mucho la existencia de arbustos y plantas. También puede vivir de modo temporal en jaulas de gran tamaño.

Pinzones degollados: coloración normal en el ejemplar de la izquierda y en la derecha, un isabelino.

TEMPERATURA AMBIENTE

El pinzón degollado es un pájaro bastante resistente, y no necesitará tomar en relación con ellos precauciones especiales en invierno siempre que cuenten con un refugio nocturno libre de corrientes de aire, humedad y a prueba de heladas.

ALIMENTACIÓN

El pinzón degollado es básicamente un granívoro y por consiguiente debe tomar una mezcla de semillas para pájaros tropicales, complementada con mijo italiano. También tomarán comida vegetal, preparados a base de huevo, pasta de insectos y semillas germinadas, especialmente durante la estación de cría. La gravilla debe estar siempre presente, de modo que los pájaros tomen toda la que necesiten.

ACTIVIDADES

Los pinzones degollados son pájaros muy vivos. Se mueven a lo largo de toda la pajarera y también picotean por el suelo. Por lo general no son excesivamente asustadizos.

CRÍA

Como quiera que los pinzones degollados causan problemas durante la época de reproducción, es aconsejable mantener a las parejas en jaulas de cría separadas. Una caja-nido cerrada, con una superficie de suelo de 10 por 12 centímetros y una altura de 15 centímetros, normalmente es suficiente como lugar de anidamiento, como también puede serlo una caja-nido semiabierta o incluso una cesta para anidar. El nido se construye a base de heno, raíces de plantas y hojas de hierba. El interior se recubre con plumas desprendidas suaves. El número de huevos oscila entre cuatro y seis.

Son incubados por los padres en turnos. Después de aproximadamente doce a catorce días, eclosionan los huevos. A la edad de un mes, los polluelos empluman. Todavía no pueden defenderse por sí mismos, y son cuidados y alimentados por los padres durante aproximadamente dos semanas. Poco después, o incluso en ese período, los padres pueden comenzar la siguiente nidada. Para que los pollos alcancen el color definitivo pueden pasar tres o cuatro meses.

MUTACIONES

Se han observado varias mutaciones de color, incluyendo una banda amarilla, ino, pastel e isabelino.

INFORMACIÓN ADICIONAL

El pinzón degollado hibridiza con el pinzón de cabeza roja, por lo que será mejor no mantener juntos ejemplares de estas especies.

Amadina erythrocephala

CAPUCHINO DE CABEZA ROJA

DISTRIBUCIÓN

África.

TAMAÑO

Aproximadamente 13 centímetros.

DIFERENCIACIÓN ENTRE SEXOS

Los machos adultos tienen la cabeza roja, con una coloración y unas marcas más pronunciadas que las hembras.

CARACTERÍSTICAS SOCIALES

El capuchino de cabeza roja es un pájaro muy sociable y apacible, muy indicado para formar parte de una pajarera combinada. Se pueden mantener juntas varias parejas de esta especie sin mayores problemas, incluso durante la época de cría.

HÁBITAT ADECUADO

Esta especie de capuchinos de cabeza roja puede ser mantenida en una pajarera exterior con un refugio nocturno, aunque de la misma manera, pueden vivir en una pajarera interior grande. Incluso durante la temporada de reproducción podremos mantener sin que creen ningún tipo de dificultad varias parejas en la misma pajarera.

TEMPERATURA AMBIENTE

Los capuchinos de cabeza roja son bastante robustos y siempre que tengan un refugio bien aislado, no necesitarán calefacción durante el invierno.

ALIMENTACIÓN

Una buena mezcla de semillas para pájaros tropicales puede constituir su dieta básica, complementada con mijo italiano y semillas de hierbas. Los preparados a base de huevo y la pasta de insectos también son adecuadas, así como pequeñas cantidades de insectos vivos. Han de tener suficiente cantidad de gravilla para poder tomar la cantidad que precisen en cada momento.

ACTIVIDADES

Los capuchinos de cabeza roja son, en términos generales, pájaros relativamente tranquilos, no excesivamente asustadizos, excepto durante la temporada de cría, cuando, si les molesta, los padres pueden llegar a abandonar el nido. Esta especie utiliza todo el espacio disponible en la pajarera, pudiendo verse también a los pinzones de cabeza roja picoteando en el suelo en busca de comida.

CRÍA

Estos capuchinos de cabeza roja no construyen por lo general sus nidos en cualquier lugar, sino que aprovechan otro que ya estaba hecho. Esta misma conducta se reproducirá en ocasiones en la pajarera. Los capuchinos de cabeza roja se cruzan con los pinzones degollados, por lo que deberemos evitar mantenerlos juntos en la misma pajarera.

Capuchino de cabeza roja hembra.

Capuchino de cabeza roja macho.

Padda oryzivora

GORRIÓN DE JAVA

DISTRIBUCIÓN

Indonesia, el sur de China y Filipinas.

TAMAÑO

Aproximadamente 13 o 14 centímetros.

DIFERENCIACIÓN ENTRE LOS SEXOS

Resulta extremadamente difícil la diferenciación entre sexos. Un experto puede detectar la diferencia a través del pico de los machos, que es ligeramente más grande y rojizo. El anillo alrededor del ojo resulta a veces más pronunciado en los machos. Para estar absolutamente seguro,

Gorrión de Java de color blanco.

Gorrión de Java pastel.

Gorrión de Java ópalo.

Gorrión de Java isabelino.

es necesario observar los pájaros durante un período más largo. Los machos de estas especies cantan, mientras que las hembras, no.

CARACTERÍSTICAS SOCIALES

Estos pájaros son ideales para vivir en una pajarera mixta. Podemos adquirir parejas de estos pájaros, pero lo aconsejable es tener un grupo pequeño de ellos. Siempre que cuenten con espa-

Una mutación rara de gorrión de Java con diferentes coloraciones de vientre.

cio suficiente, no habrá problemas. Las demás especies no serán molestadas.

HÁBITAT ADECUADO

Los gorriones de Java pueden vivir tanto en una pajarera interior como en una exterior, o bien como pájaro de jaula en una de buen tamaño. Para evitar que engorden, las perchas de la jaula deben estar lo más alejadas posible, de modo que los pájaros tengan que esforzarse para pasar de una a otra. Las plantas son recomendables, aunque no imprescindibles.

TEMPERATURA AMBIENTE

Estos populares gorriones de Java son fuertes y resistentes. Es suficiente para ellos contar con un refugio donde puedan guarecerse contra el frío. Sólo durante los inviernos más crudos será preciso aportar calefacción o llevar a los pájaros al interior.

ALIMENTACIÓN

Su dieta básica comprende una combinación de semillas para pájaros tropicales, complementada con una mezcla de arroz con cáscara y arroz blanco. También les gusta tomar de vez en cuando algo de brotes de hierbas, semillas germinadas, mijo italiano, preparados de huevo e insectos. Tienen que disponer siempre suficiente gravilla para tomar cuanta necesiten en cada momento.

ACTIVIDADES

Los gorriones de Java son pájaros muy vitales, que utilizarán todo el espacio disponible en la pajarera. Les gusta bañarse en los días calurosos. Un cuenco con agua instalado sobre una plataforma o en el suelo de la pajarera resulta la solución más idónea para este fin. Hay que quitar el cuenco cuando hayan pasado algunas horas tras su colocación, con el fin de que los pájaros no beban agua sucia.

CRÍA

Los gorriones de Java casi nunca construyen los nidos a partir de cero. La mayoría de las veces prefieren una caja-nido cerrada o semicerrada. Las dimensiones adecuadas son una superficie de suelo aproximada de 15 por 15 centímetros y una altura de 20 centímetros. El nido lo construye principalmente el macho, con materiales tales como heno, hojas de hierba, fibra de coco y paja. Para recubrir la superficie interior utiliza plumas suaves desprendidas y pelos de animales. Normalmente ponen entre cuatro y seis huevos, que incuban tanto el macho como la hembra. Después de trece días de incubación, los huevos eclosionarán. Los pollos son alimentados con semillas por ambos padres, así como con grandes cantidades de insectos de varios tipos, tales como moscas, arañas y pequeños gusanos, y con preparados de huevo. Los pollos empluman cuando tienen aproximadamente entre veintiocho y treinta y dos días, edad en la que aún no saben valerse por sí mismos, siendo cuidados y alimentados por ambos padres, cada vez con menor dedicación, durante una o dos semanas. Transcurridos aproximadamente tres meses, los polluelos adquirirán su coloración madura. Los padres en buenas condiciones pueden sacar adelante varias nidadas por temporada.

MUTACIONES

Junto al conocido color gris silvestre, existen variantes blancas, de color pastel, de varios colores e isabelinos.

INFORMACIÓN ADICIONAL

Los gorriones de Java han sido durante muchos años una especie muy apreciada, tanto para los criadores noveles como por los especialistas más veteranos.

Lonchura cantans

PICO DE PLATA AFRICANO

DISTRIBUCIÓN

África.

Pico de plata africano.

Pico de plata africano ino.

Pico de plata africano de vientre oscuro.

TAMAÑO

Aproximadamente 11 centímetros.

DIFERENCIACIÓN ENTRE LOS SEXOS

En lo que se refiere a su aspecto exterior, apenas hay diferenciación entre sexos. Las hembras tienen a veces un color marrón más oscuro. La certeza la da únicamente la escucha del canto de los machos, ya que las hembras de esta especie no cantan.

CARACTERÍSTICAS SOCIALES

El pico de plata africano es un pájaro tolerante, que se lleva bien con las demás especies y con los ejemplares de su misma raza. Es aconsejable tener varias parejas de este tipo de pájaro.

Nido de pico de plata africano.

HÁBITAT ADECUADO

El pico de plata africano puede ser mantenido tanto en una pajarera exterior como en una interior, o en una jaula de cría. Aprecia las plantas, aunque no es un elemento imprescindible.

TEMPERATURA AMBIENTE

Estos pájaros son resistentes, capaces de superar los inviernos sin especiales problemas, siempre que cuenten con un refugio nocturno bien aislado. Durante los inviernos más crudos, puede llegar a ser necesaria la calefacción en el refugio.

ALIMENTACIÓN

Estos pájaros deben tomar una combinación de semillas para pájaros tropicales, complementada con mijo italiano, semillas de hierbas y semillas germinadas. Como en todos los granívoros, deben tener gravilla. Les gusta la comida vegetal, aunque no conviene darles mucha. Se les puede dar pequeñas cantidades de preparado de huevo, especialmente durante el período de reproducción.

ACTIVIDADES

El pico de plata africano es un pájaro lleno de vitalidad, que puede ocupar todas las zonas de la pajarera. Tiene unos hábitos simples y se domestica bastante bien si se le trata adecuadamente, con calma y paciencia. Le gusta el baño. Un cuen-

Pico de plata marrón de vientre oscuro.

Pico de plata marrón.

co puesto sobre una plataforma o sobre el suelo de la pajarera resulta ideal. Hay que quitar el cuenco una vez transcurridas unas horas para evitar que los pájaros beban agua sucia. Los machos de esta especie cantan cuando las hembras están cerca.

CRÍA

Este pájaro, generalmente, se cría con relativa facilidad, siendo por consiguiente muy adecuado para los criadores noveles. No son quisquillosos en relación con el entorno del nido. Se pueden criar tanto en una pajarera exterior como en una interior, o incluso en una jaula de cría. Tampoco son exigentes en lo que se refiere al tipo de nido. Todo tipo de cajas-nido y de cestas, así como los nidos abandonados de los otros pájaros, le pueden servir al pico de plata africano. Construyen su ingenioso nido principalmente a base de heno, hojas de hierba y fibra de coco. El nido se forra con materiales suaves, como pelos de animales y plumas pequeñas. Normalmente, pone entre cuatro y seis huevos, que son incubados por turnos por el macho y por la hembra. Los huevos eclosionan transcurridos entre doce y trece días. Los polluelos son alimentados por los padres, sobre todo a base de semillas y preparado de huevo. El emplumado tiene lugar a las tres semanas, más o menos, aunque los padres continúan atendiendo a los polluelos hasta que tienen aproximadamente cinco semanas. Cuando ha transcurrido este tiempo, los padres generalmente ya están trabajando la siguiente nidada. Si cuentan con suficiente espacio, puede dejar a los pollos con los padres. Una vez que alcanzan la edad de dos o tres meses, los pollos tienen ya la coloración adulta.

MUTACIONES

En relación a esta especie se han registrado muchas mutaciones. Son, por ejemplo, los pico de plata de vientre oscuro, marrón, vientre oscuro isabelinos y los blancos (inos).

INFORMACIÓN ADICIONAL

El pico de plata africano es conocido por sus cualidades como padres adoptivos, ya que generalmente cuidan maravillosamente de los huevos o de los polluelos que se pongan en su nido, aunque sean de otros pájaros.

Lonchura malabarica

PICO DE PLATA DE LA INDIA

DISTRIBUCIÓN

Sudeste de Asia (incluida la India).

TAMAÑO

Aproximadamente 11 centímetros.

Pico de plata de la India en estado silvestre.

Pico de plata de la India marrón.

DIFERENCIACIÓN ENTRE LOS SEXOS

Es muy difícil averiguarlo, pues no hay diferencias visibles entre ambos sexos. La única forma de saber el sexo de un ejemplar es a través del canto de los machos.

CARACTERÍSTICAS SOCIALES

El pico de plata de la India es un pájaro muy sociable y tolerante, y será siempre el integrante perfecto de una pajarera mixta. Apenas causa problemas, ni a otros pico de plata de la India ni a ejemplares de otras razas. Es mejor mantener a varias parejas juntas.

Pico de plata de la India opalino.

Pico de plata de la India pastel.

Pico de plata de la India de vientre oscuro.

HÁBITAT ADECUADO

El pico de plata de la India es un pájaro muy adaptable y puede vivir tanto en una pajarera interior como en una exterior, o en una jaula de cría. Aprecia las plantas, aunque no las considera absolutamente necesarias.

TEMPERATURA AMBIENTE

El pico de plata de la India es un pájaro fuerte y robusto y, si cuenta con un refugio donde guarecerse, no necesitará cuidados especiales bajo condiciones invernales normales. En caso de frío cortante e intenso, será necesaria la calefacción.

ALIMENTACIÓN

Estos pájaros pueden tomar una dieta básica de semillas combinadas especial para pájaros tropicales. Además, les gusta tomar alimentos vegetales, como hierbas, y semillas frescas de hierba también. Como festín extraordinario, pueden tomar también un poco de mijo italiano. Durante el período de reproducción, también se les puede dar semillas germinadas a medio madurar y preparado de huevo. Como todos los granívoros, estos pájaros necesitan gravilla.

ACTIVIDADES

El pico de plata de la India es un pájaro muy vitalista, ocupando y moviéndose por todas las zonas de la pajarera. Les gusta tomar un baño de agua de vez en cuando. Si se le trata con tiento y con mimo, pronto se familiarizará con su amo. El suave canto de los machos puede oírse con claridad cuando las hembras están cerca.

CRÍA

El pico de plata de la India construye un nido esférico con tallos de hojas de hierba, fibras sueltas de cuerda de sisal, heno y fibra de coco. Algunos pájaros construyen sus nidos resguardados entre los arbustos, pero la gran mayoría de los picos de plata de la India utilizan pequeñas cajas-nido. Los cuatro o cinco huevos que ponen son incubados fundamentalmente por el macho. Cuando cae la noche, tanto la hembra como el macho se turnan para incubar. Los polluelos eclosionan a los doce días, siendo alimentados con toda clase de semillas y con preparado de huevo. Transcurridas tres semanas, empluman. Como quiera que los pollos aún no saben valerse por sí mismos, ambos padres alimentan y cuidan a su prole durante algún tiempo. Casi dos semanas después de emplumar, los padres disminuyen la intensidad de sus cuidados y los polluelos se vuelven razonablemente independientes. En esta etapa, no tienen aún la coloración de sus padres. Ésta aparecerá una vez hayan pasado dos o tres meses. Los pollos pueden dejarse con sus padres sin problemas, siempre que haya el espacio suficiente. Por entonces, los padres pueden estar ocupados ya con otra nidada de polluelos. Si los pájaros tienen buena salud, pueden criar varias nidadas por temporada.

INFORMACIÓN ADICIONAL

El pico de plata africano y el pico de plata de la India se parecen mucho. La diferencia estriba en que la parte superior del pico de la raza de la India es más oscura (menos coloreada), mientras que el pico de plata africano tiene la cola negra.

Lonchura maja

CAPUCHINO O MANIQUÍ DE CABEZA BLANCA

DISTRIBUCIÓN
Indonesia y Malaysia.

TAMAÑO
Aproximadamente 11 centímetros.

DIFERENCIACIÓN ENTRE LOS SEXOS
Es muy difícil diferenciar entre los sexos. Los machos pueden ser reconocidos por ser su cabeza algo más blanca que la de las hembras. Un criterio más fiable consiste en analizar la conducta de los pájaros. Los machos cantan durante el cortejo, aunque lo hacen en un tono tan bajo, que las únicas pistas para saber que está cantando es la vibración de las plumas de la garganta y la postura de los pájaros.

CARACTERÍSTICAS SOCIALES
A causa de su gran tolerancia y de su sociable naturaleza, el maniquí de cabeza blanca está excelentemente adaptado a una pajarera mixta. Es preferible mantener más de una pareja junta, ya que estos pájaros se llevan muy bien también con ejemplares de su propia especie.

HÁBITAT ADECUADO
Estos pájaros pueden ser mantenidos tanto en una pajarera interior como exterior. Pueden también

El blanco de la cabeza del capuchino varía mucho.

vivir en una jaula de cría, pero sólo de forma temporal, ya que ganará rápidamente sobrepeso si no tiene la posibilidad de moverse con holgura. La vegetación en el hábitat de estos pájaros es recomendable, aunque no imprescindible.

TEMPERATURA AMBIENTE
Los maniquíes de cabeza blanca son pájaros fuertes y resistentes que no requieren calefacción adicional durante los meses de invierno. Un refugio resguardado, a prueba de heladas, es obligatorio cuando se tienen estos pájaros.

ALIMENTACIÓN

Una combinación de semillas para pájaros tropicales puede servir de base, complementado con mijo italiano, hierbas y semillas de hierba, semillas germinadas, hierbas recién cogidas y arroz. Durante la época de reproducción se requiere más cantidad de preparado a base de huevo. Siempre ha de haber suficiente cantidad de gravilla, de modo que los pájaros tomen la que precisen.

ACTIVIDADES

Los maniquíes de cabeza blanca son unos pájaros muy vitales, pero pueden resultar algo tímidos y asustadizos. Utilizarán todas las zonas de la pajarera.

CRÍA

Si se dispone a criar estos pájaros, lo mejor es tener un grupo, de modo que puedan escoger sus propias parejas. Los maniquíes de cabeza blanca no son escrupulosos o exigentes a la hora de elegir un lugar para anidar y, aunque algunos ejemplares eligen construir libremente sus nidos entre la espesura de los arbustos, una cantidad similar de ellos prefiere una caja-nido cerrada o semiabierta. Los materiales para construir nidos incluyen hojas de hierba, heno y fibra de coco. Ponen entre tres y cinco huevos, que son incubados exclusivamente por la hembra. Eclosionan a los doce o catorce días. Los polluelos toman semillas de todas clases y preparados a base de huevo. Además, se les deberán aportar varias veces al día pequeñas cantidades de insectos, tales como gusanos cortados en trocitos. Los pollos empluman cuando tienen veintiuno o veintitrés días. En ese momento, no son capaces de valerse por sí mismos y son apoyados por los padres, con intensidad decreciente, durante una semana o dos más. Los polluelos pueden ser dejados con los padres sin mayores problemas, incluso si éstos están ya

Maniquí de cabeza negra.

Maniquí de cabeza negra.

Maniquíes de cabeza negra.

ocupados con la siguiente nidada. Una pareja en buena forma puede sacar adelante aproximadamente tres nidadas por temporada. La mayoría de los maniquíes de cabeza blanca adquiere su coloración adulta a la edad de cinco o seis meses.

Lonchura (malacca) atricapilla

MANIQUÍ O CAPUCHINO DE CABEZA NEGRA

DISTRIBUCIÓN

Desde Sumatra al sur de China.

TAMAÑO

Aproximadamente 11 centímetros

DIFERENCIACIÓN ENTRE LOS SEXOS

Resulta imposible diferenciar los sexos con estos pájaros. El canto del macho puede ser una guía. Como quiera que estos pájaros cantan tan suavemente, resultan casi inaudibles, pudiéndose saber que están cantando solamente por la vibración de las plumas de la garganta.

CARACTERÍSTICAS SOCIALES

Estos pájaros son muy adecuados en una pajarera mixta. No se producen apenas peleas. Pueden ser mantenidas en parejas, pero se recomienda mantener juntas a varias.

Hay también capuchinos tricolores de color beige.

HÁBITAT ADECUADO

Los maniquíes de cabeza negra pueden vivir tanto en una pajarera exterior como en una interior. También se sienten a gusto en una jaula de cría, aunque sólo temporalmente. Les gusta mucho contar con arbustos dentro de la instalación.

TEMPERATURA AMBIENTE

Los maniquíes de cabeza negra son pájaros bastante robustos. La calefacción, por lo general, no es necesaria. Una pajarera a prueba de heladas donde los pájaros se puedan refugiar durante las estaciones frías resulta esencial.

ALIMENTACIÓN

Una combinación de semillas especial para pájaros tropicales, complementada con mijo italiano, semillas germinadas, pequeñas cantidades de preparado de huevo y hierbas, constituye una excelente dieta. Los pájaros pueden tomar además, arroz. Siempre tendrán la suficiente cantidad de gravilla disponible, de modo que los pájaros puedan tomar la que necesiten.

ACTIVIDADES

Los maniquíes de cabeza negra se mueven mucho, son pájaros vivaces que ocupan la totalidad de la pajarera. La soledad o el permanecer encerrado demasiado tiempo en un espacio inadecuado pueden llevar a los maniquíes castaños a la apatía.

CRÍA

Estos pájaros son bastante exigentes y quisquillosos a la hora de elegir pareja. Es mejor adquirir un grupo de polluelos de maniquíes de cabeza negra, que a partir de entonces formarán de modo natural una o más parejas. Los pájaros utilizarán muy a menudo cajas-nido pequeñas y cerradas. El número de huevos que ponen es de entre tres y cinco. Son incubados preferentemente por la hembra durante un período de doce a catorce días. Junto a las semillas, los polluelos necesitan proteínas naturales, como pequeños insectos vivos y preparados a base de huevo. A los padres les gusta mucho darles semillas germinadas y semillas semimaduras. El emplumado tiene lugar cuando los pollos tienen aproximadamente tres semanas. A esta edad estos pájaros aún no se valen por sí mismos y son alimentados y cuidados por los padres, cada vez con menos intensidad, durante dos o tres semanas. Los polluelos no necesitan ser retirados. Son aceptados siempre por los padres o por el grupo. Una pareja en buen estado puede sacar adelante varias nidadas en un solo período de cría.

Lonchura (malacca) malacca

CAPUCHINO TRICOLOR

DISTRIBUCIÓN

Sudoeste de la India y Sri Lanka.

TAMAÑO

Aproximadamente de 11 a 12 centímetros.

DIFERENCIACIÓN ENTRE LOS SEXOS

Es virtualmente imposible averiguar la diferencia entre los dos sexos. Sólo los machos cantan, pero su canto es muy bajo. Es preciso fijarse en las vibraciones de las plumas de la garganta para saber que están cantando.

CARACTERÍSTICAS SOCIALES

Estos pájaros apenas causan problemas. Son pacíficos, tanto respecto a los otros pájaros como respecto a los de su propia especie. Es recomendable mantenerlos en un grupo, de modo que puedan escoger a sus parejas.

HÁBITAT ADECUADO

Estos pájaros pueden ser alojados tanto en una pajarera interior como exterior. Una jaula de cría debe usarse sólo como hábitat temporal, ya que si el pájaro no se ve estimulado a moverse en un espacio reducido ganará peso. Les gustan mucho las plantas, que les proporcionan refugio.

TEMPERATURA AMBIENTE

Los capuchinos tricolores son pájaros bastante resistentes que pueden sobrevivir durante los meses de invierno sin necesidad de calefacción adicional. Sin embargo, un refugio a prueba de viento y heladas resulta esencial.

ALIMENTACIÓN

Estos pájaros son fundamentalmente granívoros. Debe dárseles una combinación de semillas para pájaros tropicales pequeños, complementada con mijo italiano, semillas de hierba y semillas germinadas. Las hierbas recién recolectadas, los preparados a base de huevo y el arroz también son buenos elementos para su dieta. Deben contar con suficientes gravilla como para tomar cuanta necesiten.

ACTIVIDADES

Como sucede con muchos pinzones gregarios, estos pájaros prosperan mejor en un grupo peque-

Capuchino tricolor.

Capuchino tricolor.

Capuchino tricolor joven.

ño dentro de una pajarera o aviario exterior espacioso. En esas condiciones, los pájaros se muestran muy vitales, se mueven mucho y ocupan la totalidad de la pajarera.

CRÍA

Como es tan difícil distinguir los sexos de estos pájaros, y como son exigentes respecto a la elección de pareja, el mejor método consiste en comprar un grupo de ejemplares jóvenes. Dentro de este grupo se formarán una o más parejas de forma natural. Los pájaros normalmente se crían en pequeñas cajas-nido cerradas. Esto da normalmente como resultado la puesta de tres a cinco huevos, que son incubados durante doce a catorce días, fundamentalmente por la hembra. Una vez que los pollos rompen el huevo, se les debe dar un aporte extra de presas vivas de pequeño tamaño, preparados de huevo y semillas germinadas varias veces al día. Aproximadamente a las tres semanas, los pollos empluman. A esta edad, los pollos no pueden defenderse por sí mismos y reciben apoyo, cuidados y alimentos de los padres, de manera decreciente, durante dos o tres semanas. Si el espacio lo permite, los pollos no han de ser necesariamente retirados. Una pareja en buena forma sacará adelante varias nidadas cada temporada. Para tener su color definitivo, puede tardar tres meses. Hasta ese tiempo, tendrán sólo el color marrón.

Lonchura punctulata

MANIQUÍ NUEZ MOSCADA

DISTRIBUCIÓN
Sudeste de Asia.

TAMAÑO
Aproximadamente 11 centímetros.

DIFERENCIACIÓN ENTRE LOS SEXOS
No hay diferencias externas visibles entre los sexos de esta especie. Los machos pueden ser identificados por su canto y por su postura de cortejo. Como su canto es prácticamente inaudible, la vibración de las plumas de la garganta aportará una pista.

CARACTERÍSTICAS SOCIALES
Los maniquíes nuez moscada son muy gregarios y pacíficos, muy adecuados para vivir en una pajarera combinada. Es posible comprar una pareja, pero los pájaros prefieren tener cierta opción a la hora de elegir una pareja y, a la vista de esto, un grupo da una mayor opción a la hora de conseguir reproducción.

HÁBITAT ADECUADO
Esta especie puede tenerse en una pajarera exterior, pero se encuentra igualmente a gusto en una pajarera interior o en una jaula de cría de gran tamaño. Les gusta mucho contar con la posibilidad de tener algún cobijo en forma de plantas.

TEMPERATURA AMBIENTE
El maniquí nuez moscada es un pájaro bastante duro. Siempre que cuente con un refugio nocturno bien aislado durante las estaciones de mal tiempo, no hará falta calefacción.

ALIMENTACIÓN
Estos pájaros pueden ser perfectamente alimentados con una dieta de semillas combinadas especiales para pájaros tropicales. Esto podrá ser complementado con mijo italiano y semillas de hierba maduras y germinadas. A estos pájaros también les gusta la comida vegetal a base de hierbas, aunque se les deberá suministrar en pequeñas cantidades. Durante la temporada de reproducción en particular, a estos pájaros les gustará tomar proteínas animales. Se les podrán proporcionar en forma de preparados de huevo y pasta de insectos, aunque lo mejor para el bienestar de los pollos son los insectos vivos, como los áfidos. Deben contar con suficiente gravilla como para tomar la que necesiten.

ACTIVIDADES
Los maniquíes nuez moscada son muy vitales aunque no inquietos o asustadizos. Se desplazan alrededor de toda la pajarera, incluido el suelo, por donde suelen picotear en busca de comida, o bien bañarse. Estos pájaros duermen en los nidos y no sobre las perchas o sobre una rama. Si coloca varias cajas-nido a lo largo de la pajarera, éstos podrán optar por alguna de ellas para dormir.

CRÍA
En la vida silvestre, estos pájaros construyen unos nidos esféricos muy ingeniosos, con un largo túnel de entrada. Éstos, cuando viven en un aviario también hacen algo parecido con una pequeña caja-nido semiabierta que forran con materiales tales como las hojas y las raíces de plantas. En ocasiones, también construirán por su cuenta nidos al abrigo de la espesura de los arbustos. Como promedio, ponen entre cuatro y seis huevos de color blanco, empollados por los padres. El polluelo rompe el huevo aproximadamente a los trece días. Durante la primera parte de sus vidas, necesitan una gran cantidad de semillas germinadas, preparado a base de huevo y pequeñas presas vivas. El emplumado tiene lugar a la edad de tres semanas. A esta edad, los pollos no pueden valerse por sí mismos, siendo alimentados y cuidados por los padres durante al menos una semana o dos. Los polluelos de maniquí nuez moscada son marro-

Forma del maniquí nuez moscada en la India.

Forma del maniquí nuez moscada en China.

Ejemplar macho de maniquí pictorella.

Ejemplar hembra de maniquí pictorella.

nes y no tienen las marcas características. Adquieren su plena coloración adulta alrededor de los seis meses de edad. Los pollos pueden ser dejados con los padres sin problemas, incluso si éstos ya están ocupados en una nueva nidada. Una buena pareja de cría puede producir varias nidadas por temporada.

Lonchura pectoralis

MANIQUÍ PICTORELLA

DISTRIBUCIÓN

Noroeste de Australia.

TAMAÑO

Aproximadamente 12 centímetros.

DIFERENCIACIÓN ENTRE LOS SEXOS

Los machos tienen un color y unas manchas más intensos. Pueden ser reconocidos también por su canto, muy bajo y suave.

CARACTERÍSTICAS SOCIALES

El maniquí pictorella es un animal pacífico y tolerante que resulta perfecto en una pajarera mixta. Se puede tener en parejas o en grupos pequeños.

HÁBITAT ADECUADO

Estos pájaros pueden vivir en pajareras interiores o en aviarios exteriores colocados en un lugar soleado. Una jaula de cría de gran tamaño puede también servir. Les gusta mucho la vegetación, en particular los arbustos y los matorrales.

TEMPERATURA AMBIENTE

El maniquí pictorella necesita calor. Cuando se aproxima el invierno, es mejor ponerlo en el interior o, si permaneciese en el exterior, el refugio nocturno necesitará calefacción.

ALIMENTACIÓN

Una dieta excelente es la formada por una combinación de semillas para pájaros tropicales pequeños, complementada con mijo italiano, semillas germinadas y hierbas (pamplinas). Los pájaros, de cuando en cuando, deben tomar preparado de huevo y pequeños insectos vivos. Durante la época de cría y cuando los pájaros

Mutación de color del maniquí pictorella.

son aún jóvenes, es muy importante que coman proteínas animales. Como todos los granívoros, deben tener a su alcance suficiente cantidad de gravilla, de modo que los pájaros tomen toda la que necesiten.

ACTIVIDADES

El maniquí pictorella es razonablemente activo. Ocupa todo el espacio verde de la pajarera y también el suelo, donde picotea en busca de comida.

CRÍA

Estos pájaros construyen libremente el nido si se les da la oportunidad. Unos arbustos de espesa vegetación, en un lugar protegido, son el emplazamiento idóneo. También utilizan a veces cajas-nido, preferiblemente semiabiertos o los de modelo jaula. El nido se construye con hojas de hierba, ramitas y fibra de coco, fundamentalmente por la hembra. Como media, pone de cuatro a cinco huevos, que se incuban por turnos, tanto por la hembra como por el macho. La hembra cuida la nidada por la noche, mientras que el macho permanece cerca para ahuyentar a los intrusos. Después de aproximadamente catorce días de incubación, los polluelos salen del huevo. Son alimentados por los dos padres con pequeños insectos y sus larvas, además de con semillas germinadas. Durante este período, los pollos necesitan un gran aporte de presas vivas. Cuando tienen entre tres y casi cuatro semanas, tiene lugar el emplumado. Los pollos pasan en ese período mucho tiempo dando saltitos por el suelo, y apenas vuelan. Por la noche, invariablemente, duermen en el nido de los padres. Dos semanas después de emplumar, son independientes y no son alimentados más por los padres. Al llegar ese momento, los padres ya están ocupados en otra nidada. La coloración final la obtienen normalmente transcurridos tres meses, aunque puede llegar a tardar más de un año en aparecer.

Lonchura domestica

PINZÓN SOCIETY

DISTRIBUCIÓN

El pinzón society no se encuentra en la vida silvestre. Esta especie ha sido desarrollada por amantes de los pájaros, japoneses y chinos, a partir de diversas especies de la familia lonchura.

TAMAÑO

Aproximadamente de 11 a 12 centímetros.

Pinzón society negro/marrón.

Pinzón society variegado.

Pinzón society blanco.

DIFERENCIACIÓN ENTRE LOS SEXOS

No hay diferencias externas entre los sexos. Los machos emiten cuando cantan un sonido más fuerte que las hembras.

CARACTERÍSTICAS SOCIALES

Estos pájaros de temperamento suave se llevan bien con los ejemplares de su misma especie y con los pájaros de otras razas. De hecho, son extremadamente pacíficos y por ello no deben mezclarse con ejemplares pertenecientes a especies más belicosas. Los pinzones society son bastante sociables y gregarios, por lo que un pequeño grupo es preferible a una pareja o a un único ejemplar.

Pinzón society con manchas.

Pinzones society negro/marrón y marrón/gris.

Pinzón society con coloración marrón pastel rojizo de alas pálidas.

Pinzón society marrón rojizo.

Pinzón society gris rojizo.

Pinzón society con coloración marrón pastel rojiza.

Pinzón society crema/ino.

HÁBITAT ADECUADO

Los pinzones society son muy adaptables y pueden vivir tanto en una pajarera exterior como en una interior, o en una jaula de cría. No necesitan vegetación.

TEMPERATURA AMBIENTE

Los pinzones society son animales resistentes. Pueden pasar el invierno en el exterior, siempre que tengan un nido para dormir en un refugio a prueba de corrientes de aire, fuertes heladas o humedad.

ALIMENTACIÓN

Una excelente dieta para estos pinzones tan populares consiste en una buena combinación de semillas para pájaros tropicales, complementada con mijo italiano, pequeñas cantidades de preparado de huevo y alimento vegetal (hierbas). Tienen que disponer de gravilla en cantidad suficiente, de modo que los pájaros tomen la que necesiten.

ACTIVIDADES

Los pinzones society son moderadamente activos y hacen uso de todas las zonas de la pajarera. Les gusta bañarse. Un cuenco con agua en una plataforma o sobre el suelo de la pajarera resulta ideal para este fin. Quite el cuenco transcurridas unas horas para que los pájaros no beban agua sucia. Pasan la noche en un nido para dormir, debiendo haber varios de ellos, en particular en el refugio.

CRÍA

Al contrario que en el caso de muchos otros pinzones, esta especie cría de maravilla en jaulas de cría. Es preferible mantener sólo una pareja en cada jaula, ya que a los pájaros les encanta saltar de un nido a otro, lo que quiere decir que la cría no siempre tiene lugar tranquilamente. El nido es construido en una caja-nido cerrada o semiabierta, utilizando materiales tales como la fibra de coco y el heno. Los pinzones society ponen de cinco a siete huevos de color blanco, que son incubados por ambos padres. El polluelo sale del huevo después de aproximadamente dos semanas de incubación. Son alimentados por los dos padres. Empluman cuando tienen alrededor de cuatro semanas, pero por entonces aún no se valen por sí mismos adecuadamente. Por consiguiente, son alimentados y cuidados por sus padres durante un período adicional de más o menos dos semanas. Cuando los jóvenes ejemplares tienen seis semanas de edad, pueden ser separados de sus padres. Esto resulta además recomendable, ya que la hembra está por entonces incubando nuevos huevos y los pollos tienen tendencia a visitar el nido de los padres. Una buena pareja de cría puede producir varias nidadas por año sin problemas.

El pinzón society rizado es bastante raro.

Pinzón society con cresta.

Maniquí de pico azul.

Maniquí con el dorso rojizo.

MUTACIONES

Existen muchas mutaciones de color en esta especie. Pueden ser divididas en tres grupos. A saber: pájaros con y sin manchas ventrales y pájaros con marcas. Los pájaros con manchas ventrales se dan en marrón moka, marrón oscuro, gris y marrón rojizo. Los pájaros sin manchas ventrales se dan en color marrón rojizo pastel, moka pastel, crema y blanco. También hay albinos, pájaros blancos con ojos rojos. Los pájaros con manchas tienen diferentes dibujos, tales como con o sin manchas en la parte superior de la cabeza o con manchas alrededor de los ojos. Éstas también se presentan en muchos colores. Además, ha habido mutaciones ya registradas que no se basan en el color, sino en el tamaño y forma de las plumas, tales como los pinzones society rizados y los que tienen cresta. Los pinzones society estándar pueden encontrarse en casi todas las tiendas de pájaros, pero si busca animales sofisticados, como los que tengan determinadas manchas o las plumas rizadas, o ejemplares con cresta, lo recomendable es contactar con un club local.

INFORMACIÓN ADICIONAL

Los pinzones society son conocidos por su buena disposición como padres adoptivos, ya que cuidan de forma excelente los huevos o los polluelos de otras especies de pinzón, si se colocan en su nido.

Lonchura bicolor

MANIQUÍ DE PICO AZUL

DISTRIBUCIÓN

África Tropical.

TAMAÑO

Aproximadamente 10 centímetros.

DIFERENCIACIÓN ENTRE LOS SEXOS

La diferenciación sexual no resulta evidente a partir del aspecto externo de los pájaros. El canto de los machos es la única forma segura de establecerla.

CARACTERÍSTICAS SOCIALES

Los maniquíes de pico azul son unos animales muy sociables y pacíficos que deben tenerse en grupos. Un único ejemplar de este pájaro no se sentirá feliz. Los machos ocasionalmente se enredan en peleas durante el período de reproducción, pero esto es algo que no sucede a menudo. El hecho de que cuenten con un espacio sufi-

El maniquí de dorso negro es una subespecie del maniquí de pico azul.

ciente favorece la vida en armonía. La sobrepoblación del hábitat con frecuencia conducirá al conflicto.

HÁBITAT ADECUADO

Estos pájaros pueden ser mantenidos tanto en una pajarera interior como exterior. También puede mantenerse en una jaula de cría grande, aunque es preferible que esto sea una circunstancia temporal. Estos pájaros disfrutan teniendo plantas en el interior de la pajarera.

TEMPERATURA AMBIENTE

Los maniquíes de pico azul son unos pájaros bastante resistentes, pero necesitan, como un requisito fundamental, contar con un refugio nocturno bien aislado si los pájaros van a vivir en una pajarera exterior. Durante los meses de invierno, se necesita calefacción.

ALIMENTACIÓN

A estos pájaros debemos darles una combinación de semillas para pájaros tropicales, complementada con mijo italiano y semillas germinadas. Además, les gusta tomar un poco de comida vegetal (hojas) y pequeñas cantidades de preparado de huevo e insectos vivos y sus larvas durante la temporada de cría. Deben tener siempre suficiente gravilla, de modo que los pájaros tomen cuanta necesiten.

ACTIVIDADES

Los machos cantan, aunque en un tono muy bajo. Los maniquíes de pico azul duermen en los nidos, no pasan la noche acurrucados en una percha, sino en el interior de los nidos. Podemos facilitar la elección del lugar de pernocta colgando cajas-nido en distintos lugares de la pajarera. Los maniquíes de pico azul disfrutan bañándose. Un cuenco de loza sobre una plataforma o sobre el suelo de la pajarera resulta ideal para este fin. Es preciso retirar el cuenco transcurridas unas horas para evitar que los pájaros beban agua sucia.

CRÍA

Los maniquíes de pico azul no son difíciles de criar, sobre todo si los pájaros tienen la oportunidad de elegir su pareja de entre un grupo. Las parejas formadas «artificialmente» por el criador no siempre funcionan. Estos pájaros criarán tanto en una jaula de cría grande como en una pajarera interior. No son quisquillosos a la hora de anidar, utilizando con frecuencia una caja-nido, aunque en ocasiones construyen sus propios nidos libremente en un arbusto espeso. Las dimensiones apropiadas para la caja-nido son aproximadamente 15 centímetros de lado, preferiblemente en configuración semiabierta. El nido es esférico y lo construye a partir de materiales tales como fibras de cuerda de cáñamo y de soga de sisal. El número medio de huevos es de cuatro a seis, y son blancos. Los huevos son incubados por ambos padres durante un período de doce a trece días. Durante la primera parte de su vida, los pollos necesitan diversos insectos vivos y también pasta de insectos. Los padres también alimentan a los polluelos con semillas germinadas y hierbas. Después de aproximadamente tres semanas, tiene lugar el emplumado. Los pollos son alimentados entonces por los padres durante varias semanas hasta que pueden valerse por sí solos. En ese momento, los pollos no tienen el mismo color que sus padres. Esto tardará entre cuatro y ocho meses.

Lonchura cucullatus

MANIQUÍ BRONCE

DISTRIBUCIÓN

África.

TAMAÑO

Entre 9 y 10 centímetros, aproximadamente.

DIFERENCIACIÓN ENTRE LOS SEXOS

No existen características externas que sirvan para diferenciar los sexos. Los machos, sin embargo,

Maniquí bronce con plumaje inmaduro.

Extraña mutación de color del maniquí bronce.

Maniquí bronce.

pueden ser reconocidos por su canto, que emiten con un tono muy bajo. Las hembras de esta especie no cantan.

CARACTERÍSTICAS SOCIALES

Estos pájaros se pueden tener por parejas, pero es mejor mantenerlos en grupos pequeños. Si quiere que exista armonía con otros pinzones de tamaño pequeño, procure que dispongan de espacio suficiente. Si se mantienen junto a otros pájaros en un espacio reducido, los pinzones bronce se vuelven extremadamente intolerantes. Esto es particularmente cierto durante la época de cría, temporada en la que defenderán su territorio, incluso contra pájaros de su misma especie.

HÁBITAT ADECUADO

Una pajarera exterior de gran tamaño resulta muy adecuada para esta especie, aunque también pueden vivir en una pajarera interior. También resulta posible instalarlos en una jaula de cría.

TEMPERATURA AMBIENTE

Los maniquíes bronce no son unos pájaros especialmente frágiles, pero necesitan un refugio al que poder retirarse durante lo más crudo del invierno.

ALIMENTACIÓN

Los maniquíes bronce pueden mantenerse en plena condición física con una mezcla de semillas tropicales, complementada con semillas de hierba, semillas germinadas y mijo italiano. Algo de preparado a base de huevo, semillas y pequeñas presas vivas también deben incluirse en su menú. Para conseguir que estos pájaros se mantengan saludables y para conseguir que críen con éxito, es preciso darles una dieta lo más variada posible, con todos estos aportes nutricionales. Deben tener también una cantidad suficiente de gravilla, de forma que puedan comer todo lo que necesiten.

ACTIVIDADES

Los maniquíes bronce son pájaros bastante activos que utilizan todas las zonas de la pajarera. Los pájaros que se mantienen en jaulas pequeñas se vuelven apáticos y rápidamente ganan peso. Los maniquíes bronce duermen en los nidos, pasan la noche dentro de ellos. Es conveniente colgar nidos en distintos sitios del aviario para estos pájaros, de modo que tengan todas las opciones para elegir el emplazamiento donde ellos quieran. A los maniquíes bronce les gusta bañarse. Para ello, lo ideal será poner en una plataforma o sobre el suelo un cuenco con agua. Pasadas unas horas deberá retirarse el cuenco de forma que los pájaros no beban el agua sucia.

CRÍA

Siempre que dispongan del espacio suficiente, los maniquíes bronce pueden criar en una pajarera mixta. A menudo utilizarán una caja-nido semiabierta, aunque en ocasiones construirán un nido esférico en un arbusto. Utilizan distintos materiales para esto, incluyendo fibra de coco, cuerda de sisal y hojas de hierba. Ambos padres construyen el nido, incuban los huevos y alimentan a los polluelos. Como promedio, una nidada consta de cuatro o cinco huevos. Los padres se turnan para incubarlos. Eclosionan transcurridos doce o trece días. Sus pollos necesitan muchos insectos pequeños, crisálidas y larvas, así como comida vegetal y semillas germinadas. A la edad de tres semanas empluman, aunque los pollos generalmente son alimentados y cuidados por los padres durante dos semanas más, mientras llegan a valerse por sí mismos. Al llegar ese momento, los pájaros aún no tienen manchas blancas. Cuando tienen aproximadamente dos meses, la temporada de muda comienza y el plumaje marrón de los pollos da paso al color adulto.

Lonchura fringilloides

MANIQUÍ GIGANTE

DISTRIBUCIÓN
África.

TAMAÑO
Aproximadamente 11 o 12 centímetros.

DIFERENCIACIÓN ENTRE LOS SEXOS
Externamente, apenas se ven diferencias entre los sexos de esta especie. Sólo los machos cantan, pero como en el caso de todas las especies de maniquí, su canto apenas resulta audible. La vibración de las plumas de la garganta puede dar una pista.

CARACTERÍSTICAS SOCIALES
Fuera de la temporada de cría, estos pájaros no crean muchos problemas, aunque han de contar

Maniquí gigante.

Detalle de maniquí gigante.

con espacio suficiente, circunstancia que resulta esencial para preservar la paz. Durante la época de cría, pueden reaccionar de forma hostil hacia pájaros de su misma especie o de otra diferente. Sin embargo, si la pajarera es lo suficientemente grande como para que los pájaros puedan disfrutar de un territorio propio, puede ser perfectamente un hábitat idóneo. Pueden instalarse como una simple pareja de ejemplares o como un grupo.

HÁBITAT ADECUADO
Los maniquíes gigantes se adaptan bien a una pajarera exterior, aunque pueden vivir también en una interior sin mayores problemas. También puede utilizarse una jaula de cría, siempre que sea una medida provisional.

TEMPERATURA AMBIENTE
Estos pájaros no soportan bien los climas rudos. Como precaución, deberán contar con calefacción durante el invierno.

ALIMENTACIÓN
Los maniquíes gigantes son granívoros. Son complementos adecuados las semillas de hierba y el mijo italiano, aunque la dieta básica estará formada por una combinación de semillas para pájaros tropicales pequeños. Además, les gusta tomar semillas germinadas. Antes, durante la época de cría en particular, necesitan comida a base de huevo y pequeños insectos vivos. Deben disponer siempre de gravilla, de modo que tomen la que necesiten.

ACTIVIDADES
A los maniquíes gigantes les gusta el baño. Un cuenco de loza sobre una plataforma o en el suelo de la pajarera resulta lo más idóneo. Hay que quitar el cuenco transcurridas varias horas para evitar que los pájaros beban el agua sucia. Estos pájaros duermen en los nidos, no sobre las perchas de la jaula o sobre ramas. Si cuelga cajas-nido en distintos puntos de la pajarera, los maniquíes gigantes podrán escoger el que más les guste.

CRÍA

Las parejas de cría construyen por sí mismas los nidos, incuban conjuntamente y también alimentan a los polluelos los dos. Son capaces de criar tanto en una pajarera como en una jaula de cría. Es importante que la pareja se lleve bien. Los maniquíes gigantes pueden hacer su nido en una caja-nido semiabierta, pero si en la instalación hay plantas suficientes y adecuadas, pueden construir a veces sus nidos entre ellas. Su nido tiene la forma esférica y está construido a base de hojas de hierba, fibra de coco y hebras de cuerda de sisal. El interior del nido está forrado con materiales suaves. Como media, estos pájaros ponen cuatro o cinco huevos, que eclosionan aproximadamente entre trece y dieciséis días después. Durante este período, es importante que los pájaros reciban pequeñas proporciones de alimentos vivos, incluyendo gusanos, cada día. El emplumado tiene lugar tres semanas más tarde, aunque en ese período los polluelos todavía son alimentados tanto por la hembra como por el macho cada día. A la edad de cinco semanas, son lo suficientemente adultos como para cuidar de sí mismos. Los pollos tienen un color muy oscuro, y pueden pasar más de cuatro meses antes de que alcancen su color definitivo. Una buena pareja de cría puede criar varias nidadas por temporada.

Lepidopygia nana

MANIQUÍ ENANO

DISTRIBUCIÓN
Continente africano y Madagascar.

TAMAÑO
Aproximadamente 9 centímetros.

DIFERENCIACIÓN ENTRE SEXOS
No pueden apreciarse a simple vista diferencias externas entre los sexos. A veces la mancha negra

Maniquí enano

Maniquíes enanos.

en la garganta es mayor en los machos jóvenes que en las hembras. Otra característica es que los machos también cantan, mientras que las hembras no lo hacen.

CARACTERÍSTICAS SOCIALES
El maniquí enano no es agresivo, aunque ocupa un territorio que preferiría no tener que compartir con los otros. Durante la estación de cría en particular, puede resultar algo intolerante. En la pajarera, si es lo suficientemente grande, sin problemas de espacio para los distintos ejemplares que la comparten, no debiera haber problemas con los pájaros de la misma o de diferentes especies.

HÁBITAT ADECUADO
Si desea mantener un grupo de estos pájaros, deberá hacerlo en una pajarera exterior grande con suficientes plantas. Una pareja de cría puede acomodarse en una jaula de manera temporal, pues ganará peso si no se mueve con soltura.

TEMPERATURA AMBIENTE
Como en las demás especies de maniquí, el maniquí enano no es particularmente frágil. Se recomienda, sin embargo, que el refugio tenga calefacción durante el invierno.

ALIMENTACIÓN
Estos pájaros deben tomar una combinación de semillas para pájaros tropicales, complementada con mijo italiano y semillas de hierbas. Durante la temporada de reproducción, de forma especial, se recomienda el suministro de insectos vivos de pequeño tamaño. Deben tener siempre suficiente gravilla, de forma que los pájaros puedan tomar siempre cuanta necesiten.

ACTIVIDADES
El maniquí enano es un pájaro muy vivaz que ocupa todas las partes de la pajarera. Si se le instala en una jaula pequeña, especialmente si la estancia se prolonga más allá de unos cuantos

Pinzón loro de cola de aguja hembra.

meses, se volverá apático y engordará. Les gusta bañarse. Un cuenco de loza en una plataforma o en el suelo de la pajarera resulta ideal. Es preciso quitar el cuenco pasadas unas horas para evitar que los pájaros beban el agua sucia.

CRÍA

Siempre que haya espacio suficiente para los pájaros, pueden llegar a criar en una pajarera exterior. En otros casos, lo mejor es mantener la pareja de cría en una jaula durante la temporada de reproducción. Los maniquíes enanos elegirán un nido semiabierto ya existente, aunque si hay arbustos espesos en la pajarera, con frecuencia construirán libremente el nido. La fibra de coco, la cuerda de sisal y las hojas de hierba son materiales adecuados para construir los nidos. Ponen una media de cinco huevos, que son incubados tanto por la hembra como por el macho. Tras once o doce días de incubación, los pollos salen del huevo. Como alimentación necesitan todas las formas de presas vivas pequeñas, si bien también tomarán semillas germinadas. El emplumado tiene lugar a la edad de tres semanas. En ese momento, los pollos no pueden valerse por sí mismos, pero son alimentados y cuidados por los padres durante una temporada. Una buena pareja de cría en buena forma puede sacar adelante varias nidadas en un año. Los pollos generalmente no precisan ser retirados de la pajarera, excepto si hay sobrepoblación en ella.

Erythrura prasina

PINZÓN LORO DE COLA DE AGUJA

DISTRIBUCIÓN

Sudeste de Asia, predominantemente en Indonesia.

TAMAÑO

Aproximadamente 14 o 15 centímetros.

DIFERENCIACIÓN ENTRE LOS SEXOS

Las hembras adultas son claramente menos brillantes que los machos. El color azul de la cabeza y del cuello de las hembras es mucho más pálido. También las hembras no tienen color rojo en el pecho. Sin embargo, pueden pasar tres años antes de que estos pájaros alcancen su coloración adul-

Pinzón loro de cola de aguja macho.

ta, haciendo que sea difícil distinguir los sexos antes de este tiempo.

CARACTERÍSTICAS SOCIALES

En la vida salvaje, el pinzón loro de cola de aguja vive en grupos pequeños y en la pajarera también disfruta de la compañía de los ejemplares de su especie. Se muestra apacible respecto a otros pájaros. Los machos son algo menos tolerantes respecto a los demás pájaros durante la temporada de cría. Se recomienda que se combinen con otros pinzones activos y de pequeño tamaño.

HÁBITAT ADECUADO

A pesar de su pequeño tamaño, estos pájaros necesitan mucho espacio. Si se instalan en jaulas pequeñas, rápidamente ganarán peso y morirán prematuramente. Una pajarera grande con plantas, bien sea interior o exterior, es el entorno ideal para estos pájaros. Además, les gusta el sol, y se beneficiarán de algunas horas al día de exposición solar.

TEMPERATURA AMBIENTE

La temperatura ambiente ideal para estos pájaros es de 16 a 20 grados centígrados; durante la época de cría, deberán estar a una temperatura algo superior.
Como los demás pájaros tropicales, los pinzones loro de cola de aguja importados a menudo se debilitan y sólo con grandes dificultades se acostumbran a las bajas temperaturas.
Los ejemplares que han nacido en pajareras o jaulas y se han acostumbrado a las temperaturas europeas son menos problemáticos. Deben, por consiguiente, elegirse este tipo de pájaros. Los pájaros deben tener a su disposición un refugio a prueba de corrientes de aire, humedad excesiva y heladas.

ALIMENTACIÓN

Lo adecuado para estos pájaros es una mezcla de semillas para pájaros tropicales, que contenga varias clases de mijo, semillas blancas y arroz con cáscara. Además, les gusta la comida a base

Pinzón loro de cola de aguja sin manchas rojas.

Pinzón loro de cola de aguja sin manchas rojas hembra.

de insectos (áfidos y moscas), las semillas germinadas y los preparados a base de huevo, especialmente indicados cuando los polluelos están creciendo. También les gusta la fruta (manzanas, peras). Como todos los granívoros, necesitan gravilla.

ACTIVIDADES

En una jaula u otra instalación que esté demasiado poblada, estos pájaros se vuelven apáticos y se mueven poco, lo que tiene un efecto negativo sobre su salud. En una pajarera grande con plantas son más activos y se mantienen en mejores condiciones. Pueden mostrarse algo retraídos y asustadizos.

CRÍA

Los pinzones loro de cola de aguja no son pájaros fáciles de criar, principalmente porque los padres no siempre están en la forma adecuada para sus responsabilidades. Por esta razón, los pinzones society se utilizan en ocasiones como padres adoptivos, lo que generalmente produce buenos resultados. Puede dejar a estos pájaros a su aire en la pajarera, pero para poder observar mejor lo que hacen, es mejor colocarlos en una jaula de cría. La desventaja de criar en una pajarera exterior es que el clima no siempre es el mejor, y los polluelos pueden enfermar o enfriarse.
Estos pájaros construyen sus nidos fundamentalmente a base de fibra de coco y soga de sisal desenredada, en una caja-nido. No es muy determinante si la caja-nido es cerrada o semiabierta, o bien una del tipo «jaula». A veces también construyen sus nidos libremente en un arbusto espeso. Ponen de dos a seis huevos, que principalmente incuba la hembra. Los polluelos salen del nido aproximadamente entre doce y catorce días. Durante este período, necesitan una gran cantidad de semillas germinadas, que les son suministradas tanto por la hembra como por el macho Empluman tres semanas más

tarde, cuando ya pueden comer de forma independiente pequeños trozos de preparado de huevo y otros complementos.

INFORMACIÓN ADICIONAL

Ha sido registrada una variedad de vientre amarillo en esta especie. Toda la pigmentación roja del estándar es en ella de color amarillo. Este color sólo ha sido visto en ejemplares silvestres, no habiendo sido aún adoptada por los criadores.

Erythrura trichroa

DIAMANTE TRICOLOR

DISTRIBUCIÓN

Indonesia y norte de Australia.

TAMAÑO

Aproximadamente 13 centímetros.

DIFERENCIACIÓN ENTRE SEXOS

Los machos son generalmente más coloristas que las hembras y pueden ser también reconocidos por sus plumas de la cola, que son alargadas. Hay excepciones, sin embargo, y para estar seguros del sexo, lo mejor es escuchar el canto.

Ejemplar macho de diamante tricolor.

Ejemplar hembra de diamante tricolor.

Diamante tricolor lutino.

El de los machos es más profundo y el de las hembras más chillón.

CARACTERÍSTICAS SOCIALES

En la vida salvaje, estos pájaros viven en grandes bandadas fuera de la temporada de cría. Durante el período de cría, las parejas que se han formado se separan del grupo. En una pajarera, hacen su vida cuando no están en período de cría, dejando tranquilos a los demás pájaros. Siempre que tengan espacio suficiente y plantas, las relaciones entre los diamantes tricolores y los demás pájaros serán armoniosas.

TEMPERATURA AMBIENTE

Estos pájaros gustan del calor y su refugio debe ser calentado durante el invierno.

ALIMENTACIÓN

Estos pájaros deben recibir una dieta básica que comprenda una mezcla de semillas para pájaros tropicales, complementada con alguna toma de preparado de huevo y comida vegetal a base de hierbas. También les gusta la fruta de vez en cuando, y lo mismo vale para las presas vivas. Debe disponer siempre de la suficiente cantidad de gravilla, de modo que los pájaros puedan siempre comer cuanto necesiten siempre que lo deseen.

Polluelo de diamante tricolor con papilas brillantes en el pico.

ACTIVIDADES

Los diamantes tricolores son rápidos, moviéndose mucho, mostrándose en ocasiones como unos animales casi hiperactivos. Sin embargo, no son tímidos ni asustadizos. Los dos sexos cantan, aunque el canto del macho es por lo general más agradable, más suave y más profundo.

CRÍA

Los diamantes tricolores pueden criar tanto en una pajarera como en una jaula de cría espaciosa. Los polluelos necesitan una gran cantidad de calor, pero generalmente no son mantenidos calientes por los padres. Se obtendrán, por lo tanto, mejores resultados en el interior, donde la temperatura puede ser controlada. Los diamantes tricolores construyen unos nidos ingeniosos y esféricos, con fibras desenredadas de soga de sisal y fibra de coco, forradas con plumas desprendidas. El nido se construye con frecuencia en cajas-nido semiabiertas. Las enormes cantidades utilizadas por estos pájaros para construir sus nidos son llamativas. Se pueden esperar de tres a seis huevos en cada puesta, que serán incubados durante trece o catorce días. El emplumado tiene lugar después de aproximadamente tres semanas. Los pollos son cuidados entonces por los padres hasta que tienen seis semanas de edad. Los pollos adquirirán su coloración adulta a los cuatro o cinco meses. Alimentar a los polluelos no siempre es fácil. A menudo se da el caso de que los padres abandonan pronto, por lo que no es infrecuente que algunos criadores les entreguen enseguida los huevos e incluso los polluelos de los diamantes tricolores a padres adoptivos, en este caso, generalmente, a pinzones society, lo que generalmente produce buenos resultados.

MUTACIONES

Existe una variedad amarilla de diamante tricolor, una variedad lutino. Este pájaro es fundamentalmente amarillo con una máscara blanca y algo de rojo en las plumas de la cola y la rabadilla. Los ojos son rojos.

Erythrura psittacea

DIAMANTE PAPAGAYO

DISTRIBUCIÓN

Australia, islas Carolinas, islas Molucas y partes de Nueva Guinea.

TAMAÑO

Aproximadamente 12 a 13 centímetros.

CARACTERÍSTICAS SOCIALES

Estos pájaros son generalmente pacíficos y no provocarán problemas en una pajarera mixta. Si hay suficiente espacio, podrá mantener juntas varias parejas.

Diamante papagayo macho.

Variedad verde mar.

Mutación de varios colores.

HÁBITAT ADECUADO

Una pajarera exterior bien provista de plantas, con un refugio nocturno adecuado, o quizá una pajarera interior espaciosa, que también ofrezca refugio, son dos modalidades excelentes de hábitat para estos diamantes llenos de colorido.

TEMPERATURA AMBIENTE

Los diamantes papagayo necesitan calor y son vulnerables ante las temperaturas bajo cero y los inviernos crudos. Deben ser mantenidos en lugares soleados en los que puedan disfrutar al máximo del sol. En invierno, el refugio debe ser calentado.

ALIMENTACIÓN

Estos pájaros tropicales son fundamentalmente granívoros. Debe darles una combinación adecuada para pájaros tropicales pequeños, y de vez en cuando un poco de mijo italiano, semillas germinadas, semillas semimaduras y comida vegetal. Durante la época de cría en particular, necesitan proteínas animales en forma de insectos pequeños, como los gusanos. Deben disponer siempre de la suficiente arenilla, de modo que los pájaros puedan tomar toda la que quieran.

ACTIVIDADES

Los diamantes papagayo ganan rápidamente peso si su entorno no les estimula a la actividad. Es en particular el caso de la jaula de cría y en menor medida, el caso de una pajarera interior espaciosa. Compruebe que estos pájaros disponen de suficiente espacio y sitúe las perchas de modo que los pájaros tengan que hacer un esfuerzo para ir de una percha a otra. Les gusta bañarse. Un cuenco de loza colocado en una plataforma o sobre el suelo de la pajarera hace las veces de una «bañera» ideal, pero debe ser cambiada transcurridas unas horas para evitar que los pájaros beban agua sucia. Siempre que cuenten con un hábitat adecuado, los diamantes papagayo no son en absoluto asustadizos.

CRÍA

Los pinzones diamantes papagayo crían sin problemas en las pajareras exteriores o aviarios, aunque se da un problema difícil en esta circunstancia, ya que los polluelos son muy vulnerables ante el frío, pudiendo morir en los días más crudos. Los pinzones loro de garganta roja prefieren anidar en cajas-nido pequeñas, aunque en ocasiones construirán libremente sus nidos en arbustos espesos. La caja-nido debe ser colgada preferentemente de las plantas o al menos en la posición más resguardada posible. El material para anidar puede incluir fibra de coco y hojas de hierba, así como raíces de plantas. El nido se forra con materiales suaves, tales como plumas desprendidas y pelos de animales. Normalmente, se producen de

Mutación variegada.

Polluelo de diamante papagayo.

Maravilloso ejemplar macho de bengalí.

tres a seis huevos, que eclosionan tras trece o catorce días de incubación. Los polluelos deben tomar proteínas animales, tales como gusanos y pequeñas arañas, varias veces al día. También les gustan los preparados a base de huevo y las semillas germinadas. El emplumado tiene lugar transcurridas tres semanas. Los pollos son alimentados por los padres durante casi dos semanas. Después de esto, es mejor retirar a los ejemplares jóvenes, que en caso contrario serían perseguidos por el macho. Una pareja en buena forma puede sacar adelante varias nidadas al año.

MUTACIONES

Se conocen varias mutaciones de color, que incluyen un verde mar, con manchas anaranjadas en los lugares donde en la forma original hay rojo, y una variedad de varios colores, en la que la cantidad y el tamaño de las manchas amarillas varía. El color del pico de los pájaros de varios colores puede variar.

Amandava amandava

BENGALÍ COMÚN

DISTRIBUCIÓN

Sudeste de Asia, incluyendo Tailandia e Indonesia.

TAMAÑO

Aproximadamente 10 centímetros.

Hembra de bengalí.

DIFERENCIACIÓN ENTRE SEXOS

Durante la temporada de cría, los machos tienen el llamado «plumaje de cría». En este período, son fundamentalmente rojos. Fuera de esta temporada, los sexos son fundamentalmente iguales en su aspecto exterior.

CARACTERÍSTICAS SOCIALES

El bengalí común se lleva muy bien con las demás especies y con los ejemplares de su misma raza fuera de la temporada de cría, pero tan pronto como ésta comienza, la pareja queda formada y no se tolera la presencia de ningún otro pájaro cerca del nido. Mantener una sola pareja en cada pajarera no suele traer problemas. Por lo general no se meten con las demás especies.

Bengalí de pico amarillo.

HÁBITAT ADECUADO

Los bengalíes pueden ser mantenidos tanto en jaulas espaciosas como en pajareras exteriores o interiores. Como a estos animales no les gustan los espacios vacíos, su hábitat debe ser embellecido con plantas. Les gusta el sol y el calor, de forma que la pajarera o la jaula debe ser situada de tal forma que puedan aprovechar al máximo el sol disponible. La cría de los bengalíes tiene por lo general más éxito con los pájaros que se mantienen en una pajarera exterior.

TEMPERATURA AMBIENTE

El bengalí comunes adora el calor. La pajarera debe estar en un lugar resguardado y tener un refugio bien aislado. La mayoría de los pájaros de esta especie no toleran el frío, siendo pues la mejor solución pasarlos a una pajarera interior durante el invierno.

COMIDA

Estos pájaros deben tomar una combinación de semillas para pájaros tropicales pequeños complementada con preparado de huevo, pasta de insectos y comida universal para pájaros. Además, especialmente durante la época de cría, deben tomar regularmente presas vivas, así como hierbas frescas y semillas de hierbas. Debe haber siempre suficiente gravilla, de modo que los pájaros tomen cuanta necesiten.

ACTIVIDADES

Estos pájaros prefieren quedarse cerca de los arbustos y pueden, a menudo, ser encontrados en el fondo de la pajarera, picoteando comida. Los machos cantan, incluso fuera de la temporada de cría.

CRÍA

Hablando en términos generales, la cría de los bengalíes no presenta dificultades especiales. Siempre que los pájaros reciban la dieta correcta y estén en buena forma, pueden sacar adelante varias nidadas por temporada. Ocuparán a veces una jaula semiabierta o una caja-nido, aunque también construirán libremente un nido semiesférico en arbustos espesos. Los materiales adecuados para anidar incluyen hojas de hierba seca, fibra de coco y plumas. Como media, ponen de cuatro a seis huevos, que son incubados por turnos tanto por la hembra como por el macho. Los pollos salen del huevo después de once o doce días. En ese momento, requieren una gran cantidad de presas vivas, como moscas o gusanos troceados, así como preparado de huevo. Las semillas, y especialmente las de hierba, son también muy populares. El emplumado tiene lugar transcurridas tres semanas. Los polluelos son alimentados y cuidados por los dos padres durante una o dos semanas.

MUTACIONES

Se conoce una mutación, a saber, el bengalí de pico amarillo.

Amandava formosa

BENGALÍ VERDE

DISTRIBUCIÓN

India.

TAMAÑO

Aproximadamente, entre 10 y 11 centímetros.

DIFERENCIACIÓN ENTRE LOS SEXOS

Los machos tienen la coloración algo más intensa que las hembras.

CARACTERÍSTICAS SOCIALES

Es mejor mantener a estos animales como una sola pareja en la pajarera. Los machos pueden ser muy agresivos los unos respecto a los otros. Sin embargo, no provocan, generalmente, problemas a los demás pájaros.

HÁBITAT ADECUADO

Los bengalíes verdes se adaptan bien a una jaula grande o a una pajarera interior o exterior. Los

Macho de bengalí verde.

Hembra de bengalí verde.

ejemplares de esta especie son auténticos adoradores del sol. La jaula o la pajarera debe instalarse preferiblemente en un lugar en el que los pájaros puedan disfrutar del sol lo más posible. Por lo general, no se sentirán a gusto en un espacio vacío. Las plantas y algunos arbustos densos son muy apreciados.

TEMPERATURA AMBIENTE

Siempre que los pájaros hayan nacido y se hayan criado en una pajarera, es suficiente con que tengan un refugio nocturno a prueba de heladas. Los ejemplares que hayan sido importados directamente deberán ser aclimatados con cuidado, gradualmente.

ALIMENTACIÓN

Estos pájaros deberán tomar una buena mezcla de semillas para pájaros tropicales, complementada con pasta de insectos y preparado de huevo. También les gustan las semillas semimaduras y las semillas de hierba frescas. Las presas vivas también son importantes, especialmente durante la época de cría.

ACTIVIDADES

Los bengalíes verdes son por lo general pájaros tranquilos, a los que les gusta picotear alrededor de las plantas y sobre el suelo de la pajarera, en busca de alimento.

CRÍA

El nido puede ser construido en lugares muy distintos. Estos pájaros, a veces, prefieren una caja-nido semiabierta, o también, en ocasiones, construirán su nido esférico en un arbusto resguardado. Pone una media de cuatro a seis huevos, que incuban por turnos tanto la hembra como el macho. Después de once o doce días, los pollos salen de los huevos. Durante este período, necesitan mucha cantidad de pequeñas presas vivas, como moscas, gusanos troceados o larvas rosadas, así como preparado de huevo. El emplumado tiene lugar cuando tienen aproximadamente tres semanas. Después de esto, los padres siguen alimentando y apoyando a los pollos, con intensidad decreciente, durante una o dos semanas más. En ese momento, los pollos todavía tienen los picos negros. Pueden pasar ocho meses antes de que los pollos tengan el mismo color que los padres.

Amandava subflava

BENGALÍ PECHIGUALDO

DISTRIBUCIÓN
África.

TAMAÑO
Aproximadamente entre 9 y 10 centímetros.

DIFERENCIACIÓN ENTRE SEXOS
La diferencia entre los sexos es fácil de distinguir. Las hembras no son tan brillantes en su colorido como los machos, y no tienen la banda roja atravesando la línea por encima de los ojos. Los machos pueden ser identificados por su canto.

CARACTERÍSTICAS SOCIALES
El bengalí pechigualdo es un pájaro muy sociable y amante de la paz, perfectamente adaptado a la

Bengalí pechigualdo con el vientre y el pico amarillos.

Una pareja de estrilda clarkey, una especie muy próxima al bengalí pechigualdo.

vida de una pajarera mixta, preferiblemente en compañía de otros pequeños pájaros tropicales. Durante la temporada de cría, los pájaros defenderán su territorio contra otros pájaros de la misma especie. Deberá tener una sola pareja o varias separadas durante ese período.

HÁBITAT ADECUADO

El bengalí pechigualdo puede ser instalado tanto en una pajarera interior como en un aviario exterior. Los pájaros aprecian mucho las plantas. Una única pareja también se adaptará bien a una jaula de cría en el interior.

TEMPERATURA AMBIENTE

Para estos pájaros resulta esencial contar con un refugio con calefacción durante el invierno. Alternativamente, los pájaros, como es natural, podrán ser trasladados al interior en la estación fría.

ALIMENTACIÓN

La bengalí pechigualdo come fundamentalmente una mezcla de semillas especial para pájaros tropicales pequeños. Además, les gusta el mijo italiano, el preparado de huevo, las semillas germinadas y algo de comida a base de hierbas de vez en cuando. Los insectos también son muy populares, especialmente cuando las estrildas son aún jóvenes. Deben tener siempre suficiente gravilla, de forma que los pájaros tomen cuanta quieran.

Ejemplar macho de bengalí pechigualdo.

ACTIVIDADES

Estos pequeños pájaros, llenos de color y muy populares, son vivos y muy móviles. Si nos aproximamos a ellos con cuidado, se acostumbrarán enseguida a su cuidador. Los machos cantan.

CRÍA

Para tener éxito en la cría de estos animales, no hace falta poner a las estrildas de vientre rayado en jaulas de cría o en pajareras separadas. Pueden criar también en una pajarera o aviario mixto, siempre que dispongan de espacio suficiente para todos los pájaros y que no haya otros pájaros de naturaleza agresiva compartiendo el mismo hábitat. A estos pájaros les gusta utilizar cajas-nido. Sin embargo, si hay suficientes plan-

Pareja de bengalíes pechigualdos.

tas y arbustos en la pajarera, en ocasiones construirá sus nidos allí. El nido es esférico, con una entrada pequeña. Generalmente ponen entre tres y seis huevos, que son incubados por turnos por ambos padres, aunque la hembra lleva la parte del león en esta tarea, durante un período de once días. Durante sus primeros días de vida, los pollos son alimentados fundamentalmente con insectos y con larvas. Les gustan sobre todo los áfidos. A lo largo de la temporada de cría, los pájaros han de alimentarse con insectos, preferiblemente vivos, comida a base de huevos y alimento universal para pájaros. Las semillas germinadas y la combinación de semillas para pájaros tropicales son alimentos que deben darse a los ejemplares jóvenes. El emplumado tiene lugar aproximadamente a los veintiún días, aunque los pollos aún han de ser alimentados por los padres durante algunas semanas. Durante este período, siguen durmiendo en el nido de los padres. Sólo comienzan a valerse por sí mismos a la edad de cinco a seis semanas. Para entonces, los padres ya están ocupados con la siguiente nidada. El bengalí pechigualdo, en buenas condiciones para la cría, puede sacar adelante dos o tres nidadas por temporada. No es necesario retirar a las crías de una jaula grande, pero si el espacio es escaso, sí conviene quitar del hábitat a los ejemplares jóvenes, ya que en caso contrario, el padre podría acosarles. Durante la temporada de cría, estos pájaros defienden el nido y su entorno, pero sin herir a otros ejemplares en la mayoría de los casos. Los polluelos adquieren su coloración adulta a la edad de tres meses, aproximadamente.

Chloebia gouldiae

DIAMANTE DE GOULD

DISTRIBUCIÓN
Norte de Australia.

TAMAÑO
Aproximadamente 13 o 14 centímetros.

DIFERENCIACIÓN ENTRE LOS SEXOS
Las hembras pueden ser reconocidas por su plumaje de colorido menos brillante y porque durante la época de cría sus picos se vuelven de un color gris oscuro. La banda azul de la parte posterior de la cabeza a veces no se aprecia en las hembras, o es de un color más claro.

CARACTERÍSTICAS SOCIALES
El diamante de Gould es un pájaro apacible y pacífico, al que le gusta la compañía de los otros. En la vida silvestre, vive en grupos grandes. Los machos no pelean entre sí, e incluso durante la

Diamante de Gould de cabeza roja.

Diamante de Gould de cabeza negra.

Diamante de Gould de cabeza anaranjada.

época de cría el grupo convive en completa armonía. Este tipo de pájaro debe poseerse en grupos, mejor que en parejas o con ejemplares solitarios. Si desea criar estos pájaros es mejor tener más machos que hembras, para que éstas puedan elegir parejas y así tener éxito con la nidada y de los polluelos.

HÁBITAT ADECUADO
El diamante de Gould se puede tener en una pajarera interior o exterior. Sin embargo, pueden también vivir en jaulas de cría, aunque un espacio

Hembras de diamante de Gould, cabeza roja y negra.

Diamante de Gould de vientre amarillo.

Diamante de Gould amarillo.

Diamante de Gould de cabeza roja y vientre amarillo.

reducido no les estimulará para moverse, lo que podría desembocar en problemas de estreñimiento y en que los pájaros engorden. Estos pájaros australianos son verdaderos adoradores del sol, y esto debe ser tenido en cuenta si se mantienen en el interior. Aprecian las plantas, aunque no son estrictamente necesarias.

TEMPERATURA AMBIENTE

Estos pájaros han sido considerados, y aún hoy día mucha gente les considera, verdaderamente dependientes del sol y del calor. Por esa razón se les tenía, y aún hoy se les tiene, en espacios constantemente calentados por medios artificiales. Sin embargo, muchos de estos pájaros se han ido acostumbrando con el tiempo a climas moderados. En nuestros días, muchos amantes de los pájaros mantienen a los ejemplares de esta especie en pajareras exteriores, con refugios nocturnos bien aislados para el invierno. Si está buscando diamantes de Gould para su instalación en un aviario exterior, no hace falta decir que debe comprarlos a un criador que los haya tenido en un hábitat similar. Una temperatura ambiente entre 15 y 25 grados es ideal para estos pájaros.

ALIMENTACIÓN

El diamante de Gould toma una mezcla de semillas para pájaros tropicales que contiene diferentes tipos de mijo. También les gusta tomar pequeños insectos de vez en cuando. En ocasiones, también pueden tomar preparado de huevo en pequeñas cantidades. Además, estos pájaros aprecian las semillas de hierba y las hierbas recién recolectadas, por ejemplo, pamplinas, y también el mijo italiano. Tienen que tener siempre suficiente gravilla, para poder tomar toda la que necesiten.

Diamante de Gould de color pastel.

Diamante de Gould de cabeza de color negro azulado.

Diamante de Gould de cabeza negra y pecho púrpura.

El diamante de Gould puede tardar bastante tiempo en alcanzar su coloración adulta definitiva.

ACTIVIDADES

Los diamantes de Gould son pájaros bastante tranquilos, que pueden ganar confianza con su criador, si éste les trata con el suficiente cuidado.

CRÍA

Los diamantes han tenido siempre una fama de ser difíciles de criar, en parte porque las hembras tienden a abandonar la nidada demasiado rápidamente. Como quiera que muchos criadores desean, sin embargo, obtener crías de estos pájaros, los pinzones society son utilizados frecuentemente para incubar los huevos y criar los polluelos. Esta técnica produce por lo general excelentes resultados, aunque lo mejor es que los diamantes llevaran a cabo la cría ellos mismos. Los diamantes de Gould criados por sus propios padres, en vez de por padres adoptivos, se conocen como diamantes «de cría natural». Para tener éxito en este tipo de cría, es muy importante que las hembras puedan escoger a sus parejas. Si la elección de pareja se deja a la hembra, hay más posibilidades de que se haga cargo de la nidada y de los polluelos. El nido de estos pájaros se hace en cajas-nido semicerradas, siendo construido a partir de varios materiales. Entre los materiales más adecuados se cuentan la soga de cáñamo hervida y cortada, el musgo, el heno, la cuerda de sisal y la fibra de coco. Por lo general, ponen entre cuatro y ocho huevos, que eclosionan transcurridos aproximadamente catorce días. El emplumado tiene lugar pasadas las tres semanas, y los polluelos pueden ser dejados con los padres de seis a ocho semanas sin mayores problemas. Los pájaros tendrán su plumaje adulto transcurridos tres o cuatro meses, aunque a menudo lleva más tiempo. Una buena pareja de cría puede llegar a estar muy unida, en cuyo caso lo mejor es no separarla.

MUTACIONES

Han sido criadas distintas variedades. Las que tienen el pecho de color lila son las más conocidas. Los diamantes de Gould de color pastel muy claro, los de color marrón, los de color amarillo dominante o azul y los de color blanco son menos conocidos.

INFORMACIÓN ADICIONAL

Hay varios colores de diamante de Gould que no son el resultado normalmente de la cría, pero que también se pueden encontrar en libertad, en la vida silvestre. El más conocido entre los aficionados a esta especie es el diamante de Gould de cabeza roja, pero los pájaros con la cabeza negra se encuentran con mucha más frecuencia en las regiones en las que viven. El diamante de Gould de cabeza anaranjada no se da mucho en la vida salvaje.

Emblema guttata

DIAMANTE PUNTEADO

DISTRIBUCIÓN
Australia.

TAMAÑO
Aproximadamente 12 centímetros.

DIFERENCIACIÓN ENTRE SEXOS
Es prácticamente imposible determinar a simple vista las diferencias de sexo de esta especie. El pico de la hembra es algo más rojizo que el de los machos durante la temporada de cría. Siendo ésta una pista bastante fiable, no siempre funciona. Los machos cantan y se exhiben mientras cortejan a una hembra.

CARACTERÍSTICAS SOCIALES
El diamante punteado no resulta una especie muy tratable durante la época de reproducción, pudiendo mostrarse extremadamente agresivo hacia otros diamantes o pinzones australianos. En temporadas diferentes a la de cría, sin embargo, no provocan problemas ni a otros diamantes ni a pájaros distintos. Deben ser mantenidos preferiblemente junto a ejemplares de pinzón de origen africano.

Diamante punteado.

Diamante punteado con el pico anaranjado.

HÁBITAT ADECUADO
El diamante punteado puede vivir en parejas o en grupos en aviarios mixtos cubiertos e instalados en el exterior, o también en grandes jaulas en el interior. Una jaula debe ofrecer espacio suficiente, sin embargo, porque de otro modo estos pájaros no harían suficiente ejercicio y ganarían peso rápidamente. Es una buena idea colocar las perchas de tal manera que los pájaros tengan que volar para pasar de una percha a otra.

TEMPERATURA AMBIENTE
Los diamantes punteados necesitan calor. Pueden mantenerse en pajareras exteriores o aviarios, pero necesitan contar con un refugio para estar en un estado óptimo.

ALIMENTACIÓN
Esta especie toma una dieta básica integrada por una combinación de semillas para pájaros tropicales. Además, les gusta tomar de vez en cuando un poco de mijo italiano, pequeñas cantidades de preparado de huevo y alimentos vegetales verdes. Ocasionalmente tomará pequeños insectos, huevos de insecto, crisálidas y larvas. Como todos los granívoros, deben disponer de suficiente gravilla, ya que estos pájaros han de tomar toda la que sea necesaria para satisfacer sus necesidades de calcio.

ACTIVIDADES
A los diamantes punteados les gusta bañarse. Estos pájaros duermen en el nido, no sobre una percha de la pajarera o en una rama. Si cuelga distintas cajas-nido en diferentes lugares de la pajarera, los pájaros podrán hacer una elección por sí mismos. Estos pájaros son razonablemente vivaces y ocupan todas las zonas de la pajarera, incluido el suelo.

CRÍA
Como muchas especies de pinzones australianos, el éxito en la cría de diamantes punteados depende mucho de si las parejas se llevan bien.

Ejemplar hembra de diamante punteado isabelino.

Diamante punteado marrón.

Diamante punteado isabelino de pico anaranjado.

Diamante punteado pastel.

Si desea criar ejemplares de esta atractiva especie, lo mejor es reunir un grupo amplio de ejemplares. Las parejas se formarán entonces de una manera natural. A estos pájaros les gusta utilizar cajas-nido semiabiertas, aunque si hay suficiente refugio vegetal, la pareja construirá libremente su nido en ese entorno. Si lo construye así, puede llegar a ser bastante más grande, y a menudo tiene una forma ingeniosa con entrada de túnel. Los materiales para construirlo incluyen hojas de hierba y fibra de coco. Esta especie pone entre cuatro y siete huevos, que son incubados por turnos por los dos padres. Por las noches, lo normal es que los dos padres se encuentren en el nido. Los huevos eclosionan transcurridos doce o catorce días. Durante el primer período, los pollos necesitan grandes cantidades de pequeñas presas vivas, tales como arañas pequeñas y moscas. Cuando los pollos tienen tres o cuatro semanas, empluman, aunque son alimentados y apoyados por el macho, con intensidad decreciente, durante un poco más de tiempo. A la edad de cinco o seis semanas, los pájaros son lo suficientemente adultos como para valerse por sí mismos. Aproximadamente seis semanas más tarde, normalmente tienen su plumaje adulto. Una buena pareja de cría en buena forma puede sacar adelante varias nidadas por temporada.

MUTACIONES

Han sido registradas distintas mutaciones de color. Existen pájaros que tienen el color marrón, con las zonas que normalmente son negras, de color marrón grisáceo. También se dan los diamantes punteados de ala marrón, con un matiz de marrón más cálido. La mutación más conocida tiene el pico y la cola de color amarillo naranja. También existe el diamante punteado de color pastel.

Diamante de cara roja macho.

Diamante de cara roja con el pico naranja macho.

Noechmia ruficauda

DIAMANTE DE CARA ROJA

DISTRIBUCIÓN
Norte de Australia.

TAMAÑO
Entre 11 y 12 centímetros, aproximadamente.

DIFERENCIACIÓN ENTRE SEXOS
Los machos de esta especie tienen una máscara cromática facial más grande que las hembras, teniendo asimismo el vientre de un color más intenso que las hembras.

CARACTERÍSTICAS SOCIALES
Estos pájaros tienen una actitud muy sociable, tanto en las relaciones con los ejemplares de su especie como ante los demás pájaros del aviario. Esto les convierte en una raza perfecta para su acomodación en una pajarera mixta. Puede mantener tanto una pareja como un grupo pequeño de animales.

HÁBITAT ADECUADO
Los diamantes de cara roja pueden vivir tanto en un aviario exterior mixto como en una pajarera interior o en una jaula de cría. El verdor en forma de arbustos espesos le gusta mucho a los pájaros de esta raza.

TEMPERATURA AMBIENTE
La calefacción no es imprescindible si los pájaros cuentan con un refugio a prueba de humedad, corrientes y heladas, y el aviario está en un lugar resguardado.

ALIMENTACIÓN
Esta especie debe recibir una combinación de semillas para pájaros tropicales como base nutricional, complementada con alimentos vegetales verdes (hierbas), pequeñas cantidades de preparado de huevo y también presas vivas. También disfrutan con el mijo italiano. Deben contar siempre con la suficiente cantidad de gravilla, de modo que los pájaros puedan comer cuanta necesiten.

ACTIVIDADES
Los diamantes de cara roja son unos pájaros muy activos, que tienden a ocupar todas las zonas de

Diamante de cara roja con el pico naranja hembra.

Diamante de cara roja pastel

Diamante de cara roja isabelino.

Diamante de cara roja isabelino con el pico anaranjado.

la pajarera, pero prefieren los arbustos y el fondo del aviario. Les gusta bañarse. Un cuenco de loza en el fondo de la pajarera resulta ideal. Es preciso quitar el cuenco después de varias horas para evitar que los pájaros beban el agua sucia. Con cuidado y el adecuado refugio y espacio, estos pájaros pueden llegar a familiarizarse con sus cuidadores bastante rápidamente. En otros casos, suelen tender a mostrarse muy asustadizos. Los machos cantan, pero su canto tiende a ser monótono. Estos pájaros duermen en el nido. Si cuelga cajas-nido en distintas posiciones en la pajarera, los pájaros pueden optar por sí mismos.

CRÍA

Los diamantes de cara roja no resultan los mejores a la hora de criar, desde el momento en que los padres abandonan sus nidos o a sus polluelos con demasiada facilidad. Con frecuencia, esto sucede al ser dedicados los pájaros a la cría cuando aún son demasiado jóvenes. En esa situación, pondrán los huevos pero no harán nada más. Cuando ya tienen por lo menos un año, los diamantes de cara roja están ya lo suficientemente maduros en lo que a su actitud se refiere como para asumir el cuidado de los nidos y de los pollos. Un pequeño nido semiabierto o una caja-nido resulta ideal para estos pájaros, aunque si encuentran suficiente refugio en un arbusto, levantarán allí su nido. El nido lo construyen ambos padres, utilizando heno y cuerda de sisal. Como promedio, colocan entre cuatro y cinco huevos. Tanto el macho como la hembra se turnan para incubar los huevos, que eclosionarán aproximadamente a los doce o trece días. Los polluelos son alimentados por ambos padres. A la edad de tres semanas, empluman, pero los polluelos deben ser aún alimentados por los padres durante otras dos o tres semanas. A la edad de seis meses, habrán adquirido la mayor parte de su plumaje adulto, siendo entonces posible la diferenciación entre sexos. Durante la temporada de cría, los pájaros pueden tomar pequeñas cantidades de preparado de huevo e insectos pequeños (moscas, áfidos) todos los días. Una dieta variada consistente en proteínas animales es esencial para el rápido crecimiento de los pollos. Las parejas de cría en buena forma pueden sacar adelante tres nidadas por temporada.

MUTACIONES

La mutación más conocida es la compuesta por las que tienen la máscara amarilla en la cara o las que tienen el pico rojo y la máscara amarilla. También hay diamantes de cara amarilla y de varios colores, pero no abundan. Los ejemplares con plumaje pastel son una de las últimas mutaciones conseguidas.

Poephila personata

DIAMANTE ENMASCARADO

DISTRIBUCIÓN

Australia.

TAMAÑO

Aproximadamente 14 centímetros.

DIFERENCIACIÓN ENTRE LOS SEXOS

Es difícil apreciar la diferencia entre los sexos. Las hembras a menudo tienen una máscara más pequeña. Los machos cantan, las hembras no.

El diamante enmascarado de mejillas blancas, subespecie menos conocida de pinzón enmascarado.

Diamante enmascarado.

CARACTERÍSTICAS SOCIALES

Normalmente, estos pájaros dan pocos problemas a la hora de interactuar con las demás especies de la pajarera o con otros ejemplares de la misma especie. Si desea criar diamantes enmascarados, lo recomendable es comenzar con un grupo de estos pájaros. Así escogerán por sí mismos sus parejas, lo que incrementa la probabilidad de éxito.

HÁBITAT ADECUADO

Los diamantes enmascarados se adaptan mejor a las pajareras grandes, ya sean interiores o exteriores. Los pájaros aprecian mucho la existencia de plantas y arbustos. Una acomodación transitoria y temporal a jaulas de cría no suponen necesariamente un problema mayor, pero si los diamantes enmascarados se mantienen durante un tiempo excesivo en un espacio insuficiente, desarrollarán a no tardar problemas de salud.

TEMPERATURA AMBIENTE

Aunque los diamantes enmascarados necesitan calor, no resulta infrecuente que los pájaros pasen bien el invierno en un refugio de aviario bien aislado. Si comprueba que los pájaros reaccionan adversamente a una temperatura ambiente baja, deberá tomar las medidas oportunas.

ALIMENTACIÓN

Los diamantes enmascarados deben tomar una dieta básica compuesta por combinaciones de semillas para pájaros tropicales. También les gustan las semillas germinadas y semimaduras, que deben sin duda formar parte de la dieta durante la temporada de cría. Lo mismo sirve para la comida a base de huevo o para las presas vivas, por ejemplo los gusanos. Deben contar con la suficiente gravilla, de modo que los pájaros tomen toda la que quieran.

ACTIVIDADES

Los diamantes enmascarados son pájaros con mucho movimiento que ocuparán todas las zonas de la pajarera y que también se encuentran con frecuencia en el suelo. Pueden mostrarse un poco tímidos y retraídos, pero una abundante presencia en su hábitat de plantas y arbustos, así como un trato adecuado, puede ser un buen remedio. El «canto» de los machos no debe interpretarse literalmente como tal canto, porque más bien parece una especie de gorjeo. Estos pájaros pasan la noche en un nido para dormir, debiendo instalar varios de éstos en el aviario, particularmente en el refugio nocturno durante las temporadas frías.

CRÍA

Los pájaros prefieren construir su nido en un arbusto denso que le ofrezca refugio, por ejemplo una conífera. Una caja-nido pequeña también puede ser instalada en el interior de una jaula de cría. Entre los materiales utilizados para construir el nido están las fibras desenredadas de cuerda, las hojas de hierba y las plumas. Los huevos, cuatro o cinco en total, son incubados por turnos por ambos padres, y eclosionan aproximadamente a los once o doce días. Además de las semillas germinadas, los pollos toman grandes cantidades de insectos vivos. Después de aproximadamente tres semanas, sobreviene el emplumado, aunque los polluelos todavía no pueden valerse por sí mismos. Los dos padres les ayudarán aún durante un período de varias semanas. Son independientes, por regla general, transcurridas sus primeras cinco semanas de vida, aunque esto se puede alargar un poquito. Los pollos tienen ya en ese momento un parecido grande con los padres, aunque todavía tienen los picos negros y su plumaje es más pálido en color.

Una buena pareja de cría en forma puede sacar adelante varias nidadas durante una temporada. Para cada nidada, por lo general, se construye un nuevo nido.

Poephila cincta

DIAMANTE DE GARGANTA NEGRA

DISTRIBUCIÓN

Nordeste de Australia, predominantemente en llanuras con mucha hierba.

Diamante de garganta negra.

Diamantes de garganta negra.

Diamante de garganta negra marrón.

Diamante de garganta negra isabelino.

TAMAÑO

Aproximadamente 11 centímetros.

DIFERENCIACIÓN ENTRE SEXOS

Resulta muy difícil separar los sexos. Un ojo de experto puede apreciar la diferencia entre las marcas de la garganta. En los machos, tiene más bien una forma de pera, que se alarga en las hembras. Los machos cantan y las hembras, no.

CARACTERÍSTICAS SOCIALES

Lo mejor es mantener una pareja de estos pájaros en la pajarera. No los mantenga junto a otras especies relacionadas, como puedan ser los pinzones de hierba de cola larga o los diamantes enmascarados. Estos pájaros deben mantenerse preferiblemente en compañía de otros de especies algo más grandes.

HÁBITAT ADECUADO

Estos pájaros se adaptan muy bien, en parejas, a la vida en aviarios mixtos o en pajareras mixtas de interior. Los aviarios exteriores deben tener tejados y mucho verde a los lados.

TEMPERATURA AMBIENTE

Los diamantes de garganta negra que se crían hoy en día no son tan sensibles a este factor de la temperatura como lo eran los ejemplares de esta especie hace aproximadamente unas décadas. Mucha gente, por consiguiente, mantiene sus pájaros en una pajarera con un refugio bien aislado, incluso durante el invierno. Si cree que el frío va a afectar a sus pájaros, es mejor dejarlos dentro durante los meses de invierno o instalar calefacción en el refugio con una temperatura adecuada.

Cruce de diamante de garganta negra con pinzón de hierba de cola de aguja.

Diamante de garganta negra crema.

ALIMENTACIÓN

Estos pájaros son fundamentalmente granívoros. Una buena mezcla tropical constituye una buena dieta básica. Además, puede darle ocasionalmente algo de mijo italiano y semillas germinadas, así como comida vegetal, del tipo de determinadas hierbas silvestres, como la denominada zurrón de pastor. A lo largo de la temporada de cría, los pájaros necesitan proteínas animales en forma de insectos, larvas y preparados a base de huevos. Deben contar siempre con la suficiente gravilla, de modo que los pájaros tomen la que necesiten.

ACTIVIDADES

Los diamantes de garganta negra son pájaros bastante vivos que ocupan todas las zonas de la pajarera y pueden ser vistos en el suelo. Estos pájaros duermen en el nido, por ejemplo, no pasan la noche en una percha o sobre una rama, sino en un nido. Si cuelga cajas-nido en distintos lugares dentro de la pajarera, los pájaros pueden escoger uno por ellos mismos.

CRÍA

Los diamantes de garganta negra están disponibles para la cría cuando cuentan con uno o dos años. Se pueden instalar para que congenien en la pajarera, o ponerlos en una jaula de cría apartados de los demás pájaros. No son especialmente quisquillosos ni en lo que se refiere al alojamiento ni en lo que afecta a la clase de nido. Estos pájaros pueden criar en cualquier tipo de caja-nido o de cesta para anidar. Construyen sus nidos a partir de materiales relativamente toscos, tales como la fibra de coco y el heno, aunque el interior se forra con materiales algo más suaves. Ponen de cinco a siete huevos, que eclosionan a los once o doce días. Los pollos recién nacidos necesitan proteínas como las que pueden encontrar en gusanos. Su dieta debe incluir semillas germinadas. El emplumado tiene lugar cuando tienen tres semanas. En ese momento, el pollo no se puede defender por sí mismo, y por lo tanto debe todavía ser alimentado por sus padres durante una temporada. Aproximadamente dos semanas después de emplumar, los pollos serán capaces de cuidarse ellos mismos. Una buena pareja de cría, en condiciones óptimas, puede estar para entonces cuidando otra nidada. En ese caso, lo mejor será retirar los pollos, ya que el macho no tolerará por mucho tiempo su presencia. A la edad de tres o cuatro meses, los pollos deben tener más o menos su plumaje adulto, pero llevará un año o más antes de que esté completo. La cría con éxito puede depender de que los futuros padres se llevan bien o no.

MUTACIONES

Se conocen varias mutaciones de esta especie, que incluyen el virtualmente blanco total, en el que las manchas negras se diluyen hacia un marrón muy suave, y el pico y los ojos son rojos. Se le llama ino crema. Además, hay una mutación marrón y otra isabelina.

INFORMACIÓN ADICIONAL

Si un pinzón de garganta negra no encuentra otro ejemplar como pareja, se cruzará con un ejemplar de pinzón de hierba de cola de aguja. Como un cruce de este tipo no tiene sentido, lo mejor será no poner juntos a semejante «pareja de cría».

Pinzón de hierba de cola de aguja.

Pinzones de cola de aguja, picos naranja y rojo *Pinzón de hierba de cola de aguja marrón.*

Poephila acuticauda

PINZÓN DE HIERBA CON COLA DE AGUJA

DISTRIBUCIÓN

Australia.

TAMAÑO

Entre 15 y 17 centímetros, aproximadamente.

DIFERENCIACIÓN ENTRE LOS SEXOS

Hablando en términos generales, la diferenciación entre los sexos se asume por la marca del peto de los machos es mayor que el de la hembra y que los machos tienen una cola más larga, pero éste no es siempre el caso. Las exhibiciones y muestras del macho durante la época de reproducción, así como su canto, son las únicas pistas fiables para distinguir el sexo.

CARACTERÍSTICAS SOCIALES

Aunque vive en grandes grupos en su hábitat natural, no se debe tener juntos más de una pareja de pinzones con cola de aguja. Pueden ser muy agresivos entre sí. Cohabitan pacíficamente con otras especies, siempre que no estén relacionadas, como el pinzón de garganta negra y el pinzón enmascarado. Los pájaros más pequeños o frágiles pueden también sufrir la peor parte si el macho defiende su territorio con demasiado empeño. Estos pájaros deben preferiblemente convivir con pájaros de mayor tamaño que ellos.

Pareja de pinzones de hierba de cola de aguja isabelinos.

HÁBITAT ADECUADO

Esta especie puede vivir tanto en una pajarera cubierta exterior como en una pajarera interior o en una jaula de cría grande. Las plantas y arbustos son muy apreciados por ellos, y disfrutan teniéndolos cerca.

TEMPERATURA AMBIENTE

Siempre que el refugio de la pajarera exterior esté bien aislado, la calefacción no será imprescindible en condiciones normales de invierno. Si detecta que los animales están sufriendo a causa de las bajas temperaturas, puede llevarse a los animales al interior durante los meses de mas frío.

ALIMENTACIÓN

La alimentación de los pinzones de hierba con cola de aguja debería estar compuesta de una mezcla a base de semillas para pequeños pájaros tropicales. Durante la época de cría también necesitan una comida compuesta de huevos, semillas germinadas, semillas húmedas, semimaduras y pequeñas cantidades de piensos. Siempre hay que proporcionarles en pequeñas cantidades vegetales y frutas, puesto que les resulta muy fácil desarrollar problemas digestivos.

ACTIVIDADES

Los pinzones de hierba de cola de aguja son

Ejemplar crema ino.

Ejemplar albino.

Pinzones de hierba de cola de aguja grises.

Distintas mutaciones de esta especie.

Ejemplar con el pico más pálido.

pájaros muy despiertos y nada tímidos. Permanecen muy activos y se mueven libremente a lo largo de toda la pajarera. A menudo se les puede ver en el suelo buscando el forraje para comer. No les gusta pasar la noche encaramados a una rama y prefieren dormir en una cama-nido. Si coloca varias cajas-nido en diferentes lugares dentro de la pajarera, pueden elegir la que más les plazca.

CRÍA

Los pinzones de hierba con cola de aguja crían tanto en grandes jaulas como en aviarios. Una caja-nido cerrada que mida entre 10 por 10 por 10 y 15 por 15 por 15 centímetros con una entra-

Diamante de Bichenov.

da de aproximadamente 3 centímetros de diámetro es muy adecuada. Para construir sus nidos utilizan heno, cuerda de sisal desenredada, plumas y hojas de hierba. Como media, ponen entre cuatro y seis huevos, incubados alternativamente por el macho y por la hembra. Los huevos eclosionan aproximadamente a los once o doce días. Durante su primera semana de vida, y a menudo durante algún tiempo más, los pollos necesitan proteínas animales, que tienen que recibir en grandes cantidades. Se les pueden suministrar a base de trocitos de gusano, por ejemplo. Cuando alcanzan la edad de tres semanas, empluman. En esta etapa no pueden valerse por sí mismos, siendo apoyados por los padres durante un tiempo suplementario. Una vez que se han independizado, a menudo cuando alcanzan las cinco semanas, lo mejor será separarlos del nido paterno. El macho no tolerará su presencia en las proximidades del nido. Una buena pareja de cría, en condiciones óptimas, puede sacar adelante varias nidadas durante la temporada.

MUTACIONES

Además del normal «pico rojo», resulta relativamente común la variedad con el pico amarillo. Esta última variedad, además del pico amarillo, tiene el plumaje algo más claro. El isabelino, el marrón, el ino crema, el de pico pálido y el gris son los colores mutados son más recientes.

INFORMACIÓN ADICIONAL

Si no encuentra ejemplares de su especie, estos pinzones a menudo se crían en la pajarera con pinzones de garganta negra. Tales cruces no tienen interés y no contribuyen a la supervivencia de la especie. Tales «parejas de cría» deben, pues, evitarse.

Poephila bichenovii

DIAMANTE DE BICHENOV

DISTRIBUCIÓN

Australia.

TAMAÑO

Aproximadamente 10 centímetros.

DIFERENCIACIÓN ENTRE SEXOS

Las diferencias externas entre los sexos de estas especies no son fáciles de ver. Los machos, a menudo, tienen marcas más pronunciadas y definidas en su cabeza. Los machos cantan y las hembras, no.

CARACTERÍSTICAS SOCIALES

Los diamantes de Bichenov son muy sociables entre ellos. Es posible mantenerlos como parejas o en pequeños grupos. Durante la estación de cría, el macho no tolerará a los intrusos en las proximidades del nido.

Diamante de Bichenov de cola negra.

HÁBITAT ADECUADO

Estos pequeños pájaros con sus marcas distintivas pueden tenerse tanto en una pajarera interior como exterior y, durante la época de cría, en una jaula de cría grande. Una pajarera exterior grande debe preferiblemente dotarse con grandes cantidades de verde, tales como arbustos y matorrales.

TEMPERATURA AMBIENTE

Los pinzones de Bichenov no son pájaros frágiles, pero no soportan bien el frío y la humedad. Un refugio bien aislado es, por consiguiente, un requisito básico si los pájaros van a vivir al aire libre. Durante el período frío de invierno, la pajarera debe contar con calefacción o, de lo contrario, los pájaros deberán llevarse al interior.

ALIMENTACIÓN

Una mezcla sencilla para pequeños pájaros tropicales puede servir como dieta básica, complementada con mijo italiano, semillas germinadas y pequeñas cantidades de alimentos vegetales verdes, como hierbas. Antes, durante y después de la época de cría, los pájaros tienen una creciente necesidad de tomar proteínas animales en forma de huevos e insectos vivos. Deben tener siempre suficiente gravilla disponible, de modo que los pájaros puedan tomar cuanta necesiten.

ACTIVIDADES

El diamante de Bichenov es un pájaro muy vivo, de gran movilidad. Los machos de esta especie cantan, aunque el canto no se puede comparar con el de los canarios o el de otros pinzones. El diamante de Bichenov tiende a ocupar todas las zonas de la pajarera y a menudo picotea por el suelo en busca de comida. Pasa las noches en un nido, debiendo instalarse varios de ellos, particularmente en el refugio.

CRÍA

Para la reproducción, los pájaros a veces utilizan cajas-nido. Deben medir al menos 10 por 10 por 10 centímetros. Los diamantes de Bichenov, a veces, construyen libremente un nido esférico, en medio de la maleza. Para la construcción de dicho nido, utiliza trozos cortos de fibra de coco, hojas de hierba, plumas y soga de sisal desenredada. Como promedio, pone entre cuatro y cinco huevos, que incuba durante un período de doce a trece días por parte de los dos padres, por turnos. Inicialmente, la alimentación para los pollos consistirá en comida animal, a base de presas vivas, tales como áfidos y moscas. Se les debe dar una buena cantidad varias veces al día. El emplumado tiene lugar transcurridas tres semanas, pero los polluelos aún no son capaces de valerse por sí mismos. Los padres continúan alimentando a los pollos durante varias semanas y éstos continúan durmiendo en el nido hasta que se independizan. Una buena pareja de cría puede sacar adelante varias nidadas por temporada. Los pollos tienen su plumaje adulto transcurridos aproximadamente tres meses.

Poephila guttata

DIAMANTE MOTEADO DE AUSTRALIA O DIAMANTE MANDARÍN

DISTRIBUCIÓN

La forma original del diamante moteado de Australia proviene del continente que le da nombre.

TAMAÑO

Aproximadamente entre 10 y 12 centímetros.

DIFERENCIACIÓN ENTRE LOS SEXOS

En su forma salvaje, los machos pueden ser reconocidos por sus manchas anaranjado/marrones en las mejillas. Las hembras no las tienen. En el caso de los diamantes moteados de Australia de color blanco, la diferencia se aprecia en el pico. El pico de la hembra es de un color más mate.

Ejemplar macho de diamante moteado en su color natural.

Diamante moteado de Australia gris con manchas.

Diamante moteado gris pastel.

CARACTERÍSTICAS SOCIALES

Los diamantes moteados de Australia son unos animales muy sociables y pacíficos que congenian bien tanto con ejemplares de su especie como con otros pájaros. Estos pájaros deben preferiblemente mantenerse en grupo, mejor que como una pareja o un solo ejemplar.

HÁBITAT ADECUADO

El diamante moteado de Australia puede vivir tanto en una pajarera interior como en un aviario exterior o en una jaula de cría grande. El verde es apreciado, aunque no esencial.

TEMPERATURA AMBIENTE

Estos pájaros australianos son bastante duros y resistentes. Pueden pasar el invierno en una pajarera exterior sin mayores problemas, siempre que cuenten con un nido para dormir en un refugio bien aislado y a prueba de heladas.

ALIMENTACIÓN

Estos pájaros pueden ser alimentados con una dieta básica compuesta por una mezcla de semillas para pájaros tropicales, complementado con mijo italiano y semillas de hierbas. También les gusta tomar de vez en cuando pamplinas y otros alimentos vegetales verdes, así como alimentos a base de huevo y pequeños insectos durante la época de cría. Deben contar siempre con sufi-

Ejemplar hembra de diamante moteado en su natural.

Diamante moteado marrón.

ciente gravilla, de modo que los pájaros puedan tomar siempre cuanta precisen.

ACTIVIDADES

Los diamantes moteados de Australia son pájaros bastante activos, que no suelen mostrarse asustadizos. Se moverán a lo largo de toda la pajarera, y pueden también estar en el suelo, picoteando en busca de alimento. Les gusta bañarse, bien sea en un cuenco sobre el suelo de la pajarera o sobre una plataforma. Duermen en nidos, no sobre una rama o una percha. Si cuelga nidos en distintos lugares de la pajarera, los pájaros tendrán donde elegir.

CRÍA

Los diamantes moteados de Australia son conocidos por su considerable fecundidad. Se reproduce tanto en una jaula de cría como en una pajarera interior. Si tiene varias parejas –que es lo más recomendable– asegúrese de que cuentan con cajas-nido suficientes. Puede ser que los pájaros tengan conflictos al pretender distintas parejas la misma caja-nido. Las cajas-nido más adecuadas miden 10 centímetros en todas las direcciones. Pueden ser cerradas o semiabiertas, e incluso llegan a utilizar jaulas. El nido se construye a partir de materiales como la soga de sisal y la fibra de coco. Como promedio, estos pájaros ponen de cuatro a seis huevos verde claro, que eclosionan

Diamante moteado de cara gris.

Diamante moteado marrón de pecho blanco.

Diamante moteado gris de pecho negro.

después de doce a trece días. Los pollos son alimentados con semillas de varias clases y preparado de huevo. También toman pequeñas presas vivas. El emplumado tiene lugar cuando los pájaros tienen tres semanas, pero los jóvenes han de ser apoyados durante una semana o dos más. Transcurridos dos o tres meses, los polluelos adquieren su coloración adulta. Pronto están maduros para la cría, pero es aconsejable separar los ejemplares por sexos hasta que cumplan por lo menos nueve meses. A veces hay problemas cuando los pájaros crían siendo aún demasiado jóvenes. Los diamantes moteados de Australia pueden sacar fácilmente tres o cuatro nidadas por temporada, pero como esto supone un sobreesfuerzo para los padres, lo mejor es quitar los nidos después de la tercera.

MUTACIONES

Se dan innumerables mutaciones de color en esta especie. El diamante moteado de Australia original es el color gris normal. De ésta se pasa a la versión normal marrón, entre otras. Muchas mutaciones han tenido lugar desde entonces, tales como las variedades con el dorso marrón o gris pálido, las de mejilla gris, negra o marrón, la de máscara negra o marrón, las que tienen manchas de color gris, o marrón pastel, blanco o negro en el pecho, así como las combinaciones de todas las citadas (negro en el pecho, marrón pastel, pecho anaranjado con el dorso en tonos pálidos, pastel con el dorso gris pálido, etc.). Además, los colores phaeo, blanco liso, isabelino, multicolor y con manchas pueden contemplarse con frecuencia en los certámenes. Estos colores están todos ellos establecidos en los

Diamante Moteado negro y gris.

Diamante moteado de Australia gris anaranjado.

estándares, que son los que se usan para juzgar a los animales en las exhibiciones. También hay diamantes moteados de Australia con cresta. No se deben cruzar nunca unos con otros, ya que el gen que da lugar a la cresta resulta letal en la forma homocigótica. Esto significa que algunos de los polluelos de una combinación de ese tipo morirían dentro del huevo. Sin embargo, el factor cresta es dominante sobre las plumas normales de la cabeza. La combinación de un diamante moteado de Australia con cresta con otro sin ella da lugar a aproximadamente un 50% de polluelos con cresta.

INFORMACIÓN ADICIONAL

Los diamantes moteados de Australia resultan muy adecuados para los criadores noveles al no necesitar una cría muy exigente o difícil de llevar a cabo. De esta especie existen también muchos colores y dibujos diferentes, de modo que siempre encontrará uno que se adecúe a sus gustos. Si está interesado en uno de estos colores, lo mejor es acercarse a un club local. Los pájaros disponibles para su exhibición en certámenes no se encuentran generalmente en las pajarerías.

Los diamantes moteados son populares y sociables.

El color negro en la cara es una nueva mutación.

Polluelos de diamante moteado en el nido.

6. Tejedores – Ploceidae

Euplectos afer

NAPOLEÓN

DISTRIBUCIÓN

África, particularmente en el oeste.

TAMAÑO

Aproximadamente 13 centímetros.

DIFERENCIAS ENTRE LOS SEXOS

Durante la época de reproducción el plumaje de los machos es asombroso. Durante este período es amarillo brillante y negro. Fuera de este período se parece mucho a la hembra, que es marrón claro con manchas marrones más intensas, con una banda de color amarillo y blanco por encima del ojo.

CARACTERÍSTICAS SOCIALES

Los tejedores Napoleón se adaptan muy bien a los aviarios mixtos, no provocando generalmente problemas entre los otros pájaros. Sólo durante la época de cría los machos defienden con un ardor excesivo sus nidos. Esta circunstancia pueden provocar problemas en las pajareras demasiado pequeñas, con exceso de población y con pocas plantas. Si decide tener ejemplares de esta especie debe considerar la conveniencia de colocar varias hembras con un único macho, si desea que se reproduzcan con éxito. Es mejor no reunir tejedores de otras razas o un número excesivo de machos, porque estas circunstancias, en ocasiones, traen problemas.

HÁBITAT ADECUADO

Estos pájaros deben instalarse preferentemente en una pajarera exterior o interior, provista de tejado. Los pájaros responden bien a la abundancia de plantas. El bambú, las cañas y el maíz son especies recomendables.

TEMPERATURA AMBIENTE

Los tejedores Napoleón son duros y resistentes que no tienen problemas en invierno, siempre que cuenten con un refugio vertical, bien aislado.

ALIMENTACIÓN

Estos pájaros se alimentan con una dieta básica que contiene una combinación de semillas adecuadas para pájaros tropicales. Además, se les debe dar muy regularmente pasta de insectos y

Izquierda: Tejedor de Madagascar.

Napoleón, variedad de África Occidental.

comida universal, frutas, comida a base de huevo, semillas e insectos vivos (incluyendo gusanos). En su entorno natural, las semillas a medio madurar son su principal fuente de alimento, debiendo proporcionarles siempre algunos alimentos de este tipo. Deben tener siempre una cantidad suficiente de gravilla, de modo que puedan tomar siempre la cantidad que quieran.

ACTIVIDADES

Los tejedores Napoleón son pájaros activos e industriosos, que hacen uso de todas las zonas de la pajarera. Por lo general, estos pájaros no son tan partidarios del sol de manera directa. Disfrutan bañándose, por lo que conviene asegurarse de que cuentan con un cuenco de loza lleno de agua fresca en el fondo de la pajarera. Tras el baño, no olvide retirar el cuenco para que los pájaros no beban agua sucia. No llegan nunca a amansarse del todo, aunque pueden llegar a acostumbrarse a su dueño.

CRÍA

Una característica típica de los tejedores consiste en que, en su entorno natural, un solo macho forma grupo con una serie de hembras. Si una pareja falla en la cría, la introducción en el hábitat de algunas hembras puede ayudar a resolver el problema. Sin embargo, no son pájaros fáciles de criar. A veces construyen nidos sin producir después ningún polluelo. La cría de tejedores se considera un desafío para expertos entusiastas. Los machos son constructores de nidos muy hábiles, y utilizan todo tipo de materiales para ello. La hembra se ocupa de la parte interna. A veces anidan en arbustos, aunque también lo hacen entre las cañas, plantas de maíz o bambúes que usted haya puesto en el aviario. Normalmente, pondrán entre dos y tres huevos

Napoleón, variedad de África del Este.

de un color azul muy brillante, que incubará la hembra durante doce o catorce días. La hembra también asume la responsabilidad de alimentar a su prole. Los polluelos comen semillas y pequeños insectos, que forman parte esencial de su dieta. Las arañas, las moscas y los trozos de gusano son alimentos vivos adecuados. El macho no cuida la prole pero defiende el territorio alrededor del nido contra los intrusos. El emplumado tiene lugar en cuanto los pollos cumplen dos semanas. Después, son todavía alimentados por la hembra durante otras dos semanas aproximadamente, hasta que son independientes. Puede dejarlos normalmente en la misma pajarera que los padres sin que se presenten problemas. Mientras que los machos jóvenes no tengan el plumaje de cría, no habrá conflictos.

Euplectus orix

GRANADERO

DISTRIBUCIÓN

África Tropical, preferiblemente en zonas con cañizales.

DIFERENCIACIÓN ENTRE LOS SEXOS

Durante el período de cría el macho de esta especie puede ser fácilmente distinguido de la hembra, ya que su plumaje cambia completamente. Durante el período de cría, los machos son negros y rojos. Pueden transcurrir tres años antes de que los machos experimenten por primera vez esta metamorfosis de color. Fuera de la época de cría, se parecen a las hembras, siendo prácticamente imposible separar los dos sexos.

CARACTERÍSTICAS SOCIALES

El granadero tiene una reputación de animal agresivo, particularmente durante la época de cría y en relación con los pájaros pequeños. Aunque esto es cierto para algunos ejemplares, no sirve para todos los granaderos. La mayoría de ellos no provocarán problemas en una pajarera espaciosa y no recargada de pájaros, donde haya abundancia

Ejemplar macho de granadero.

Ejemplar hembra de granadero.

de plantas. Lo mejor será mantener estas especies en grupos, que tengan un único macho junto a una serie de hembras. No es recomendable mantener juntos a un grupo de machos, ya que estos pájaros defienden ferozmente su territorio.
Es mejor mantener en una pajarera aparte a los machos de otras especies de tejedores, especialmente si tienen una coloración parecida.

HÁBITAT ADECUADO

Estos pájaros deben ser mantenidos en un amplio aviario exterior con techo, con abundancia de plantas vegetales. El aviario debe estar en un emplazamiento protegido. El bambú, el maíz y las cañas son tipos de plantas muy adecuados, aunque también se puede utilizar el pino y la picea.

ALIMENTACIÓN

Los pájaros toman una combinación de semillas adecuada para pájaros tropicales y también les gusta la comida verde, principalmente semillas de hierba a medio madurar. Durante la cría, después de la misma y, desde luego, antes, una ración diaria de presas vivas (insectos y sus huevos, crisálidas y larvas) y algo de comida universal para pájaros y pasta de insectos resulta esencial. No hace falta decir que deben estar disponibles pequeñas cantidades de gravilla, de modo que los pájaros puedan tomar cuanta necesiten.

ACTIVIDADES

Los granaderos son pájaros activos, resistentes. No son por lo común tímidos o asustadizos, no llegando nunca a amansarse realmente.

CRÍA

Aunque los machos de esta especie generalmente se asocian con varias hembras, puede también tener éxito la cría con una sola pareja. Estos pájaros no son nunca los más fáciles para la cría. Como todos los tejedores, estos pájaros construyen un nido perfectamente entrelazado (tejido). Tiene forma oval y una entrada en túnel muy alargada. En su entorno natural, estos pájaros construyen nidos colgantes entre tallos de caña, así que en un aviario les gusta encontrar un entorno que se parezca al suyo propio para construir su nido. El macho construye el nido y la hembra reúne materiales suaves para el interior. Puede esperar entre dos o tres huevos, que son de un color azul claro. La hembra incuba los huevos alrededor de trece días. La madre da a los pollos presas vivas para comer, tales como arañas y gusanos. Después de dos semanas, tiene lugar el emplumamiento, y durante todo este tiempo son alimentados exclusivamente por la madre. En estos primeros tiempos, los pájaros se encuentran fundamentalmente en el suelo de la pajarera. La tarea del macho, además de construir el nido, es espantar a los pájaros que se acercan demasiado al nido. Los pollos se pueden dejar con los padres. Mientras que los machos jóvenes no tengan plumaje de cría, no serán acosados por el macho mayor.

DETALLES ADICIONALES

Aunque tienen fama de construir nidos muy ingeniosos, se sabe del caso de una pareja de cría que construyó un nido muy descuidado en una caja para canarios y sacó, a pesar de todo, sus crías adelante sin mayores problemas.

Foudia madasgascariensis

TEJEDOR DE MADAGASCAR

DISTRIBUCIÓN

Madagascar e islas del océano Índico.

TAMAÑO

Aproximadamente 14 centímetros.

DIFERENCIACIÓN ENTRE LOS SEXOS

Fuera de la estación de cría, el macho y la hembra de esta especie se parecen mucho. Durante el período de cría, el color del plumaje de los machos es rojo.

CARACTERÍSTICAS SOCIALES

Fuera de la época de cría, estos pájaros no provocarán problemas en una pajarera mixta. Durante el período de cría, los machos pueden, sin embargo, volverse más agresivos. En interés de otros pájaros, deben ser apartados durante ese tiempo.

HÁBITAT ADECUADO

Estos pájaros deben tenerse en una pajarera exterior con refugio nocturno, aunque pueden vivir también en una pajarera interior. El aviario exte-

Tejedor de Madagascar.

rior deberá contar con tejado y estar situado en un lugar protegido.

TEMPERATURA AMBIENTE

Una vez que se han aclimatado, estos pájaros son bastante duros. Si el aviario está en un lugar protegido y el refugio está bien aislado, generalmente no será necesario aportar calor adicional durante el invierno.

ALIMENTACIÓN

Estos pájaros deben recibir una dieta básica que contenga una combinación de semillas para pájaros tropicales pequeños, complementada con semillas de hierbas. Además, los pájaros necesitan comida vegetal verde (hierbas y semillas de hierba a medio madurar) y también les gusta tomar algo de fruta y un poco de preparado de huevo. Debe haber siempre un amplio surtido de gravilla disponible, de modo que los pájaros puedan comer todo lo que necesiten en cada momento.

ACTIVIDADES

El tejedor de Madagascar es un pájaro vivo y rápido al que le gusta volar mucho. Ocuparán todas las zonas de la pajarera y disfrutarán con los baños.

CRÍA

Sus nidos son diseñados con mucho ingenio, contando con una entrada en forma de embudo. Los pájaros ponen como media cuatro huevos de un color gris verdoso. Los huevos eclosionan después de haber sido incubados por la hembra durante aproximadamente catorce días. Los pollos reciben semillas, preparado a base de huevo y pequeños insectos. El emplumado tiene lugar aproximadamente dos semanas después del nacimiento. Son alimentados y cuidados durante aproximadamente dos semanas por sus padres hasta que son capaces de cuidarse por sí mismos. Los ejemplares jóvenes de tejedor de Madagascar tienen el plumaje menos brillante que sus padres. Los ejemplares jóvenes pueden quedarse en el mismo entorno que los padres hasta que los machos jóvenes adquieran plumaje de cría. Esto puede suceder en uno o dos años.

Quelea erythrops

LABORANTE DE CABEZA ROJA

DISTRIBUCIÓN

África.

TAMAÑO

Aproximadamente 12 centímetros.

DIFERENCIACIÓN ENTRE LOS SEXOS

Salvo en la estación de cría, los machos y las hembras son prácticamente idénticos, excepto en que los machos, a menudo, tienen algo más de rojo en la cabeza. Durante la temporada de cría, los machos tienen algo más de rojo en la cabeza.

CARACTERÍSTICAS SOCIALES

El laborante de cabeza roja es un pájaro tolerante que no causa problemas desde el punto de vista de la interacción en grupo. Se encuentra a gusto en pajareras combinadas. Estos pájaros se llevan mejor en un grupo.

HÁBITAT ADECUADO

Estos pájaros pueden vivir tanto en una pajarera exterior como en una interior, con gran abundancia de plantas. Prefieren el bambú, pero el maíz y las cañas también son adecuadas. Si mantiene los pájaros en una pajarera exterior, tiene que contar con techo y estar situada en un área protegida, lejos del viento.

TEMPERATURA AMBIENTE

El laborante de cabeza roja es un pájaro bastante resistente. Si el aviario exterior está en una ubicación resguardada y cuenta con un refugio bien aislado, no necesitará calefacción adicional.

Laborante de cabeza roja.

Tejedor de cabeza negra.

ALIMENTACIÓN

Estos pájaros deben tomar una dieta básica que contenga una combinación de semillas para pájaros tropicales, complementada con pequeñas cantidades de comida vegetal verde, semillas de hierba a medio madurar e insectos pequeños. Durante la cría, después y especialmente antes de la misma, los pájaros necesitarán tomar más insectos. Deben contar siempre con suficiente gravilla, de modo que tomen cuanta precisen.

ACTIVIDADES

El laborante de cabeza roja es un pájaro bastante tranquilo. No son tan vivaces y rápidos como la mayoría de los otros pájaros. Disfrutan con el baño y deberá proporcionarles la ocasión de tomar alguno de cuando en cuando.

CRÍA

Estos pájaros no son precisamente los más fáciles de criar. A pesar de que reciban los cuidados y atenciones adecuados es posible que no consigan criar. El macho asume la responsabilidad de construir el nido. Los pájaros, como promedio, ponen dos huevos de color azul claro que son incubados por la hembra durante unos catorce días. Los polluelos son alimentados con toda clase de insectos y, más tarde, con semillas. Después de más o menos catorce días, tiene lugar el emplumado. Puede dejar el polluelo con los adultos durante una o dos temporadas. Sólo cuando los machos jóvenes empiezan a tener el plumaje de los adultos son acosados por el macho mayor, debiendo ser cambiados de lugar.

Sitagra luteola

TEJEDOR DE CABEZA NEGRA

DISTRIBUCIÓN
África.

TAMAÑO
Aproximadamente entre 10 y 12 centímetros.

DIFERENCIACIÓN ENTRE LOS SEXOS
Los machos tienen plumaje de cría amarillo y negro durante la temporada de cría. Fuera de esta temporada tanto el macho como la hembra son muy parecidos.

CARACTERÍSTICAS SOCIALES
Estos pájaros se llevan bien con las demás especies fuera de la temporada de reproducción. El macho puede mostrarse en ocasiones agresivo ante otros pájaros, en especial con aquellos que tengan un plumaje similar.

HÁBITAT ADECUADO
Deben ser mantenidos, preferiblemente en una pajarera exterior con cubierta, situada al abrigo del viento y con un refugio nocturno adosado. Las plantas a lo largo de los costados, especial-

mente el bambú, son muy adecuadas para estos pájaros.

TEMPERATURA AMBIENTE

Una vez que los pájaros se han aclimatado, son bastante resistentes, y no necesitará instalar calefacción durante los meses de frío. El refugio nocturno debe estar en un lugar resguardado y ser adecuadamente aislado, para que esté a prueba de heladas.

ALIMENTACIÓN

Toman una dieta básica que tiene como elemento central una mezcla de semillas para pájaros tropicales, complementada con pequeñas cantidades de comida vegetal verde, semillas de hierba a medio madurar, pasta de insectos y preparado de huevo. Antes, durante y después de la cría, los pájaros necesitarán más proteínas animales que lo que viene siendo normal, y deberán tomar también presas vivas. Deben tener siempre un surtido amplio de gravilla en la pajarera, de modo que los pájaros puedan comer cuanta necesiten.

ACTIVIDADES

El tejedor de cabeza negra es un pájaro activo y muy móvil, que ocupa todas las zonas de la pajarera. Disfrutan tomando baños de agua.

CRÍA

La cría de los tejedores es generalmente una tarea propia de entusiastas expertos, y el tejedor de cabeza negra no es una excepción. En su entorno natural, los machos de esta especie se asocian con muchas hembras, pero esto no siempre resulta imprescindible en un entorno de pajarera. Los pájaros han de poder escoger sus propias parejas. Si compra un grupo de pájaros, se dará cuenta enseguida de qué hembra prefiere un macho determinado, pudiendo entonces alojar de forma separada a esta pareja si lo desea. Los machos construyen un nido ovalado de hierbas y fibras de coco. El interior se recubre de materiales suaves, tales como el musgo y las plumas desprendidas. Los pájaros ponen como media entre dos y tres huevos, que son incubados fundamentalmente por la hembra. El emplumado tiene lugar después de tres semanas, pero los polluelos aún no saben valerse por sí mismos. Hasta el momento en el que puedan hacerlo, que aproximadamente sucede dos semanas más tarde, son alimentados y cuidados por los adultos. Puede quitar a los polluelos una vez que puedan cuidarse por sí mismos, pero no es imprescindible hacerlo. Son rechazados por los padres cuando toman el plumaje de cría, pero esto no sucederá hasta que transcurran varias temporadas.

Passer luteus

GORRIÓN DORADO DE SUDÁN

DISTRIBUCIÓN

África, desde Etiopía a Nigeria.

TAMAÑO

Aproximadamente 13 o 14 centímetros.

Ejemplar macho de gorrión dorado de Sudán.

Ejemplar hembra de gorrión dorado de Sudán.

DIFERENCIACIÓN ENTRE LOS SEXOS

Los machos son amarillos con alas, dorso y cola marrón grisáceo. Las hembras no tienen coloración amarilla, siendo ligeramente más claras en el color del dorso, las alas y la cola.

CARACTERÍSTICAS SOCIALES

Estos pájaros se llevan bien con los otros pájaros del aviario y también entre ellos. Son animales gregarios que no deben tenerse como ejemplar único, sino preferiblemente en pareja o en un pequeño grupo.

HÁBITAT ADECUADO

Los gorriones dorados de Sudán pueden tenerse tanto en una pajarera exterior como interior. Se puede instalar, sin embargo, aunque de forma temporal, una pareja en una jaula de cría espaciosa. El pájaro necesita refugio en forma de pequeños arbustos y enramadas. No es fácil que se sientan felices en una jaula vacía o en una pajarera. Si utiliza una pajarera exterior, deberá tener un tejado y estar situada en una zona resguardada, donde no penetre la lluvia y el viento.

TEMPERATURA AMBIENTE

Estos pájaros pueden ser tenidos sin mayores problemas en una pajarera exterior. Si cuentan con un refugio bien aislado y a prueba de heladas, no necesitarán calefacción en los meses de invierno.

ALIMENTACIÓN

Estos pájaros toman como dieta base una combinación de semillas para pájaros tropicales, algo de alimento verde vegetas, en particular semillas de hierba a medio madurar y comida universal y pasta de insectos, complementada durante la época de cría con insectos vivos y comida a base de huevo. Deben contar siempre con un amplio surtido de gravilla.

ACTIVIDADES

Los gorriones dorados del Sudán son unos pájaros vivaces y algo tímidos. Se asustan especialmente cuando se les instala en pajareras vacías y pequeñas. Los machos de esta especie cantan.

CRÍA

Los gorriones dorados de Sudán anidan en pequeñas cajas-nido, por ejemplo en jaulas o en una caja-nido semiabierta. La hembra pone tres o cuatro huevos de color verde con manchas negras. Incuba los huevos durante once o trece días. Los polluelos se alimentan de insectos en distintas etapas de desarrollo, de gusanos y de comida universal para pájaros y preparados de huevo. El emplumado tiene lugar cuando los pollos tienen unas dos semanas. Los padres alimentan y cuidan a estos animales durante otro par de semanas más o menos. Una pareja de cría en buena forma puede sacar adelante varias nidadas por temporada.

Escribano cerillo hembra.

Botón de oro macho.

7. Escribanos – Emberizidae

Emberiza citrinella

ESCRIBANO CERILLO

DISTRIBUCIÓN

Asia Occidental y Europa.

TAMAÑO

Aproximadamente 16,5 centímetros.

DIFERENCIACIÓN ENTRE LOS SEXOS

Los machos de la especie tienen más pigmento amarillo y más manchas llamativas que las hembras. Los machos también pueden ser reconocidos por su canto.

CARACTERÍSTICAS SOCIALES

Fuera de la estación de cría, estos pájaros son muy pacíficos, no provocando ningún tipo de problemas. Una vez que la época de cría comienza, sin embargo, los machos muestran un temperamento agresivo hacia los pájaros de su especie e incluso hacia los otros pájaros, especialmente si tienen coloración amarilla.

HÁBITAT ADECUADO

Los escribanos deben ser instalados preferiblemente en un espacioso y parcialmente cubierto aviario con abundancia de plantas.

TEMPERATURA AMBIENTE

Los escribanos están acostumbrados a los climas templados. No necesitan realmente un refugio, siempre que el aviario esté en un sitio tranquilo, tenga cubierta y las plantas y arbustos aporten el suficiente refugio para los pájaros.

ALIMENTACIÓN

Su dieta básica ideal está formada por una combinación de semillas para pájaros silvestres y de semillas de hierbas, algo de preparado de huevo, alimento universal para pájaros e insectos vivos. Les gusta tomar mijo italiano. La ingesta de preparado de huevo y de insectos vivos es muy importante en los pájaros jóvenes. La gravilla, por supuesto, es muy importante para ellos.

ACTIVIDADES

Los escribanos son por lo general unos pájaros muy tranquilos. Disfrutan del baño, por lo que deberemos darles la oportunidad de bañarse en los días calurosos. Los machos cantan, pero su canto es bastante monótono.

CRÍA

Si tiene intención de criar estos pájaros, debe instalarlos en un aviario separado. Al principio, deberá comprobar que el macho no sigue una conducta agresiva respecto a la hembra. Esto es algo que sin embargo ocurrirá de vez en cuando. La hembra construye un nido hecho, entre otras cosas, de heno y de sisal. Con frecuencia está situado cerca del suelo, incluso directamente sobre él. Puede ayudar a los pájaros en esta tarea colocando cestos para anidar. Compruebe que son bastante grandes porque los escribanos son pájaros bastante voluminosos. El nido se forra con todo tipo de pelos de animales, como por ejemplo el pelo de los caballos. Las hembras de escribano ponen como mínimo entre tres y cinco huevos de color hueso. La hembra es quien incuba principalmente los huevos. El macho se hace cargo de la incubación durante un par de horas al día. Los huevos eclosionan transcurridos entre once y catorce días. Los pollos son alimentados por ambos padres casi exclusivamente con insectos, tales como gusanos rosados y ciempiés, de los que deben dis-

Ejemplar de escribano cerillo macho.

Escribano cerillo cerca de su nido.

Nido de escribano cerillo.

poner grandes cantidades. El emplumado tiene lugar a las dos semanas. Los pájaros todavía no se cuidan de sí mismos, por lo que son alimentados y cuidados por los padres durante un poco más de tiempo. Una buena pareja de cría puede producir varias nidadas al año. Pueden transcurrir más de dos años hasta que los machos adquieran su definitivo y completo colorido.

MUTACIONES

Hasta la fecha sólo se conoce una mutación, que es la de color marrón.

DETALLES ADICIONALES

Se aplican estrictas regulaciones legales para poseer o vender escribanos.

Sicalis flaveola

BOTÓN DE ORO

DISTRIBUCIÓN

Perú y Ecuador. Se ha introducido también en Jamaica.

TAMAÑO

Aproximadamente 14 o 15 centímetros.

DIFERENCIACIÓN ENTRE LOS SEXOS

Los machos destacan respecto a las hembras porque su colorido es más vívido.

CARACTERÍSTICAS SOCIALES

Más allá de la época de cría, estos pájaros provocan pocos o ningún problema, siempre que los otros pájaros de la pajarera sean más o menos del mismo tamaño que el botón de oro, o algo más grandes. Durante la época de cría, estos pájaros son frecuentemente un incordio. Debe, pues, alojarlo en una pajarera separada. Lo que más influye en su conducta, sin embargo, es la cantidad de espacio disponible. Un botón de oro en período de reproducción no causará problemas siempre que disponga de mucho espacio en el aviario y que los otros pájaros del mismo no sean demasiado pequeños o delicados en exceso. Estos pájaros se deben tener en parejas. Si hay varias parejas juntas pueden producirse problemas.

HÁBITAT ADECUADO

El botón de oro es un pájaro bastante resistente. No es aconsejable calentar artificialmente la pajarera durante el invierno.

ALIMENTACIÓN

Deberá dar a estos pájaros una combinación de semillas adecuada para los pájaros tropicales, complementada con semillas de hierbas y alimento universal. También comen mijo italiano. Antes y durante la época de cría, los pájaros necesitan más proteínas animales en forma de insectos vivos y preparado de huevo. Una mezcla de gravilla es parte esencial de su dieta.

ACTIVIDADES

Estos pájaros tan vivaces disfrutan con el baño y deben recibir la oportunidad de hacerlo. Para este fin, deberá colocar un plato de loza lleno de agua sobre una plataforma o en el suelo de la pajarera. Deberá quitar el plato transcurridas un par de horas para evitar que beban agua sucia. El macho de esta especie canta.

CRÍA

Los botón de oro normalmente construyen nidos desiguales y bastante grandes en los arbustos, aunque también podrían utilizar una caja-nido. El nido está hecho de todo tipo de materiales que incluyen hierba, sisal y pelos de animales. Los pájaros ponen una media de cuatro huevos, de un color blanco hueso, con manchas oscuras. Son incubados prácticamente en exclusiva por la hembra, durante un tiempo que oscila entre los once y catorce días. El macho se puede ocupar durante períodos cortos de tiempo de cuando en cuando. Los pollos son alimentados fundamentalmente por la hembra. Necesita tomar bastante cantidad de alimentos

Ejemplar hembra de botón de oro.

vivos. El emplumado tiene lugar cuando los pollos tienen aproximadamente dos semanas de vida. Al principio se parecen al color de la madre. Comiezan a mudar por primera vez cuando tienen seis meses, pero pueden pasar dos años o más antes de que los pollos adquieran su plumaje completo.

Tiaris canora

YERBERO DE CUBA

DISTRIBUCIÓN
En origen, Cuba.

TAMAÑO
Aproximadamente 9 o 10 centímetros.

DIFERENCIACIÓN ENTRE LOS SEXOS
El macho de esta especie tiene la cara negra, mientras que la hembra la tiene marrón. Las manchas amarillas alrededor de la cara son mucho más vivas en el macho. Los machos cantan.

CARACTERÍSTICAS SOCIALES
El yerbero cubano se lleva bien con otras especies de pájaros, por lo que es una especie muy adecuada para una pajarera mixta. Entre ellos mismos, son fundamentalmente los machos quienes tienden a entrar en refriegas, especialmente durante la temporada de cría. Es, por consiguiente, mejor mantener en parejas estos pájaros, o separar las parejas cuando comienza la temporada de reproducción. Estos pájaros no prosperan cuando se mantienen solos.

HÁBITAT ADECUADO
El yerbero cubano puede ser mantenido tanto en una pajarera interior como en un aviario exterior. El aviario o la jaula deberán tener algún tipo de plantas, o aportar alguna otra forma de refugio.

TEMPERATURA AMBIENTE
El yerbero cubano es un pájaro bastante resistente que, en condiciones normales, no requiere un refugio con calefacción. El refugio deberá,

Ejemplar de yerbero cubano hembra.

Ejemplar de yerbero cubano macho.

no obstante, estar a prueba de heladas o de corrientes de aire.

ALIMENTACIÓN

Su dieta básica consiste en una buena mezcla de semillas para pájaros tropicales. Sin embargo, también necesitan cantidades pequeñas de alimento universal para pájaros, semillas germinadas, insectos pequeños y semillas. Una gravilla mixta resulta, por supuesto, algo esencial para que coman lo que necesiten.

ACTIVIDADES

Estos pájaros tan vivos se mueven por todas partes en la pajarera. Los machos cantan, si bien es cierto que muy silenciosamente.

CRÍA

En función de las opciones disponibles, los pájaros construirán sus nidos en un arbusto bien resguardado o en una caja-nido semiabierta. El nido es el resultado de un esfuerzo combinado de ambos padres. Normalmente es esférico, hecho con materiales como la fibra de soga de sisal, el heno y las plumas. Como media, el yerbero cubano pone entre dos y tres huevos de color verde azulado pálido, con puntos oscuros en el lado más redondeado. Los huevos son incubados por los dos padres y eclosionan transcurridos doce o trece días. Los pollos también son alimentados por ambos padres. El emplumado tiene lugar cuando los pollos tienen dos o tres semanas. Son todavía cuidados y alimentados por los padres, cada vez con menor dedicación, durante tres semanas más. Si la hembra va a poner otra nidada durante este tiempo, el macho asumirá toda la responsabilidad de alimentar a la prole durante este período. Cuando se vea que los pollos son ya independientes, debe retirarlos porque es bastante probable que el macho adulto los persiga. Si los padres están en buena forma y han tomado una dieta variada, es muy posible que pongan dos o tres nidadas en una sesión.

Tiaris olivacea

YERBERO CARIGUALDO

DISTRIBUCIÓN

Áreas norteñas de América del Sur, islas adyacentes y México.

TAMAÑO

Aproximadamente 11 o 12 centímetros.

DIFERENCIAS ENTRE LOS SEXOS

Los machos tienen manchas amarillo anaranjado en la garganta y una franja superciliar amarilla,

Hembra de yerbero carigualdo.

Macho de yerbero carigualdo.

así como una pequeña banda en la zona inferior de los ojos, de color amarillo.

CARACTERÍSTICAS SOCIALES

El yerbero carigualdo es un pájaro muy apacible y sociable; son, por lo tanto, animles muy adecuados para una pajarera mixta, aunque se muestra a veces agresivo con los de su propia especie. Durante la época de cría de manera especial, el macho se muestra agresivo e intolerante con los de su propia especie. Debe mantenerlos en parejas y no instalarlos nunca con ejemplares de yerbero cubano.

HÁBITAT ADECUADO

Estos pájaros prosperan tanto en una pajarera interior como en aviarios exteriores que tengan abundancia de plantas. Puede también alojarlos de foma temporal en jaulas de cría espaciosas. En cualquier caso, los pájaros tienen preferencia por un entorno muy abundante en plantas, lo que también les anima a criar.

TEMPERATURA AMBIENTE

Los yerberos carigualdo son pájaros bastante fuertes que no requieren un alojamiento con calefacción durante el invierno. Sin embargo, es necesario que cuenten con un refugio a prueba de heladas.

ALIMENTACIÓN

Los yerberos carigualdo son pájaros pueden ser alimentados con una dieta básica de mezclas de semillas para pájaros tropicales pequeños. Además, les gusta comer semillas de hierbas. La comida vegetal verde, complementada con pequeñas cantidades de preparado de huevo durante la temporada de cría, también es esencial. Prefieren hierbas (zurrón de pastor, pamplinas), semillas germinadas y la mayoría de ellos también gustan disfrutar de un poquito de miel de cuando en cuando. Responderán muy bien a la instalación de un panal colgado del aviario. Finalmente, es una buena idea darles insectos vivos de cuando en cuando. Prefieren piojos de plantas y arañas, así como gusanos y moscas.

ACTIVIDADES

El yerbero carigualdo es un pájaro vivaz al que le gusta moverse alrededor o cerca de las plantas. Le gusta picotear por el suelo. Es una buena idea esparcir los desperdicios del jardín en el suelo del aviario. Suelen contener insectos y gusanos que los pájaros se comerán con mucho gusto. También les gusta el baño. Sitúe un plato de loza lleno de agua sobre el suelo de la pajarera. Si se les trata con paciencia, estos pájaros se amansarán pronto.

CRÍA

En una pajarera con muchas plantas, los yerberos carigualdo optarán por construir sus nidos en un arbusto espeso. A veces utilizan una caja-nido semiabierta como base para su nido. Construyen nidos muy pequeños utilizando, entre otras cosas, heno y fibras de coco. El número medio de huevos es entre tres y cuatro. Son de un color azul verdoso claro, con puntos marrones. Son incubados durante trece o catorce días por la hembra, después de lo cual el pollo será alimentado tanto por la hembra como por el macho. El emplumado tiene lugar transcurridas dos semanas largas, siendo entonces los polluelos alimentados y cuidados por el macho durante un número adicional de semanas. Una pareja de cría en buenas condiciones puede producir dos o tres nidadas en una sola sesión.

Tiaris bicolor

YERBERO DE CARA NEGRA

DISTRIBUCIÓN

La zona septentrional de América del Sur y las islas de la región.

TAMAÑO

Aproximadamente 11 o 12 centímetros.

DIFERENCIAS ENTRE LOS SEXOS

Las hembras pueden distinguirse fácilmente de los machos por tener un color predominantemente gris verdoso y no tener ninguna mancha negra.

Yerbero de cara negra.

Macho de yerbero de cara negra.

Una subespecie de yerbero carigualdo, el Brianty.

Hembra de yerbero de cara negra.

CARACTERÍSTICAS SOCIALES

Lo mejor es tener estos pájaros como una pareja. Los machos se muestran a menudo intolerantes en relación con otros machos de la misma especie. Esta circunstancia puede desembocar en peleas, especialmente durante la temporada de cría. Los ejemplares de yerbero de cara negra tienden a no molestar a los demás pájaros del aviario, ocupándose exclusivamente de sus propios asuntos.

HÁBITAT ADECUADO

Pueden instalarse tanto en una pajarera interior como en una exterior, y si se trata de una única pareja puede ser acomodada en una jaula espaciosa. Los pájaros necesitan, no obstante, algún cobijo vegetal.

TEMPERATURA AMBIENTE

Esta especie de pájaro es bastante fuerte y no suele ser necesaria la calefacción. El refugio, no obstante, deberá ser a prueba de heladas.

ALIMENTACIÓN

Puede alimentar a los pájaros con una mezcla adecuada para pájaros tropicales y, además, de vez en cuando, con algo de semillas de hierba, hierbas y semillas de hierbas germinadas. También les gusta la alimentación animal, a base, por ejemplo, de piojos de planta, arañas, escarabajos, gusanos y moscas. Durante la época de cría puede darle también alguna ración extra de preparado de huevo. No hace falta decir que una mezcla de gravilla debe también estar a su disposición. Estos pájaros disfrutan también con el mijo italiano.

ACTIVIDADES

Estos pájaros vivaces y activos prefieren moverse alrededor de los arbustos o en su interior. Pasan mucho tiempo en el suelo de la pajarera, donde buscan insectos y semillas. En los días cálidos, les gusta bañarse. Para este fin, deberá colocar un plato de loza lleno con agua sobre el suelo de la pajarera. Retire el plato al cabo de unas horas para que no beban el agua sucia. Los pájaros no son muy tímidos y se amansan fácilmente si se les trata adecuadamente.

CRÍA

El yerbero de cara negra prefiere construir sus nidos en arbustos densos, pero si no hubiese arbustos, también utilizarán una jaula colgada en puntos resguardados. Estos pájaros ponen de promedio dos o tres huevos que son incubados por la hembra y por el macho durante trece días. Ambos padres comparten la responsabilidad de alimentar a los polluelos y el emplumado tiene lugar transcurridas dos semanas. Los pájaros son alimentados y cuidados, cada vez con menor intensidad, por el macho, durante unas dos semanas adicionales.

Volantinia jacarina

YERBERO NEGRO AZULADO

DISTRIBUCIÓN

América Central y áreas de América del Sur, incluyendo México, Chile y Argentina.

TAMAÑO

Aproximadamente 9 centímetros.

DIFERENCIACIÓN ENTRE LOS SEXOS

Es bastante obvia. Los machos adultos son de color azul oscuro o casi negro y son reconocibles también por las plumas blancas bajo las alas. Los machos cantan.

Un ejemplar inmaduro de yerbero negro azulado.

Ejemplar hembra de yerbero negro azulado.

CARACTERÍSTICAS SOCIALES

El yerbero negro azulado se lleva bien con los otros pájaros de la pajarera; unos compañeros ideales para él son las estrildas, por ejemplo. Siendo por consiguiente muy adecuados en un aviario mixto. Durante la temporada de cría establecen un territorio alrededor del nido en el que no tolera a otros pájaros.

HÁBITAT ADECUADO

Este pájaro, de la familia de los escribanos, se da mejor en un aviario espacioso combinado, con abundancia de plantas, y un refugio nocturno a prueba de heladas. En ciertos países, estos pájaros, en particular los machos, son tenidos como mascotas en jaulas por su canto.

TEMPERATURA ADECUADA

Si los pájaros tienen un refugio nocturno a su disposición, completamente al resguardo de las heladas, normalmente no será necesario para ellos contar con calefacción durante los meses de invierno.

ALIMENTACIÓN

La dieta básica de los pájaros puede incluir una combinación de semillas para pájaros tropicales, complementada con presas vivas de vez en cuando. Estos pájaros tienden a preferir insectos voladores. Les gusta también el mijo italiano y para ser capaces de digerir las semillas, una mezcla de gravilla debe estar a su disposición permanentemente.

ACTIVIDADES

El yerbero negro azulado puede ser encontrado en todas las zonas de la pajarera. Los machos cantan mucho, no sólo durante la época de cría, sino todo el tiempo.

CRÍA

El nido se suele construir en un lugar protegido entre las plantas o en una caja-nido semiabierta. Se encuentra con frecuencia cerca del suelo y tiene forma de cuenco, bastante pequeño, contando en su estructura, entre otros materiales, con soga de sisal desenredado y fibra de coco. Estos pájaros ponen dos o tres huevos que son de color azul pálido con manchas oscuras sobre ellos. Los huevos son incubados por la hembra exclusivamente y eclosionan una vez transcurridos de doce a catorce días. Ambos padres ayudan a alimentar a los pollos, principalmente con semillas de todas las clases. El emplumado tiene lugar cuando los pollos tienen más o menos dos semanas, y alimentados y cuidados por el macho. Por entonces, la hembra está normalmente ocupada con otra nidada. Puede llegar a pasar un año entero hasta que el yerbero negro azulado adquiera su plumaje definitivo.

8. Cardenales – Cardinalidae

Gubernatrix cristata

CARDENAL VERDE

DISTRIBUCIÓN

Nordeste de Argentina, Brasil y Uruguay.

TAMAÑO

Entre 18 y 20 centímetros, aproximadamente.

DIFERENCIACIÓN ENTRE LOS SEXOS

Las hembras tienen menos color que los machos y sus manchas en la cabeza son menos intensas. Les faltan también el color amarillo en los puntos blancos bajo el pico.

CARACTERÍSTICAS SOCIALES

El cardenal verde normalmente se lleva bien con los otros pájaros en una pajarera combinada, siempre que tenga el suficiente espacio. Durante la época de cría, los cardenales verdes son bastante agresivos y deben ser instalados junto a los pájaros de mayor tamaño que pueden defenderse, o bien habrá que ponerlos en una pajarera separada. Debe intentar comprar estos animales en parejas.

HÁBITAT ADECUADO

Un aviario exterior bien provisto de plantas es el mejor alojamiento para estos pájaros.

TEMPERATURA AMBIENTE

El refugio nocturno no tendrá que ser calentado durante el invierno, siempre que esté suficientemente aislado y a prueba de heladas. Algunos cardenales verdes se muestran algo más vulnerables, en cuyo caso resulta esencial para ellos contar con un refugio con calefacción.

cardenal verde.

Izquierda: Pareja de cardenales verdes.

ALIMENTACIÓN

No existen en el mercado mezclas de semillas especiales para los cardenales. Se puede elaborar una combinación muy adecuada mezclando dos partes de mezcla para periquitos con una parte de mezcla para canarios o de semillas de hierbas silvestres. Esta combinación puede ser completada añadiendo un poquito de mijo italiano, fruta e insectos.

ACTIVIDADES

El cardenal verde es un pájaro bastante tranquilo que puede actuar mansamente hacia su cuidador en algunos casos. El canto de los machos no es excepcional, pero sí agradable.

CRÍA

Estos pájaros pueden ser algo especiales en su relación con sus compañeros. La cría con éxito, por consiguiente, depende parcialmente de si los animales se atraen mutuamente. Pueden construir sus nidos en los arbustos, si se ha sujetado en ellos de antemano una cesta de mimbre. Las llamadas cajas-nido de periquitos también pueden ser utilizadas para este fin. El nido se construye, entre otros materiales, con fibras de coco y ramitas pequeñas. Los pájaros ponen como promedio entre tres y cinco huevos, de color azul verdoso con manchas oscuras. Las hembras incuban los huevos durante aproximadamente doce días. Los pollos necesitan muchos insectos vivos y empluman con rapidez, transcurridos ocho o nueve días. Después son cuidados, cada vez con menos intensidad, por el macho.

Cardinalis cardinalis

CARDENAL DEL NORTE

DISTRIBUCIÓN

Zona septentrional de América Central hasta el sur de Canadá, en una diversidad de hábitat. Este pájaro resulta también bastante común en zonas residenciales de las ciudades.

TAMAÑO

Aproximadamente, entre 18 y 20 centímetros.

DIFERENCIAS ENTRE LOS SEXOS

Hay una clara diferencia entre los sexos de estas especies. Los machos son de color rojo intenso mientras que las hembras son de un marrón rojizo.

Ejemplares macho de cardenal del norte.

CARACTERÍSTICAS SOCIALES

Los cardenales del norte normalmente se llevan muy bien entre ellos y con los demás pájaros del aviario. Pueden ser mantenidos en combinación con pájaros más pequeños.

HÁBITAT ADECUADO

El cardenal del norte es muy adecuado para aviarios exteriores espaciosos con muchas plantas. Es mejor no tener estos pájaros en pajareras interiores o en jaulas.

TEMPERATURA AMBIENTE

Los cardenales del norte son pájaros resistentes. Siempre que tengan refugios bien aislados pasarán el invierno sin mayores problemas.

ALIMENTACIÓN

Desafortunadamente, no es posible comprar mezclas especiales de semillas específicamente preparadas para los cardenales del norte. Se puede preparar una mezcla adecuada mezclando dos partes de mezcla para periquitos con una parte de mezcla para canarios o para pájaros silvestres. Además, puede dar regularmente a estos pájaros algo de comida vegetal verde, frutas e insectos. Disfrutan comiendo gusanos de la harina. Es una idea muy buena extender abono revuelto procedente del propio jardín por el suelo del aviario. Los pájaros disfrutarán picoteando entre el abono buscando los insectos y bichos que puedan encontrar.

ACTIVIDADES

Tanto el macho como la hembra de esta especie cantan, aunque los machos cantan de una manera más llamativa. Los ejemplares macho del cardenal del norte son considerados como los mejores pájaros cantores entre todas las especies de la familia de los cardenales. A estos pájaros les gusta picotear por el suelo en busca de alimento. Son muy vivaces y si se les cuida bien y se les trata con cuidado y mimo, se acostumbrarán a su cuidador. Pueden, en algunos casos, llegar a comer de su mano.

CRÍA

Si desea criar estos pájaros, será una buena idea poner una pareja en una pajarera separada. El nido con forma de cuenco es construido por la hembra utilizando materiales tales como ramillas, fibra de coco, sisal, hojas de hierba y musgo. Las hembras pueden hacer su nido en una caja-nido, pero si encuentran la suficiente maleza levantará su nido en un arbusto o conífera. Cuando observe a la hembra acarreando materiales de nidificación hacia un lugar concreto, deberá colocar una cesta-nido en ese sitio. El número promedio de huevos está entre dos y cuatro. Son de color azul verdoso y tienen manchas marrones. Las hembras incuban los huevos durante aproximadamente doce días. Los pollos son alimentados tanto por la hembra como por el macho, principalmente con insectos. Si se les da una cantidad abundante y variada de presas vivas, los pollos crecerán rápidamente, y en muchos casos emplumarán cuando tengan solamente ocho o nueve días de vida. Hasta que los pollos sean independientes, a una edad de cinco semanas, serán alimentados y cuidados, cada vez con menor intensidad, por ambos padres. Los ejemplares que hayan nacido al principio de la temporada podrán tener su plumaje completo en el otoño del mismo año. Pueden empezar a criar cuando tengan un año. Una buena

Ejemplar hembra de cardenal del norte.

Ejemplar macho de cardenal del norte.

pareja de cría en condiciones óptimas puede producir varias nidadas a lo largo de la temporada.

Paroaria dominicana

CARDENAL DOMINICANO

DISTRIBUCIÓN
Nordeste de Brasil.

TAMAÑO
De 16 a 18 centímetros, aproximadamente.

DIFERENCIACIÓN ENTRE LOS SEXOS
Los machos y las hembras de esta especie parecen idénticos.

CARACTERÍSTICAS SOCIALES
Cuando no están en período de cría, estos pájaros no suelen causar problemas a los demás, pero cuando están en temporada de reproducción, los machos en particular pueden transformarse en animales con un fuerte instinto territorial, siendo mejor en ese caso alojarlos en una jaula separada. Es conveniente tener en parejas a estos animales.

HÁBITAT ADECUADO
Los cardenales dominicanos se comportan mejor en un aviario exterior espacioso con abundancia de plantas.

TEMPERATURA AMBIENTE
Estos pájaros llenos de color son bastante resistentes y si tienen acceso a un refugio bien aislado, no se requerirá calefacción en invierno.

ALIMENTACIÓN
Desgraciadamente no hay en el mercado ninguna mezcla de semillas específicamente preparada para los cardenales. Se puede preparar una bastante adecuada mezclando dos partes de mezcla para periquitos con una parte de mezcla para canarios o para pájaros silvestres. Hay que complementar estos alimentos con algo de fruta y comida vegetal verde. Además, los pájaros tendrán una necesidad creciente de proteínas animales en forma de presas vivas y preparado de huevo, particularmente antes y durante la época de cría.

ACTIVIDADES
Estos cardenales son muy vivos y activos, utilizando la totalidad de la pajarera. Pasan bastante tiempo picoteando en busca de comida en el suelo de la pajarera. Los machos tienen un canto maravilloso.

CRÍA
Cuando llega el período de cría en esta especie, el mayor problema se relaciona con la elección de la pareja. Es importante para estos pájaros dar con la pareja adecuada. No se trata de una especie quisquillosa a la hora de elegir la localización del nido, pudiéndolo construir uno propio desde el principio o utilizar una caja-nido. No obstante, el nido está localizado siempre en un punto resguardado, entre las plantas. Estos pájaros, por lo general, ponen dos o tres huevos, que son incubados durante doce o catorce días por la hembra. Los pollos necesitan un complemento abundante de insectos vivos y debe ponerlos a su disposición varias veces al día. El emplumado tiene lugar cuando los pollos cuentan con dos semanas de vida. Son alimentados entonces por el macho, cada vez con menor intensidad, por un período de tiempo adicional no muy largo.

Cardenal dominicano.

Paroaria coronata

CARDENAL GRIS

DISTRIBUCIÓN

Las zonas del norte de América del Sur, en particular Bolivia, Uruguay, Paraguay y Argentina.

TAMAÑO

Aproximadamente 17 o 18 centímetros.

DIFERENCIACIÓN ENTRE LOS SEXOS

No hay ningún procedimiento fijo para diferenciar a los machos de las hembras. El sexo puede ser determinado por métodos tales como un examen endoscópico llevado a cabo por un veterinario.

CARACTERÍSTICAS SOCIALES

Estos pájaros pueden ser alojados en una pajarera mixta sin problemas, en compañía de otros del mismo tamaño. Durante la temporada de cría pueden volverse un poco intolerantes hacia los otros pájaros, sin embargo, y en particular hacia los pájaros de la misma especie. Por esta razón, deberá tenerlos exclusivamente en parejas.

HÁBITAT ADECUADO

Estos pájaros sobreviven mejor en una pajarera con arbustos de hoja perenne y árboles pequeños.

Cardenal gris.

Ejemplar joven de cardenal gris, sin el plumaje definitivo.

TEMPERATURA AMBIENTE

Los cardenales grises son pájaros bastante duros. No obstante, necesitarán tener acceso a una pajarera bien aislada. No será necesaria calefacción adicional.

ALIMENTACIÓN

Como quiera que no resulta posible comprar ninguna mezcla especial para cardenales, tendrá que preparar una usted mismo. Mezcle dos partes de comida para periquitos con una parte de semillas para canarios o semillas para pájaros silvestres. Además, los pájaros precisan pequeñas tomas de pasta de insectos y comida vegetal verde. Finalmente, estos pájaros disfrutan tomando todo tipo de insectos vivos.

ACTIVIDADES

Tanto los machos como las hembras de esta atractiva especie cantan. Normalmente, el canto del macho es más brillante, aunque hay excepciones. En regiones donde estos pájaros viven en libertad, los machos se tienen como pájaros de canto en jaulas. Les gusta mucho bañarse, incluso cuando hace frío.

CRÍA

Si lo que quiere es criar este tipo de pájaros, lo mejor será mantener unas pocas parejas en un aviario exterior con abundancia de plantas. La presencia de otros tipos de pájaros no provocará ningún problema, siempre que todos los pájaros tengan espacio suficiente. El nido, con forma de cuenco semicircular, se construye utilizando, entre otros materiales, fibra de sisal, fibra de coco y heno, y el interior se forra con materiales suaves, tales como pelusas y pelo de animales. A veces construyen los nidos en arbustos densos, pero estos pájaros pueden utilizar también una caja-nido. Los pájaros ponen tres o cuatro huevos de un color verde claro o blanco, con puntos de color marrón grisáceo. Los huevos son incubados, fundamentalmente por la

Cardenal gris.

hembra, durante doce o trece días. A veces el macho le hace relevos. Al comienzo, los ejemplares jóvenes se alimentan exclusivamente de distintos insectos, incluyendo gusanos de la harina, gusanos de otras especies, saltamontes, escarabajos, grillos y piojos. El emplumado tiene lugar después de dos semanas, pero los pollos son alimentados y cuidados por los padres otras tres semanas más, fundamentalmente por el macho. Los polluelos conseguirán mantenerse por sí mismos y ser independientes a las seis semanas de vida. Pero por entonces los ejemplares jóvenes no tendrán todavía la maravillosa cresta roja de los padres. Cuando tengan tres o cuatro meses comenzará a aparecer, con un color marrón rojizo. Sólo mostrará su color rojo intenso cuando los pájaros tengan dos años.

Passerina cyanea

ESCRIBANO AÑIL

DISTRIBUCIÓN
De América Central a las partes occidentales de América del Norte.

TAMAÑO
Aproximadamente 12 o 13 centímetros.

DIFERENCIACIÓN ENTRE LOS SEXOS
Durante la temporada de cría, los machos son de color azul brillante. Fuera de ella, las hembras y los machos son de color marrón grisáceo. Algunas hembras, especialmente las de más edad, pueden tener puntos azules.

CARACTERÍSTICAS SOCIALES
Los pájaros de esta especie raramente crean problemas en una pajarera mixta. Sólo los machos pueden luchar unos contra otros, especialmente durante la temporada de cría. Lo mejor, por consiguiente, será mantener una única pareja en cada aviario.

HÁBITAT ADECUADO
Estos pájaros deberán ser instalados preferentemente en un aviario exterior, con abundancia de plantas. También se adaptarán bien a una pajarera interior grande. Los pájaros no se sienten a gusto en una pajarera vacía y no son adecuados para vivir en jaulas.

TEMPERATURA AMBIENTE
El escribano añil es un pájaro bastante resistente. Si tiene a su disposición una instalación resguardada, libre de heladas y corrientes, no hará falta calefacción adicional.

ALIMENTACIÓN
Estos pájaros deben tomar una dieta básica que incluya una combinación de semillas para pájaros europeos, complementada con semillas de hierbas, hierbas recién recolectadas, algunos insectos vivos y fruta.

ACTIVIDADES
El escribano añil disfruta picoteando en busca de comida sobre el suelo de la pajarera. Además, puede encontrársele a menudo en las zonas de la pajarera que cuentan con arbustos. Los escribanos añil disfrutan con el baño. Si coloca un plato de loza o un cuenco sobre el suelo del aviario y lo llena con agua fresca los pájaros lo utilizarán con frecuencia.

CRÍA
El nido, con forma de cuenco, será construido frecuentemente entre la espesura de los arbustos, bastante cerca del suelo. Estos pájaros ponen un promedio de dos a cuatro huevos que son de un color azul apagado, con puntos de color marrón. La hembra incuba los huevos durante trece días y también alimenta a los pollos una vez que han eclosionado. Los pollos se alimentan en primer lugar con la mayor variedad de insectos distintos que puedan encontrar. Los jóvenes ejemplares de escribano añil crecen con rapidez, emplumando después de una semana y media. La tarea de los machos es mantener a los demás pájaros a una distancia adecuada.

Cuando los pollos cumplen dos o tres semanas pueden ser capaces de cuidarse por sí mismos y lo más apropiado es separarlos de sus padres. El macho de esta especie sólo adquiere su coloración completa cuando tiene dos años. Una buena pareja de cría, en condiciones óptimas, puede producir muchas nidadas a lo largo de la temporada pero, en la práctica, los escribanos añil no resultan en realidad los pájaros de cría más sencilla.

Escribano añil.

9. Loros, cacatúas, periquitos y papagayos - Psittacidae

Amazona aestiva

AMAZONA DE FRENTE AZUL O LORO DEL AMAZONAS

DISTRIBUCIÓN
Brasil y Argentina.

TAMAÑO
Aproximadamente 37 centímetros.

DIFERENCIACIÓN ENTRE LOS SEXOS
No es posible determinar el sexo de estas aves por su aspecto exterior. Hay ejemplares de amazona de frente azul con más o menos plumaje de color azul o amarillo, pero esto no supone ninguna pista para determinar su sexo. A veces el tamaño de los pájaros constituye una indicación. Las hembras, con frecuencia, tienen la cabeza más pequeña y también los picos, en comparación con los machos. Sin embargo, este método no sirve en todos los casos. Sólo un examen endoscópico puede determinar el sexo de los pájaros más allá de cualquier duda, y esta tarea sólo la puede llevar adelante un especialista veterinario.

CARACTERÍSTICAS SOCIALES
Los loros son animales gregarios. Si quiere criarlos, deberá comprar una pareja de cría o bien instalar juntos varios ejemplares jóvenes. Cuando se haya formado una pareja a partir de la convivencia del grupo, podrá ser instalada en una jaula de cría. Los ejemplares que se hayan tenido desde jóvenes pueden establecer lazos con su criador. Pueden transformarse en ese caso en animales muy mansos y aprender a imitar voces humanas. A menudo se vinculan más estrechamente a una persona en concreto de la familia. Los pájaros jóvenes destacan, entre otras cosas, por el color de sus ojos, que es más oscuro, y no tiene aún la tonalidad anaranjada. No se deben mantener loros en una aviario mixto.

HÁBITAT ADECUADO
Los loros tienen los picos muy fuertes, así que los barrotes y alambres de la instalación deberán ser proporcionalmente robustos. Esté atento a la madera. Cualquier parte o elemento de madera deberá ser lo suficientemente resistente como para resistir la fuerza del pico de los pájaros. La jaula o la pajarera deberá contar con cubierta. La pajarera de cría de estos pájaros deberá tener al menos un metro de ancho y cuatro metros de largo, y debe tener también cubiertas. Una jaula

Amazona de frente azul.

Amazona de frente azul.

Izquierda: Guacamayo pechiamarillo o ararauna.

interior no puede ser de semejante tamaño, por lo que sólo sería recomendable si el pájaro pudiese salir de la jaula para estirar las piernas y las alas diariamente. Los loros se aburren rápidamente, por lo que les gusta estar ocupados. Para ello existen juguetes especiales para pájaros, así como grandes ramas y pequeños tocones de árbol sobre los cuales los pájaros podrán juguetear, trepar y roer, lo que constituye una fuente de entretenimiento.

TEMPERATURA AMBIENTE

La amazona de frente azul no es de ninguna forma un ave endeble, pero no soporta muy bien el frío, las corrientes y la humedad. Resulta esencial, por lo tanto, que el refugio nocturno esté especialmente bien aislado, debiendo estar en un lugar protegido. Durante los meses de invierno puede ser necesario calentar el refugio o pasar los pájaros a un aviario de interior.

ALIMENTACIÓN

La amazona de frente azul debe ser alimentada con una mezcla básica de comida para loros, así como con una provisión de fruta fresca (kiwis, manzanas, papayas y con naranjas partidas por la mitad) diariamente y vegetales (incluidas las zanahorias). Hay que darles vitaminas especiales para loros y combinaciones de minerales, y comprobar que los pájaros disponen de gravilla y carbón vegetal. A muchos loros les gusta el maíz cocido, la miel y los frutos del cedro. La dieta tiene que ser muy variada y no demasiado grasa. Los loros tienen preferencia por las semillas grasas (pipas de girasol y cacahuetes), pero demasiada cantidad de estos alimentos resulta malo para su salud. Nunca les dé aguacates, ya que son muy venenosos para los loros.

ACTIVIDADES

A la amazona de frente azul le gusta trepar y revolver. Por otra parte, tienen verdadera pasión por roer. Por ello, una cuerda sin desenredar y unas ramas de sauce vienen al dedillo. La mayoría de los ejemplares de esta especie son muy idóneos para aprender a imitar la voz humana, así como otros sonidos. Estas aves pueden ser también bastante ruidosas. Esto es algo que tendrá que tener en cuenta si vive en una vecindad muy densa. Una vez que se han acostumbrado, los loros disfrutan con la ducha, en especial en los días calurosos. Un espray para plantas, con rociado ultrafino y agua tibia es lo ideal para la ducha.

CRÍA

Cuando se crían amazonas de frente azul resulta importante que ambos pájaros se lleven bien entre sí. Un tocón de árbol con un agujero o una caja-nido de gran tamaño, con algo de turba en polvo húmeda en el fondo es lo ideal. Puede colocar también algunas ramas de sauce en la caja-nido, que los pájaros desmenuzarán para utilizarla como material de anidamiento. El suelo de la caja-nido medirá aproximadamente 30 por 30 centímetros y la altura será de 50 o 60 centímetros aproximadamente. El agujero de entrada debe tener de 10 a 12 centímetros de diámetro. Normalmente pone dos o tres huevos, aunque a veces pone más. No los pone en el mismo día, sino con intervalos de varios días. La hembra incuba los huevos. El macho le da comida, de forma que no necesita abandonar los huevos. Después de cuatro semanas, los huevos eclosionan. El emplumado tiene lugar después de seis u ocho semanas. Hasta que se pueden cuidar por sí mismos, los pollos reciben comida extra y son cuidados por ambos padres. Son normalmente independientes cuando tienen tres o cuatro meses. Sin embargo, no madurarán sexualmente hasta que tengan cuatro o cinco años. Durante todo el período de cría, los padres deben ser dejados en paz tanto como resulte posible para evitar el estrés, que les puede inducir a abandonar el nido o a los pollos.

DETALLES ADICIONALES

De forma parecida a la mayoría de los otros loros, la amazona de frente azul puede alcanzar una edad

Amazona de frente azul.

Guacamayos rojos de alas verdes.

avanzada. Sus expectativas de vida dependen, por supuesto, de su dieta, hábitat y otros muchos factores, pero en buenas condiciones puede alcanzar por lo menos los cincuenta años.

Un pájaro menos conocido es la amazona de frente amarilla, que es comparable a las especies descritas en lo que a costumbres y hábitat se refiere.

Ara chloroptera

GUACAMAYO ROJO DE ALAS VERDES

DISTRIBUCIÓN
Regiones del norte de América del Sur.

TAMAÑO
Aproximadamente 85 centímetros.

DIFERENCIAS ENTRE LOS SEXOS
Resulta extremadamente difícil distinguir los machos de las hembras. La mirada de un experto puede a veces establecerlo a partir de los picos, ya que los picos de los machos son más grandes y algo más estrechos. El macho de algunas parejas puede ser mucho más grande. Sin embargo, una certeza del 100% sólo es posible sobre la base de un examen endoscópico llevado a cabo por un veterinario especialista.

CARACTERÍSTICAS SOCIALES
Si quiere tener un guacamayo como mascota, lo

Guacamayo rojo de alas verdes.

recomendable es adquirir un animal que ya haya sido criado en parte. Los guacamayos se vinculan mucho a las personas que viven en la casa y aprenden también a imitar la voz humana. Una condición para esto es, sin embargo, que haya sido mantenido en un entorno familiar desde una edad temprana y alimentado y cuidado adecuadamente. Los pájaros desarrollan desórdenes de conducta si no reciben la atención adecuada. Si elige como mascota a un guacamayo, hace una opción para toda la vida. Si quiere criar los pájaros, lo mejor es mantener un grupo pequeño, o una pareja de cría, de forma que los futuros padres puedan seleccionarse recíprocamente. A causa de su tamaño, no mantenga junto a los guacamayos a pájaros de menor tamaño, sino sólo a pájaros de la misma especie o de especies relacionadas.

HÁBITAT ADECUADO

Los guacamayos necesitan una tremenda cantidad de espacio. Se dañarían enseguida la cola y las alas en una jaula o pajarera de pequeño tamaño. La jaula debe ser lo suficientemente grande como para que los pájaros sean capaces de estirar las alas, y lo suficientemente alta como para que la cola no llegue a tocar el suelo. Debido al tamaño de este pájaro, una jaula de interior nunca seráDado que los guacamayos son pájaros bastante caseros y no demasiado voladores, mucha gente los tiene en el interior de las casas, sobre una percha o un tronco para trepar. La mayoría de los guacamayos no sienten una necesidad muy urgente de dejar el lugar que ocupan. En el caso de un aviario exterior, que siempre ha de tener cubierta, se ha de utilizar en su construcción tela metálica de soldadura de alambre galvanizada, con huecos de aproximadamente 5 centímetros. Esté atento a la madera que pueda haber. Estas aves la pueden roer sin mayores problemas. Los guacamayos son aves trepadoras de nacimiento. Harán un uso entusiasta de uno o más tocones, que han de tener ramas a los lados. No tendrá mucho sentido llenar el aviario con otras plantas, ya que estos pájaros las romperían.

TEMPERATURA AMBIENTE

Aunque esta especie de guacamayo está lejos de ser frágil, el alojamiento debe estar a salvo de heladas en invierno. Es necesario instalar calefacción en el refugio nocturno.

ALIMENTACIÓN

Hay en el mercado comida especial para guacamayos, que debe dárseles como base. Si es necesario, se complementará con un preparado mineral y de vitaminas. Además, los pájaros disfrutan con la fruta y las bayas. No les dé nunca aguacates, que son venenosos para estos animales. Compruebe que tienen siempre a su disposición gravilla especial para loros, que contendrá hueso de jibia, partículas de arenilla y carbón vegetal. Para roer, van bien las ramas de sauce y las de frutales.

ACTIVIDADES

Los guacamayos son voladores, pero les gusta especialmente trepar y revolver. Utilizan todas las zonas de la pajarera. Pueden resultar también bastante chillones, circunstancia que deberá tener en cuenta si vive en una zona residencial. Los guacamayos, hasta cierto punto, pueden también aprender a imitar voces humanas, aunque apenas lo harán si se tienen en grupos o en parejas. La mayoría disfrutan bañándose en el agua y en los días calurosos disfrutan enormemente cuando se les rocia con un espray para plantas ultrafino.

CRÍA

Los guacamayos no son animales fáciles de criar. Dependerá en buena medida de si la pareja de cría se lleva bien y de factores como la alimentación o el entorno. Hasta que llegan a ser sexualmente maduros pueden pasar cuatro años o más. Para la cría, los pájaros necesitan ser instalados en un aviario exterior grande y con cubierta. Les gusta criar en una caja-nido grande (o en un tocón de árbol con un agujero) o bien en un tonel de cerveza. Las hembras ponen de dos a cuatro huevos, que incuban entre veinticuatro y veintiocho días. El emplumado tiene lugar después de tres o cuatro meses. Los pollos no pueden valerse por sí mismos, por lo que son cuidados y alimentados por los padres.

DETALLES ADICIONALES

Los guacamayos pueden vivir hasta una edad muy avanzada.

Ara ararauna

ARARAUNA O GUACAMAYO PECHIAMARILLO

DISTRIBUCIÓN

Las regiones septentrionales de América Central y de América del Sur.

Araraunas o guacamayos pechiamarillo.

Ararauna o guacamayo pechiamarillo.

Ararauna o guacamayo pechiamarillo.

TAMAÑO

Aproximadamente 85 centímetros.

DIFERENCIAS ENTRE LOS SEXOS

Los machos a veces tienen más grande la cabeza y el pico, pero las diferencias en el aspecto externo entre los sexos no siempre están claras. Sólo podrá estar seguro llevando a cabo un examen endoscópico, que únicamente podrá hacer un veterinario especializado.

CARACTERÍSTICAS SOCIALES

La ararauna es un pájaro extremadamente gregario, que llegará a ser muy manso y afectuoso si se ha acostumbrado desde temprana edad a la compañía de los humanos. Por lo general, se llevan bien con todos los miembros de la familia. No debemos olvidar, sin embargo, que un guacamayo requiere tanta atención como un perro, con la diferencia de que vive mucho más tiempo. Debe pensárselo con cuidado antes de comprar uno de estos animales. Necesitan una gran cantidad de atención. Si por cualquier circunstancia no la obtienen, pueden comenzar a arrancarse plumas, a dar gritos sin parar y, en general, a manifestar desórdenes de conducta. Si mantiene a estos pájaros en un aviario, deberá tener exclusivamente guacamayos, y no otros pájaros de menor tamaño.

La ararauna no se debe tener como ejemplar único en una pajarera.

HÁBITAT ADECUADO

El tamaño de estos pájaros significa, entre otras cosas, que ninguna pajarera es lo suficientemente grande. Ésta es la razón por la que el pájaro deberá cada día tener la oportunidad de estirar sus piernas y alas. Si opta finalmente por una pajarera interior, compruebe que el animal puede estirar sus alas y piernas sin tocar los laterales. La altura debe adaptarse al tamaño de los animales y a la longitud de la cola. Existen pajareras especiales para guacamayos capaces de resistir el trato que le dan con su poderoso pico. La mayor parte de los guacamayos pueden instalarse sin problemas en una percha o en un tronco para trepar una vez que se hayan acostumbrado a su nuevo hogar. Normalmente no muestran un interés irresistible por abandonar ese lugar. Si quiere construir su propio aviario, hágalo con tela metálica gruesa con soldadura de punto galvanizada. Ponga especial atención a los puntos débiles, como puedan ser los elementos de madera. En una pajarera exterior, el pájaro debe poder trepar y revolverse. Ponga un tocón robusto con algunas ramas dentro de la misma. No tiene sentido añadir vegetación en instalaciones para guacamayos.

TEMPERATURA AMBIENTE

La ararauna puede tenerse en el exterior durante los meses cálidos del verano, pero cuando la temperatura cae, se recomienda poner calefacción en el refugio nocturno.

ALIMENTACIÓN

Hay que dar a estos pájaros comida especial para guacamayos o para loros, complementándola con una combinación de vitaminas y minerales. Como base diaria, tomarán frutas y bayas, aunque jamás hay que darles aguacates para comer, al ser muy venenosos para los pájaros de la familia de los loros. Una mezcla de partículas muy adecuada para los loros contiene hueso de jibia, gravilla y carbón vegetal, puede valer perfectamente también para esta especie. Es preciso dar a los pájaros algo para roer, poniendo a su alcance ramas de sauce y de árboles frutales todos los días. Las ramas de sauce se pueden encontrar en muchas pajarerías.

ACTIVIDADES

Los guacamayos no son los mejores imitadores. Ésta es una característica que se encuentra con más facilidad entre los loros grises. Sin embargo, puede aprender a imitar la voz humana bastante bien. Para que esto suceda, deberán tener contacto con humanos desde una edad muy temprana. Los guacamayos que viven en grupos o como una pareja apenas imitan los sonidos. Aunque los guacamayos son voladores, con frecuencia lo que prefieren es trepar y revolverse a su aire. Algunos guacamayos son ruidosos, pudiendo producir molestias a los vecinos.

CRÍA

La cría de guacamayos no es fácil en absoluto. Es importante que la pareja de cría se lleve bien entre sí, pero hay otros factores que tienen por lo menos la misma importancia, como una alimentación apropiada, el espacio y que puedan descansar lo suficiente durante el período de cría. La caja-nido ha de ser grande, por ejemplo con una superficie de suelo de 55 por 55 centímetros y una altura de 80 centímetros. Un tocón de árbol con un agujero es muy adecuado, pero un tonel de cerveza resulta ideal hasta desde un punto de vista decorativo. Pensando en circunstancias climáticas, puede colocar la caja-nido en el interior. Puede colocar algunos trozos de madera sobre el suelo de la caja-nido, que los pájaros roerán y utilizarán como material para hacer una especie de lecho. Las ramas de sauce son útiles para este propósito. La ararauna pone de dos a cuatro huevos, que son incubados por la hembra durante veinticuatro a veintiocho días. Los pollos son cuidados y alimentados por los padres y el emplumado tiene lugar transcurridos entre dos y medio y tres meses.

Cacatua galerita

CACATÚA DE MOÑO BLANCO

DISTRIBUCIÓN

Australia, Tasmania, Nueva Guinea y las islas adyacentes.

TAMAÑO

Aproximadamente 50 centímetros.

Cacatúa de moño amarillo pequeña.

Cacatúa de moño amarillo pequeña.

Cacatúa de moño amarillo pequeña.

DIFERENCIACIÓN ENTRE LOS SEXOS

El sexo de los animales de esta especie se puede averiguar por el color distinto de sus ojos (iris). Los machos tienen ojos negros y las hembras marrón rojizo.

CARACTERÍSTICAS SOCIALES

La cacatúa de moño blanco es una especie muy gregaria. Si tiene, o se dispone a tener, una pareja como mascotas, no se olvide de tener en cuenta que estos animales requieren tanta atención, si no más, que un perro. Cuando una cacatúa no recibe la atención suficiente, y no tiene los elementos que necesita para estar ocupada permanentemente, comienza a manifestar una serie de síntomas de desarreglos de conducta, tales como chillar con fuerza de forma continua, arrancarse las plumas y manifestarse de manera destructiva. Debe pensar con mucho detenimiento antes de comprar uno de estos pájaros. Si mantiene una pareja o un grupo pequeño de cacatúas en un aviario exterior de gran tamaño, podrán comunicarse entre ellas.

HÁBITAT ADECUADO

De entre todas las especies de la familia de los loros, la cacatúa es la más destructiva. Tiene un pico extremadamente fuerte. Motivada por la curiosidad, siempre estará intentando romper la cerradura de la jaula o la pajarera y escapar al mundo exterior a través de la cubierta o de la malla metálica. Ésta es la razón por la que una jaula de cacatúa ha de estar, por encima de todo, muy bien construida. Un árbol para trepar, así como una serie de juguetes, son esenciales para mantener ocupado al pájaro. Si mantiene a estos pájaros en el interior, la pajarera debe ser lo bastante grande como para que el pájaro no se dañe las alas, la cola o la cresta.

TEMPERATURA AMBIENTE

Durante los meses de verano, los animales pueden ser instalados en un lugar resguardado. Aunque no son unos pájaros frágiles, lo mejor es poner calefacción en el refugio nocturno durante los meses de invierno.

ALIMENTACIÓN

Tiene que dar a sus cacatúas una mezcla especialmente adecuada para ellas y para los loros. En función del tipo y marca de comida, puede ser necesario darles un extra de vitaminas y minerales. Se les deben dar fruta, vegetales y bayas diariamente. No se les debe proporcionar nunca aguacates, que les resultan venenosos. Tienen que tener a su disposición una mezcla de gravilla, de modo que los pájaros puedan tomar toda la que quieran. Hay que dar a los pájaros algo para roer, poniendo a su alcance ramas recién cortadas de sauce todos los días o bien ramas de árboles frutales.

ACTIVIDADES

Aunque las cacatúas no son conocidas por sus habilidades lingüísticas, esta especie es considerada la mejor imitadora entre todas ellas. En su entorno natural pueden mostrarse ruidosas, y ésta suele ser su actitud también en casa. Las cacatúas de moño amarillo se pueden domesticar bien con la paciencia necesaria, pudiendo llegar a aprender algunos trucos. A las cacatúas les gusta mucho utilizar su pico, y debemos darles la oportunidad de hacerlo. Es por lo que deberán tener cada día sus ramitas de sauce o de frutal. Los pájaros harán un uso intensivo –¡los destruirán!– de todo tipo de juguetes. En los días calurosos disfrutarán con una ducha tibia utilizando para ello el espray de las plantas. Los pájaros que viven en el interior deberán recibir una ducha cada día.

Cotorrita ninfa perlada.

CRÍA

La cría de cacatúas de moño amarillo no resulta fácil. Lleva de cuatro a cinco años el que estos pájaros alcancen la madurez sexual. La hembra pone entre dos y tres huevos, que son incubados por ella misma y por el macho. Después de entre veintiséis y treinta días, los polluelos eclosionan y dos meses más tarde tiene lugar el emplumado. En ese punto, aún no son capaces de cuidarse por sí mismas, siendo alimentadas y cuidadas durante algún tiempo. Durante toda la época de cría, la paz y la tranquilidad son muy importantes. Durante este período, hasta los ejemplares más mansos pueden tener una conducta poco amistosa hacia sus cuidadores.

INFORMACIÓN ADICIONAL

Las cacatúas pueden vivir mucho tiempo. La media es de cuarenta años, pero muchas viven aún más. La cacatúa de moño amarillo pequeña es muy similar a la especie de mayor tamaño, aunque de proporciones algo más reducidas. Tiene como promedio 35 centímetros de largo, siendo originaria de Indonesia. Está menos predispuesta a hablar que la de mayor tamaño.

Nymphicus hollandicus

COTORRITA NINFA

DISTRIBUCIÓN

La Australia interior.

TAMAÑO

Entre 30 y 32 centímetros.

DIFERENCIACIÓN ENTRE LOS SEXOS

En la vida salvaje de la cotorrita ninfa la diferenciación entre los sexos se da en la intensidad de los colores de su plumaje. Los machos tienen la cabeza predominantemente amarilla, así como las mejillas, mientras que las hembras apenas tienen amarillo.

CARACTERÍSTICAS SOCIALES

Las cotorritas ninfas son pájaros extremadamente gregarios que por lo general se llevan bien entre sí. También suelen llevarse bien con los demás pájaros, incluso si son de especies más pequeñas y débiles. No se deben mantener junto a otras especies del tipo de los periquitos, al menos no con aquellos tipos de especies que puedan resultar agresivas. Si no tiene compañeros de su propia especie, la ninfa se vinculará a la persona que la cuida. Si quiere mantener un ejemplar en una jaula en el interior, elija un ejemplar joven y préstele muchas atenciones.

Cotorrita ninfa.

HÁBITAT ADECUADO

Las ninfas pueden vivir tanto en aviarios grandes en el exterior como en pajareras o jaulas en el interior. Una jaula ha de ser lo suficientemente grande como para que la cresta de los pájaros no se dañe contra el techo de la jaula. Tenga en cuenta que a estos pájaros les gusta roer y enseguida intentarán escaparse si el alambre de la jaula no es lo suficiente espeso o fuerte. Por la misma razón, no tiene mucho sentido llenar el aviario de plantas. Es muy importante que estos pájaros dispongan de espacio suficiente como para que no se dañen sus crestas y colas.

TEMPERATURA AMBIENTE

Las ninfas son pájaros bastante resistentes. Puede dejarlas en la pajarera exterior durante el invierno, siempre que puedan buscar abrigo en un refugio nocturno bien construido, libre de corrientes y heladas.

ALIMENTACIÓN

El alimento perfecto para estos atractivos pájaros es el constituido por las semillas gruesas para periquitos, que es una mezcla de, entre otros ingredientes, distintas clases de mijo, grano de avena sin cáscara, semillas de girasol y de cáñamo. Además, los pájaros disfrutan con

Cotorrita de cara amarilla.

Cotorrita ninfa de cara blanca.

comida vegetal verde fresca y frutas. También tomarán mijo italiano. Se le puede dar preparado de huevo en cantidades pequeñas, particularmente durante la época de reproducción. A los animales les gusta roer y deberá, por consiguiente, darles ramitas de árboles frutales y de sauce. Deberán tener siempre a su alcance un surtido de hueso de sepia disponible para que estos pájaros coman todo lo que necesiten.

ACTIVIDADES

Las ninfas son animales gregarios, activos, a los que les gusta trepar, roer e interactuar con otros miembros de su especie. Pueden aprender a imitar la voz humana, pero no son los pájaros que mejor lo hacen. Si son tratados adecuadamente, se volverán muy mansos. También disfrutan duchándose con agua tibia, para lo que deberá usarse un espray para plantas de rociado ultrafino.

CRÍA

Las ninfas no son especialmente difíciles de criar, pues después de tantísimo tiempo en cautividad se han aclimatado tanto a las condiciones climatológicas como al medio ambiente en que residen. El nido ser construye en una caja-nido cerrada, que debe ser de entre 35 y 38 centímetros de alta, con una anchura y fondo de 25

Cotorrita ninfa amarilla.

Cotorrita ninfa perlada de cara blanca.

centímetros, y una apertura de 7-8 centímetros. En función de la edad de la hembra y de su estado, la nidada constará de entre tres y nueve (con una media de cuatro a seis) huevos. La ninfa incuba los huevos entre dieciocho y veintiún días y es ayudada por el macho. Los pollos son alimentados por los dos adultos, pero fundamentalmente por la hembra. El emplumado comienza una vez que han transcurrido entre cuatro y cinco semanas. Los pollos deberán ser entonces todavía alimentados por ambos padres, pero una vez que cumpla siete u ocho semanas, será totalmente independiente. Cada día, durante toda la temporada de cría, deberá alimentar a los pájaros con algo de preparado de huevo, y comida vegetal fresca, como complemento a la mezcla de semillas. Las ninfas llegan a la madurez sexual cuando tienen seis meses de edad. Sin embargo, lo mejor es esperar otros seis meses antes de intentar la cría. Antes de este tiempo, los machos todavía no habrán adquirido su plumaje completo.

MUTACIONES

Existen numerosas y muy atractivas mutaciones de la especie silvestre original (gris), incluyendo la blanca y amarilla (con los ojos rojos u oscuros), pastel, de varios colores y las cotorritas ninfa perladas.

Psittacus erithacus

PAPAGAYO GRIS O YACO

DISTRIBUCIÓN
África, cerca del ecuador.

TAMAÑO
De 35 a 40 centímetros.

DIFERENCIAS ENTRE LOS SEXOS
No existen diferencias en apariencia entre los sexos. Los machos y las hembras pueden distinguirse solamente, con alguna certeza, por medio

Papagayo gris.

del examen endoscópico de un especialista veterinario.

CARACTERÍSTICAS SOCIALES

Los papagayos grises se llevan bien con los pájaros de la misma especie pero pueden ser bastante agresivos respecto a los pájaros más pequeños y menos hábiles. No deben, por consiguiente, ser mantenidos en una pajarera mixta, sino más bien como una pareja. Los pájaros pueden domesticarse mucho si están acostumbrados a la presencia humana desde muy jóvenes. Una característica típica del papagayo gris es su preferencia por un miembro de la familia en particular, al cual el pájaro se siente más unido. Esta persona preferida no tiene por qué ser el cuidador. El papagayo gris también desarrolla aversión por uno o más miembros de la familia. No es ciertamente el amigo de todo el mundo.

HÁBITAT ADECUADO

El Papagayo Gris puede vivir en un aviario exterior espacioso con un refugio nocturno a prueba de heladas. No tiene sentido colocar muchas plantas en la pajarera, ya que se van a dedicar a roerlas hasta hacerlas pedazos en un santiamén. Una pajarera para loros con barras horizontales puede servir también como hábitat, siempre que

Papagayo gris.

Papagayo gris.

se le dé al papagayo la posibilidad de estirar las piernas y las alas fuera de la jaula cada día.

TEMPERATURA AMBIENTE

Estos pájaros están mejor en un refugio nocturno con una calefacción ligera durante el invierno.

ALIMENTACIÓN

Alimentos para loros de una marca reconocida, complementada con preparados de vitaminas y minerales, sirve por lo general como dieta básica. Puede añadir fruta a la dieta. Les gusta mucho también las espigas de maíz, que se pueden encontrar en las tiendas especializadas. Además, deberá darles ramas de sauce o de frutales para que las roan. Deben disponer siempre de gravilla.

ACTIVIDADES

Los papagayos grises son los mejores imitadores que existen. No sólo pueden aprender a imitar un amplio surtido de palabras y de frases, sino que también aprenden a cantar trozos de canciones. Por otra parte, pueden imitar otros sonidos, desde el maullido de los gatos al sonido de las pisadas en los suelos de madera. En parte por esto, los papagayos grises son los favoritos de la gente y uno de los más frecuentes como mascotas. El papagayo gris es muy aficionado a

Papagayo gris.

trepar y debe contar con la oportunidad de hacerlo. Además, debe siempre tener algo que hacer y los juguetes son un medio muy bueno para esto. Los ejemplares que se tengan a cubierto deben ser rociados a diario con un espray con agua tibia.

CRÍA

Estos papagayos no son los más fáciles de criar. Un factor importante es la paz y la tranquilidad, pero también que la pareja se lleve bien. Un tocón de árbol con un agujero puede ser utilizado como caja-nido, con una superficie de 30 por 30 o 40 por 40 y una altura de 70 centímetros. El agujero de entrada debe tener unos 12 centímetros de diámetro. Puede poner por el suelo trozos de madera humedecida o serrín, o bien ramas de sauce o trozos de madera podrida, que los pájaros romperán ellos mismos y utilizarán como material de anidamiento. Como media ponen entre tres y cinco huevos, que la hembra incuba durante treinta días. Cuando el pollo tiene dos o tres meses sobreviene el emplumado, pero tienen que ser alimentados y cuidados por los padres durante un mes o más a partir de ese momento. Los pollos adquieren el color del plumaje adulto cuando tienen más o menos siete meses. No están sexualmente maduros hasta que tengan cuatro o cinco años. Durante la época de cría, pueden volverse, de modo temporal, algo agresivos respecto a su cuidador.

INFORMACIÓN ADICIONAL

Los papagayos grises pueden llegar a una edad muy avanzada, aunque esta circunstancia depende mucho de su estado general, nutrición, entorno, etc. Como media puede asumir que un pájaro de esta especie puede vivir hasta setenta años.

Hay dos clases de papagayos grises que se poseen frecuentemente como mascotas. Son el papagayo gris que acabamos de describir y el denominado papagayo gris timneh (*Psittacus erithacus timneh*). Este último es ligeramente más pequeño y de color más oscuro. Además, la cola de estos pájaros no es roja, sino marrón oscuro, y el pico superior es más claro que el de la especie de mayor tamaño.

Psittacula cyanocephala

COTORRITA ASIÁTICA

DISTRIBUCIÓN

India y Sri Lanka.

TAMAÑO

Entre 35 y 36 centímetros.

DIFERENCIACIÓN ENTRE LOS SEXOS

La diferencia entre los pájaros adultos es fácil de ver. Los machos tienen la cabeza de color rojo oscuro con un remate negro, mientras que la hembra tiene la cabeza de color azul grisáceo, con el

Cotorrita asiática macho.

Cotorrita asiática hembra.

remate en amarillo. Además, los machos adultos tienen una marca roja sobre sus hombros.

CARACTERÍSTICAS SOCIALES

Fuera de la estación de cría, los pájaros son miembros tolerantes respecto a los miembros de la misma especie, pudiendo ser mantenidos en grupos pequeños. Durante la época de cría, sin embargo, es mejor mantener las parejas separadas.

HÁBITAT ADECUADO

La cotorrita asiática puede ser mantenida en un aviario exterior, en una jaula espaciosa o en una pajarera interior.

TEMPERATURA AMBIENTE

La cotorrita asiática es razonablemente robusta, pero debe poder disfrutar de un refugio nocturno a prueba de heladas, corrientes y humedades. A veces, un refugio con calefacción puede ser necesario.

ALIMENTACIÓN

Debe dar a estos pájaros una dieta básica compuesta por mezcla especial de semillas para loros. Puede ser complementada con todo tipo de comida vegetal verde y frutas (no en demasiada cantidad), semillas germinadas y mijo italiano. Las proteínas animales son necesarias de vez en cuando, por ejemplo en forma de preparado de huevo. No hace falta decir que los pájaros necesitan también una mezcla de gravilla.

ACTIVIDADES

Normalmente, estos pájaros no comen del suelo. Les gusta roer ramitas finas de sauce, aunque no destacan respecto a otras especies por sus cualidades destructivas. Son buenos cantores, y su canto, particularmente el de los machos, puede ser muy melódico.

CRÍA

Si desea criar estos pájaros, lo mejor será pasar una pareja de cría a una jaula de vuelo o de cría. Durante la temporada de cría, la cotorrita asiática, que por lo general convive armoniosamente, puede volverse algo agresiva. Hay que tener, por consiguiente, cuidado. Los pájaros utilizarán una caja-nido o un tronco con agujero como lugar de anidamiento. La base ha de tener un diámetro de por lo menos 25 centímetros, y la altura de la caja-nido debe ser aproximadamente de 40 o 50 centímetros. Un agujero de entrada de, como promedio, 7 centímetros, será suficiente. La caja-nido deberá ser colgada preferiblemente en el refugio nocturno. Los pájaros no construyen nidos, pero utilizarán un trozo de madera podrida y musgo humedecido. La cotorrita asiática pone entre cuatro y cinco huevos. La hembra los incuba sola y eclosionan trascurridos entre veintidós y veinticuatro días, como promedio. El emplumado tiene lugar cuando los pollos tienen seis semanas. Los pollos son alimentados y cuidados durante un tiempo adicional por el macho adulto. Los pollos sólo consiguen su plumaje adulto cuando tienen de un año y medio a dos años, y a veces incluso más tarde. Antes de ese tiempo es mejor no intentar la cría. Es muy importante que permita a estos pájaros tener toda la paz y tranquilidad que sea posible durante la temporada de cría. Si se les molesta demasiado, pueden repudiar los huevos o a los polluelos.

MUTACIONES

Estos pájaros tienen algunas mutaciones en el color de la cabeza, incluyendo las cotorritas asiáticas de cabeza azul y de cabeza amarilla. Las mutaciones de color general, en esta especie, son raras.

Psittacula krameri

COTORRITA DE COLLAR

DISTRIBUCIÓN

África Central y del Norte, India, Myanmar y sur de China.

La hembra de la cotorrita de collar no cuenta con el característico collar.

Cotorrita de collar lutino.

Cotorrita de collar isabelina de cara amarilla.

Cotorrita de collar albino.

Cotorrita de collar verde oliva.

Cotorrita de collar verde mar.

Cotorrita de collar marrón o isabelino.

TAMAÑO

Aproximadamente 40 o 41 centímetros.

DIFERENCIACIÓN ENTRE LOS SEXOS

La diferencia entre ambos sexos es relativamente fácil de averiguar, pues ésta está en el collar de los machos, con el que las hembras no cuentan. Pueden, sin embargo, pasar dos años hasta que este collar se haga visible, y antes de que transcurra ese tiempo, todos los pájaros parecen hembras.

CARACTERÍSTICAS SOCIALES

Si se dispone a tener una pareja como mascotas, no olvide que estos animales requieren mucha atención. La forma mejor de instalar las cotorritas de collar es en parejas, en una gran jaula de vuelo de interior. Si se mantienen en interiores, cerca de la gente, desde una edad temprana, y son bien cuidadas, se vuelven extremadamente mansas y cariñosas, pudiendo incluso llegar a hablar, aunque no demasiado bien.

TEMPERATURA AMBIENTE

Las cotorritas asiáticas son pájaros fuertes, pero no demasiado resistentes a los climas con heladas frecuentes e inviernos crudos. Tiene, pues, que contar con un refugio a prueba de heladas para poder mostrarse saludable.

ALIMENTACIÓN

Puede alimentar a los ejemplares de esta especie con una mezcla de semillas especial para loros, complementada con algunas raciones de vegetales y frutas, así como pequeñas cantidades de preparado de huevo. A los animales les gusta roer, por lo que deberá darles, por consiguiente, ramitas de árboles frutales o de sauce recién cortadas.

ACTIVIDADES

A estos pájaros les gusta estar en lugares altos y secos. Pasan poco tiempo en el suelo. Les gusta roer y a menudo cambian el interior de su caja-nido, incluso harían lo mismo con las perchas, que deberá sustituir por otras nuevas de manera regular. Les gusta pasar la noche en una caja-nido, incluso más allá de la estación de cría. También disfrutan duchándose con agua tibia, para lo que deberá usarse un espray de rociado ultrafino. Si están aburridos u oyen o ven alguna cosa a la que no estén acostumbradas organizarán mucho ruido. Estos pájaros no son muy adecuados para gente que vive en barrios muy densos.

CRÍA

Si desea criar una pareja de cotorritas de collar, es importante pasar a la pareja a un aviario separado, en el cual sean molestados lo menos posible. Es muy importante que permita a estos pájaros tener toda la tranquilidad que sea posible durante la época de cría. Si hay demasiado ruido se desconcertarán, pudiendo repudiar los huevos o a los polluelos. Si cuentan con la suficiente paz y tranquilidad, estos pájaros pueden ser unos padres excelentes y muy conscientes. Es mejor no criar con pájaros más jóvenes de dos años y medio o tres años. Hay más oportunidades de éxito si espera hasta que hayan cumplido tres años. La caja-nido, que podrá colgar hasta una altura de un metro y medio en un lugar resguardado (por ejemplo, en el refugio), debe estar hecha de madera fuerte. Deberá tener una superficie de suelo de 25 por 25 centímetros y una altura mínima de 60 centímetros con un agujero de entrada de 7 centímetros. Como promedio, estos pájaros ponen entre tres y seis huevos, que a veces incuba la hembra exclusivamente y a veces los dos padres. Los huevos eclosionan transcurridos entre veintidós y veinticuatro días. Los pollos son alimentados tanto por la hembra como por el macho y empluman a las ocho semanas aproximadamente. Incluso si se pone una segunda nidada, como resulta frecuente, no hay necesidad de retirar los pollos de la primera nidada.

MUTACIONES

Existen numerosas mutaciones de color muy atractivas de esta especie de cotorrita de collar, todas las cuales se crían a gran escala por los expertos criadores, siendo muy populares. El color original de las cotorritas de collar en su hábitat natural es el verde. En el curso del tiempo, y tras numerosas pruebas para conseguir distintas tonalidades, el amarillo, el blanco liso (sin collar), el azul, el azul

Ejemplar joven de cotorrita de collar azul.

Cotorrita de collar silvestre.

Ejemplar hembra de cotorrita de collar lutino.

pastel, el azul isabelino, el gris, el gris isabelino, el verde isabelino, el gris verdoso, el color oliva dorado y los crema son mutaciones ya conseguidas en esta especie. Las mutaciones de color amarillo y azul son especialmente populares.

INFORMACIÓN ADICIONAL

La cotorrita de collar asiática tiene el pico rojo, mientras que las cotorritas de collar africanas los tienen de color negro.

Psittacula eupatria

COTORRITA ALEJANDRINA

DISTRIBUCIÓN

En Afganistán, Pakistán, la India y Sri Lanka, entre otros lugares.

TAMAÑO

Aproximadamente 57 o 58 centímetros.

DIFERENCIAS ENTRE LOS SEXOS

La hembra no tiene collar y las plumas de su cola son más cortas.

CARACTERÍSTICAS SOCIALES

Las cotorritas alejandrinas no son los pájaros más gregarios, de modo que lo mejor es alojar una pareja en una jaula separada.

HÁBITAT ADECUADO

A la cotorrita alejandrina le gusta volar. Si se le aloja en un aviario de al menos 5 metros de largo, tendrá la oportunidad de moverse y de estirar las alas. Esto tendrá un efecto beneficioso sobre su estado general. El ancho de la jaula no es tan importante, pudiendo medir un metro, o quizá menos. La jaula deberá ser construida con solidez, y la tela metálica deberá ser extraordinariamente fuerte. Estos pájaros tienen los picos verdaderamente fuertes y podrían roer con mucha rapidez

Cotorrita alejandrina.

una tela metálica endeble o delgada. Su tendencia a roer significa asimismo que tiene poco sentido llenar la pajarera de plantas.

TEMPERATURA AMBIENTE

Si lo pájaros cuentan con un refugio nocturno a prueba de corrientes de aire, heladas y bien aislado, no necesitará calefacción durante los meses de invierno.

ALIMENTACIÓN

Una mezcla de semillas para loros será su base dietética ideal, pero también debemos dar a los pájaros alimentos vegetales verdes y frutas (hierbas, manzanas y peras) cada día. Es una idea muy buena darles preparado de huevo en pequeñas cantidades, particularmente durante la época de reproducción. Hay que proporcionar a estas aves algo para roer, por ejemplo ramitas recién cortadas de sauce o de árboles frutales, de forma regular. También disfruta mojándose bajo la lluvia. Si las circunstancias fueran distintas, podrá darles duchas de vez en cuando utilizando un espray para plantas de rociado ultrafino.

ACTIVIDADES

El *psittacula eupatria* guarda un gran parecido con un roedor. Con práctica y mucha paciencia, estos inteligentes pájaros pueden llegar a ser domesticados. Adoran la ducha bajo la lluvia. Pero también puede proporcionarles una ducha regular usando un spray para plantas ultrafino.

CRÍA

La cotorrita alejandrina sólo está verdaderamente preparada para criar cuando tiene cinco años. Un tocón de árbol con un agujero grande es un lugar ideal para la cría, aunque también se podrá utilizar una caja-nido estándar. En este caso, conviene distribuir una capa espesa de musgo humedecido o de trozos de madera podrida por el suelo. El espacio de cría debe tener un diámetro de al menos 30 centímetros, y una altura de por lo menos 60 centímetros. Pone entre dos y cuatro huevos, que se incuban entre veintiséis y treinta días como promedio. El emplumado tiene lugar cuando los pollos tienen dos meses. No son capaces de cuidarse por sí mismos adecuadamente, siendo alimentados y cuidados durante un tiempo adicional. Al comienzo, los pollos se parecen mucho a las hembras, pudiendo durar dos años, o incluso más, el período que los machos necesitan para adquirir su plumaje definitivo.

MUTACIONES

Existen muchas mutaciones diferentes de color, que incluyen el lutino, el azul o el isabelino.

Polytelis alexandrae

COTORRA DE ALEJANDRA

DISTRIBUCIÓN

El interior de Australia, en zonas secas.

TAMAÑO

Aproximadamente 45 centímetros.

DIFERENCIACIÓN ENTRE LOS SEXOS

Los machos tienen colores más fuertes, con plumas más largas que las hembras.

CARACTERÍSTICAS SOCIALES

Es mejor mantener a la cotorra de alejandra como parejas aisladas, en jaulas separadas, o quizá junto a una o dos parejas de pacíficos pericos de tamaño similar. Aunque los pájaros, cuando están en su entorno natural, viven en grupos amplios, acomodar varias parejas en un mismo aviario no siempre tiene éxito, sobre todo si hay varios machos.

HÁBITAT ADECUADO

Estas aves pueden permanecer en buena forma a través de la práctica periódica del vuelo. Esto puede verse estimulado por el tipo de alojamiento. Lo ideal sería alojarlas en una pajarera larga

Cotorrita alejandrina.

(aproximadamente 4 metros), en la que las perchas se pongan muy separadas. Esta pajarera de vuelo no tiene por qué ser muy ancha. Con un metro será suficiente.

TEMPERATURA AMBIENTE

Aunque la cotorra de alejandra vive en condiciones de gran calor y sequedad en su entorno natural, mutaciones posteriores han dado como resultado una muy buena adaptación a climas más fríos. Les gusta el calor, pero si el refugio nocturno está bien aislado en un lugar resguardado, no necesitará tomar medidas adicionales durante el invierno.

ALIMENTACIÓN

Deberá dar a estos pájaros una mezcla de semillas especial para loros, complementada con pequeñas cantidades de alimentos verdes, hierbas y frutas. También les gusta tomar de vez en cuando proteínas animales, como preparado de huevo. Deberá tener a su alcance, por supuesto, una mezcla de gravilla.

ACTIVIDADES

Aunque estos pájaros no son los más ruidosos entre estas especies, los machos en particular pueden llegar a emitir sonidos muy fuertes y agudos. Lo hacen fundamentalmente cuando se les moles-

Cotorra de alejandra.

Cotorra de alejandra.

ta y durante la época de cría. Estos pájaros, fundamentalmente pacíficos, pueden llegar a ser muy mansos, incluso a veces comen en la mano de su cuidador. Apenas se bañan, pero les encantan los chaparrones de lluvia o ducharse con un espray para plantas. Les gusta picotear por el suelo del aviario.

CRÍA

Estos pájaros no son fáciles de criar, necesitando mucha atención y cuidados. Deben tener una caja-nido hecha de madera resistente, con una superficie de 25 por 25 centímetros; un diámetro asimismo de 25 centímetros, y una altura de 50 o 60 centímetros. El agujero de entrada debe tener 10 centímetros de diámetro. En preciso colgar la caja-nido en un lugar resguardado, preferiblemente un refugio. Los pájaros pondrán entre cuatro y seis huevos de color blanco, que serán incubados durante veinte días, exclusivamente por la hembra. El macho le traerá comida, de manera que no tenga que abandonar el nido. Los pollos serán alimentados por ambos padres. El emplumado tendrá lugar transcurridas cinco semanas, pero no podrán cuidarse aún por sí mismos. Los dos padres cuidarán y alimentarán a su prole, cada vez con menor intensidad, durante cuatro o cinco semanas más. Pasan entre siete meses y un año y medio antes de que el pollo adquiera su

Cotorras de alejandra.

Mutación de color de la cotorra de alejandra.

definitivo plumaje. No pueden ser utilizados para la cría hasta que tengan dos años.

MUTACIONES

Hay mutaciones azules, amarillo (lutino) y blancas (albino).

Polytelis anthopeplus

COTORRITA DE AUSTRALIA

DISTRIBUCIÓN

Australia.

TAMAÑO

Entre 37 y 42 centímetros.

DIFERENCIACIÓN ENTRE LOS SEXOS

La diferencia entre los sexos es fácil de observar a partir del color de los pájaros. Los machos son predominantemente amarillos mientras que las hembras son normalmente verdes. El macho tiene unos puntos rojos mucho más pronunciados en las alas y también azul en la parte superior de la cola.

CARACTERÍSTICAS SOCIALES

En general, estos pájaros se llevan bien con los demás miembros de la pajarera. Puede incluso instalar especies más pequeñas de pájaros en el aviario. Sin embargo, estos pájaros son, a veces,

Cotorritas de Australia.

Cotorritas de Australia.

Cotorritas de Australia.

Cotorritas de Australia de color pastel.

Cotorritas de Australia de color pastel. *Cotorrita de Australia hembra.*

hostiles entre sí. Es mejor, por consiguiente, mantener una sola pareja de estos pájaros en un aviario.

HÁBITAT ADECUADO

A los ejemplares de esta especie les gusta volar de percha en percha y por esta única razón el aviario debe ser mucho más largo que alto y, además, ser verdaderamente espacioso. Estos pájaros no deben ser mantenidos en jaulas, lo que vale también para las pajareras que no sean lo suficientemente grandes, o para los aviarios que sean más altos que largos. El ancho no resulta crucial, un metro de espacio es suficiente siempre que el animal pueda estirar las alas. La tela metálica ha de ser extremadamente fuerte.

TEMPERATURA AMBIENTE

Las cotorritas de Australia son unas aves muy resistentes que no requieren instalaciones con calefacción durante el invierno. Sin embargo, sí es necesario que el refugio esté protegido contra las heladas, las corrientes de aire y la humedad.

ALIMENTACIÓN

Estos pájaros deben alimentarse con una dieta básica de mezcla de semillas para loros grandes. Además, los pájaros disfrutan mucho tomando de vez en cuando frutas y preparado de huevo, así como miel, semillas germinadas y cantidades pequeñas de insectos. Deberá haber, por supuesto, siempre una provisión disponible de gravilla, de modo que los pájaros puedan comer cuanta necesiten. Les gusta roer ramitas de sauce recién cortadas y ramas de frutales.

ACTIVIDADES

Las cotorritas de Australia son pájaros bastante tranquilos que se mueven por toda la pajarera. Pueden encontrarse sobre el suelo, donde picotearán en busca de comida. Les gusta roer.

CRÍA

Para criar estos pájaros, lo mejor es instalarlos en aviarios diseñados especialmente para ello. Si adquiere muchos pájaros de este tipo a la vez, los pájaros se emparejarán por propia elección, lo que dará mejores y más probabilidades de éxito. La caja-nido deberá tener un diámetro de aproximadamente 35 centímetros y una altura de 60 centímetros, pero también pueden utilizar grandes tocones de árboles para anidar. El agujero de la entrada debe tener 7 u 8 centímetros de diámetro. Los pájaros no construyen un nido como tal, por lo que se les puede ayudar dejando algo de musgo humedecido en la caja-nido como lecho en el que se deben dejar los huevos. La hembra pone entre tres y seis huevos y los incuba durante veintiún días aproximadamente. Durante ese tiempo, apenas abandona el nido, o no lo abandona nunca, siendo alimentada por el macho. Cuando los huevos eclosionan, los pollos son alimentados por los dos padres. Durante este período puede dar a los pájaros algo de preparado de huevo varias veces al día, además de su dieta normal. Ellos alimentarán con esta comida a sus polluelos. El emplumado tiene lugar cuando los polluelos tienen más o menos cinco semanas. Al comienzo, los polluelos tienen un color muy parecido al de la madre, y todos son del mismo color. Sólo cuando tienen un año y medio habrán adquirido su plumaje definitivo. Pasarán otros seis meses hasta que esté en condiciones de criar.

Polytelis swainsonii

COTORRA DE SWANSON

DISTRIBUCIÓN
Sudeste de Australia.

TAMAÑO
Aproximadamente 40 o 41 centímetros.

DIFERENCIA ENTRE LOS SEXOS
La hembra no tiene la máscara amarilla ni la banda roja en la garganta. Además, las hembras son por lo general algo más mates que los machos.

CARACTERÍSTICAS SOCIALES
La cotorra de Swanson es un pájaro tolerante que normalmente se lleva bien con los otros pájaros, sean de la misma o de otras especies de esta familia ornitológica, siempre que tengan espacio suficiente.

Cotorra de Swanson.

Cotorra de Swanson.

HÁBITAT ADECUADO
Como a estos pájaros les gusta mucho volar, la pajarera tendrá que ser tan grande como sea posible. Estas cotorras, llenas de colorido, no deberán, por consiguiente, ser mantenidas en jaulas. El aviario de vuelo deberá tener por lo menos 4 metros de largo y estar construido con materiales muy robustos. Si intenta mantener varias parejas, será necesario un aviario de vuelo mucho mayor. Las cotorras de Swanson pueden destruir cualquier tipo de plantas que tenga en la pajarera.

TEMPERATURA AMBIENTE
Las cotorras de Swanson son bastante robustas. Si tienen acceso a un refugio resguardado, no hará falta calor extra durante el invierno.

ALIMENTACIÓN
Hay que dar a estos pájaros una dieta básica de semillas, adecuada para loros grandes. Puede complementarla con pequeños trozos de fruta, que le dará al animal de forma regular. Durante la temporada de cría, necesitarán una provisión extra de preparado de huevo. Les gusta roer y usted, por consiguiente, les podrá dar regularmente ramitas de sauce y de frutales. Deberá tener a su alcance una mezcla de gravilla, de modo que puedan comer cuanta quieran.

Cotorra de Swanson.

Cotorra de Swanson hembra.

Pareja de cotorra de Swanson.

ACTIVIDADES

Las cotorras de Swanson son pájaros ruidosos, aunque por lo general cantan muy melódicamente. A algunas cotorras les gusta roer mientras que a otras no. Les gusta el baño con agua, siendo además algo esencial si se quiere mantener el plumaje en buen estado. Hace uso de todas las zonas de la pajarera, incluido el suelo, por donde picotea en busca de comida. Son pájaros curiosos y sensibles que pueden llegar a ser bastante mansos, incluso si se tienen en una pajarera.

CRÍA

Las cotorras de Swanson prefieren una localización natural para la cría, por ejemplo un tocón de árbol con agujero. Las dimensiones interiores deben ser de aproximadamente 30 centímetros, la altura de 60 centímetros y el agujero de entrada debe tener un diámetro de 9 a 10 centímetros. Hay que extender algo de musgo humedecido o trozos de madera podrida en el fondo de la caja-nido. Los pájaros ponen entre tres y cinco huevos, que la hembra incubará durante veintiún días. El nido se defiende agresivamente, a menudo contra el propio cuidador. El emplumado tendrá lugar de cuatro a cinco semanas después de que los pollos salgan de los huevos, y a partir de ese momento, los polluelos son alimentados por los padres durante algún tiempo adicional. Puede pasar un año o más hasta que los machos adquieran su coloración típica. Antes de este tiempo, todos los pollos se parecen a las hembras. Durante la época de cría, las cotorras de Swanson son muy sensibles a las molestias, siendo muy importante que, durante este período crucial, reine una paz completa, además de que se dé un ambiente tranquilo y todo se manifieste de una forma pautada y regular.

Barnardius barnardi

PERIQUITO DE BARNARD

DISTRIBUCIÓN

Sudeste de Australia.

TAMAÑO

Entre 32 y 34 centímetros.

DIFERENCIACIÓN ENTRE LOS SEXOS

Las hembras de esta especie tienen un plumaje más pálido, siendo a veces más pálidas que los machos.

CARACTERÍSTICAS SOCIALES

Lo mejor es mantener a los animales de esta especie como parejas en un aviario de vuelo separado. También pueden compartir el aviario con una o dos parejas de especies parecidas, que

Periquito de Barnard macho.

Periquito de Barnard hembra.

Periquito de Barnard.

no sean agresivas. Durante el período de reproducción, la pareja puede volverse más ruidosa. Mantener en una misma instalación varias parejas de periquitos de Barnard puede traer problemas.

HÁBITAT ADECUADO

Estos periquitos deben ser alojados preferiblemente en un aviario de vuelo lo más grande posible (por lo menos de 4 metros) que deberá estar, sin duda, construido con los materiales más resistentes. La anchura, por lo general, no es tan importante, y 80 centímetros serán suficientes.

TEMPERATURA AMBIENTE

Los periquitos de Barnard son pájaros bastante duros. Si se instalan en un aviario localizado en un lugar resguardado, con un refugio nocturno bien aislado, no será necesaria la calefacción en invierno en condiciones normales.

ALIMENTACIÓN

Hay que dar a estos pájaros una combinación de semillas para periquitos grandes, complementada con preparado de huevo durante la época de cría. Hay que darles comida vegetal verde con moderación. Como quiera que a estos pájaros les encanta roer, puede darles de forma regular ramitas recién cortadas de sauce o de árboles frutales.

ACTIVIDADES

Al periquito de Barnard le gusta mucho volar y, por consiguiente, se le debe dar la oportunidad de hacerlo. Les gusta bañarse en agua, pudiendo ser un pájaro muy ruidoso. Tiene un pico muy fuerte y le gusta utilizarlo.

CRÍA

Si quiere criar periquitos de Barnard, deberá comprar una pareja probada, ya que estos animales pueden ser bastante remilgados a la hora de elegir una pareja. Una vez establecidas, las parejas de periquitos de Barnard pueden durar toda la vida. Una caja-nido adecuada tiene 40 centímetros de alta y al menos 25 centímetros de diámetro. Suelen poner entre cuatro y seis huevos, que son incubados por la hembra. Los pollos eclosionan transcurridos entre veinte y veintiún días y el emplumado sucede cinco semanas después. Los polluelos son alimentados y cuidados, cada vez con menos intensidad, tanto por la hembra como por el macho. Se puede decir que los pájaros han alcanzado la edad adulta cuando ya han sobrepasado con creces un año de edad, pero el plumaje completo de los machos sólo se desarrolla después. Es inusual para estos pájaros producir más de una nidada por temporada.

INFORMACIÓN ADICIONAL

No se debe mantener a este pájaro junto a ejemplares de periquito de Brown o junto a rosellas porque pueden hibridizar.

Bolborhynchus lineola

PERICO BARRADO

DISTRIBUCIÓN

América Central y del Sur.

Un ejemplar joven de perico barrado.

Perico barrado lutino.

Perico barrado canela.

Perico barrado malva.

TAMAÑO
Aproximadamente 16 o 17 centímetros.

DIFERENCIACIÓN ENTRE LOS SEXOS
En general, las hembras son ligeramente más claras de color y tienen manchas menos definidas en las alas. También tienen menos negro en las plumas de la cola.

CARACTERÍSTICAS SOCIALES
Los pericos barrados son pájaros gregarios y tolerantes que pueden tenerse junto a muchos pájaros tropicales pequeños sin problemas. También son muy tolerantes respecto a ejemplares de su propia especie y, si tienen suficiente espacio, mantener varias parejas juntas raramente causa problemas.

HÁBITAT ADECUADO
Puede mantener esta especie en un aviario exterior o en una pajarera de interior. También en una jaula espaciosa.

TEMPERATURA AMBIENTE
El perico barrado es un pájaro muy duro que sobrevive fácilmente al invierno sin calefacción adicional. Debe, sin embargo, poder acceder a un refugio nocturno bien construido, libre de humedad y heladas.

ALIMENTACIÓN
Puede dar a estos pájaros una dieta básica de mezcla de semillas para pericos grandes, complementada con pequeños trozos de fruta y preparado de huevo de vez en cuando.

Perico barrado cobalto.

Perico barrado crema

Perico barrado con su plumaje natural.

Perico barrado verde oscuro.

ACTIVIDADES

Los pericos barrados son pájaros tranquilos que gorjean pacíficamente. Les gusta trepar y revolverse y, en contraste con otros periquitos, estos pájaros tienden a no ser destructivos, estando lejos de resultar ruidosos. Aprenden muy pronto a confiar en la gente, llegando a domesticarse hasta un nivel bastante alto.

CRÍA

Puede criar pericos barrados tanto en un aviario de vuelo o en una jaula de cría. Deben tener una caja-nido con una superficie de 20 por 20 centímetros y una altura de 30 centímetros o más. El agujero de entrada debe tener un diámetro de aproximadamente 6,5 centímetros. Hay que poner un poco de musgo humedecido y de volutas de madera en el suelo. La hembra pone entre tres y seis huevos que son incubados durante veintiún o veintitres días. En el período que transcurre hasta la eclosión de los huevos, la hembra es alimentada por el macho, de modo que no necesitará abandonar los huevos. El emplumado tiene lugar cuando los pollos tienen alrededor de cuatro semanas de vida, siendo todavía cuidados y alimentados por los padres, cada vez con menos dedicación, durante un corto período de tiempo. Una buena pareja de cría, bien cuidada y que haya tenido una alimentación equilibrada, comenzará a producir otra nidada nada más terminar la primera. Un problema bastante frecuente con los pericos barrados es que puede pasar mucho tiempo entre la puesta de cada uno de los huevos. Esto supone que puede estar ya un polluelo en el nido mientras que el último huevo todavía no ha eclosionado.

MUTACIONES

Entre otras, las hay azules, verde mar, lutino y gris.

Psephotus haematonotus

LORITO DE ESPALDA ROJA

DISTRIBUCIÓN

Sur y este de Australia.

TAMAÑO

Aproximadamente de 26 a 28 centímetros.

DIFERENCIACIÓN ENTRE LOS SEXOS

Los machos de espalda roja tienen colores mucho más llamativos. Las hembras tampoco tienen por lo general el color rojo en su cola, o lo tienen más apagado.

Lorito de espalda roja lutino.

Lorito de espalda roja hembra de color verde claro pastel.

Lorito de espalda roja hembra

Lorito de espalda roja macho.

Lorito de espalda roja macho.

Lorito de espalda roja verde claro pastel.

Lorito de espalda roja variegado.

CARACTERÍSTICAS SOCIALES

Estos pájaros se tienen mejor como una pareja. Mantenerlos en grupos está condenado al fracaso debido a la naturaleza agresiva de estos pájaros.

HÁBITAT ADECUADO

A los loritos de espalda roja les gusta mucho volar y no deben por consiguiente ser alojados en un espacio limitado. Se recomienda que el aviario de vuelo debe tener por lo menos 3 metros de largo (el ancho es menos importante). Sin embargo, será posible acomodarlo, por un corto período de tiempo, en una jaula espaciosa.

TEMPERATURA AMBIENTE

Si estos pájaros tienen acceso a un refugio bien aislado y a un aviario de vuelo exterior en una localización protegida, no necesitará tomar medidas extra para pasar los meses de invierno.

ALIMENTACIÓN

Es preciso dar a estos pájaros una buena combinación de semillas para pericos grandes, complementada con cantidades pequeñas de alimentos vegetales verdes y de mijo italiano. Durante la época de cría, a estos pájaros les gusta comer preparado de huevo. Una mezcla de gravilla debe estar siempre a la disposición de estos pájaros, para que puedan comer toda la que deseen.

Lorito de espalda roja verde oliva.

roja con diferentes tonalidades de verde, azul, canela, lutino y variegado, de los cuales alguno de estos pájaros tiene también tonos pastel.

INFORMACIÓN ADICIONAL

Los loritos de espalda roja son unos padres adoptivos reconocidos. No dudan en incubar y cuidar los huevos y los pollos de otros pericos australianos similares.

Psephotus varius

LORITO MULGA

DISTRIBUCIÓN

El interior de Australia.

TAMAÑO

Entre 26 y 29 centímetros.

DIFERENCIAS ENTRE LOS SEXOS

La diferencia entre los pájaros adultos es obvia. El macho tiene realmente colores mucho más intensos que la hembra.

CARACTERÍSTICAS SOCIALES

Es mejor mantener estos loros en parejas, dado que pueden resultar intolerantes entre sí, parti-

Lorito mulga macho.

ACTIVIDADES

Estas aves tan populares son por lo general pájaros tranquilos que cantan melodiosamente, provocando que se les llame en Alemania periquitos cantores.

CRÍA

Estos pájaros son unos de los periquitos más fáciles de criar. A menudo producen más de una nidada por temporada. No deberá, por consiguiente, tener mayores problemas a la hora de criarlos. Una caja-nido adecuada deberá tener un diámetro de por lo menos 20 centímetros y una altura de unos 35 centímetros aproximadamente. Estos pájaros normalmente no construyen un nido. Puede forrar el fondo de la caja-nido con una capa de serrín humedecido. Como media, ponen entre cuatro y seis huevos, que la hembra incuba durante dieciocho a veinte días. El emplumado tiene lugar cuando los polluelos tienen cuatro semanas y son alimentados y cuidados por un tiempo hasta que son capaces de cuidarse por sí mismos. Una vez que ya son independientes, su presencia no es normalmente tolerada por el macho, debiéndose retirar antes de que puedan ser agredidos.

MUTACIONES

Además de las mutaciones pastel y amarillo, hay también mutaciones de estos loritos de espalda

Lorito mulga macho.

Lorito mulga hembra.

cularmente durante la época de cría. Se llevan bien con otras especies grandes de pericos.

HÁBITAT ADECUADO

Como quiera que a estos pájaros les gusta mucho volar, es mejor alojarlos en un aviario de vuelo alargado. Si situamos las perchas alejadas unas de otras, podremos estimular el que los pájaros estén en buena forma física.

TEMPERATURA AMBIENTE

Esta especie de pájaro es bastante dura y puede ser mantenida en el exterior durante el invierno sin que los problemas crezcan. Una pajarera puesta en un lugar protegido, y por supuesto, a prueba de heladas, es esencial. No obstante, en inviernos de condiciones normales, no será necesaria calefacción adicional.

ALIMENTACIÓN

Puede alimentar a estos pájaros con una mezcla de semillas apta para periquitos grandes, complementada, entre otras cosas, con preparado de huevo. También disfrutan con trozos de fruta, alimentos verdes y vegetales. Deberá haber siempre suficiente mezcla de gravilla, de modo que los pájaros tomen cuanta precisen.

ACTIVIDADES

A los loritos mulga les gusta volar y moverse. Requieren un entorno vital pacífico, si queremos criarlos con éxito. Les gusta andar por el suelo de la pajarera en busca de comida.

CRÍA

Si desea criar con una pareja de loritos mulga, es preciso llevar los pájaros a un alojamiento separado. El lorito mulga es un pájaro productivo y el número medio de huevos que producen es entre cinco y siete. Los huevos son incubados por la hembra durante veinte días. Los pollos son alimentados por ambos padres y el emplumado tiene lugar cuando tienen entre veintiocho y treinta y cinco días. Unas pocas semanas después serán capaces de valerse por sí mismos. Quite de la pajarera a los ejemplares jóvenes que ya se defiendan solos, porque con frecuencia ya no serán aceptados por los padres a partir de ese momento.

Aprosmictus erythropterus

COTORRITA DE ALAS ROJAS

DISTRIBUCIÓN

Australia.

TAMAÑO

Entre 32 y 35 centímetros.

DIFERENCIACIÓN ENTRE LOS SEXOS

Los machos de esta especie son claramente reconocibles debido a sus colores más brillantes y a sus manchas mejor definidas. Sobre todo, tienen la cabeza de un verde más intenso y una coloración roja más brillante en las alas.

CARACTERÍSTICAS SOCIALES

Las cotorritas de alas rojas no son los pájaros más gregarios. Se mantienen mejor como una pareja en un aviario de vuelo aparte. Particularmente durante la época de cría los machos pueden volverse extremadamente intolerantes o agresivos hacia los otros pájaros.

HÁBITAT ADECUADO

Esta especie puede vivir mejor en un aviario de vuelo espacioso, largo, pero no necesariamente muy ancho. A estos pájaros les gusta mucho volar, y debemos darles la oportunidad de hacerlo. Por otra parte, estos animales no son realmente destructivos y, por lo general, respeta las plantas que pueda haber en el aviario.

TEMPERATURA AMBIENTE

Las cotorritas de alas rojas son unos pájaros resistentes que se adaptan perfectamente a la vida en un clima moderado. Si disponen de un refugio sin humedad no deberán presentarse problemas durante los meses de invierno, siendo raro que la calefacción se haga necesaria.

ALIMENTACIÓN

Los pájaros pueden ser alimentados con una dieta básica a base de mezcla de semillas para loros grandes, complementada con un poco de fruta, bayas y concentrados. Como en todos los granívoros, deben tener a su disposición tanta gravilla como necesiten.

ACTIVIDADES

Estos pájaros apenas se pueden ver en el suelo de la pajarera. Les gusta volar y no son destructivos.

CRÍA

Si se propone criar estos pájaros, es importante adquirir una pareja que se lleve bien entre sí. Las cotorritas de alas rojas son en general bastante quisquillosas con su pareja. Los machos

Macho de cotorrita de alas rojas.

Hembra de cotorrita de alas rojas.

sólo llegan a la madurez sexual cuando tienen entre dos años y medio y tres años de edad. Las hembras pueden ser fértiles algo antes. Para anidar, prefieren el agujero de un tocón de árbol. El diámetro debe tener por lo menos 20 centímetros. Los pájaros suelen preferir una caja-nido bien profunda, de un metro o más de profundidad. Diez centímetros bastarán par el agujero de entrada. Las cotorritas no construyen nidos. Si les deja a su alcance algo de madera podrida, en el suelo de la caja-nido, los pájaros la roerán hasta dejarla reducida a trozos pequeños, usándola como lecho sobre el cual depositará los huevos. La media de huevos que ponen oscila entre dos y cuatro. Son incubados por la hembra durante dieciocho días. Después de que los pollos hayan salido del huevo, son alimentados en exclusiva por la hembra hasta que tengan alrededor de cinco o seis semanas. Después, el macho echará una mano. Un mes después de emplumar, el pollo puede cuidarse por sí mismo. El color de los pollos es entonces muy parecido al de sus madres. La plenitud de su plumaje adulto puede tardar un año y medio.

DETALLES ADICIONALES

Si son cuidados adecuadamente, estos pájaros pueden llegar hasta una edad muy avanzada, superando frecuentemente los treinta años.

Macho de cotorrita de alas rojas.

Neophema bourkii

PERIQUITO DE BOURKE

DISTRIBUCIÓN
Australia del Centro y del Sur.

TAMAÑO
Aproximadamente 23 centímetros.

DIFERENCIACIÓN ENTRE SEXOS
La hembra es normalmente algo más pequeña que el macho, teniendo asimismo la cabeza algo menor. En el caso de los pájaros con plumaje natural, la hembra también es reconocible por la ausencia de plumaje azul en la frente o con uno menos destacado.

CARACTERÍSTICAS SOCIALES
El periquito de Bourke es un pájaro muy gregario y extremadamente tolerante, que no le causará problemas, incluso si se aloja junto al más pequeño y delicado de los pájaros tropicales durante la temporada de cría. Los periquitos de Bourke deben ser instalados como pareja única, ya que el alojamiento de varias parejas en el mismo espacio no suele producir resultados satisfactorios. Es también perfectamente posible mantener un único ejemplar, siempre que le prestemos la atención suficiente.

HÁBITAT ADECUADO
Los periquitos de Bourke pueden ser mantenidos en un aviario exterior o incluso en una jaula espaciosa. También es recomendable un aviario de vuelo de gran tamaño. Los pájaros no son destructivos, pudiendo llenar con plantas la pajarera. También se puede instalar al periquito de Bourke en una jaula espaciosa de interior. Sin embargo, respecto a la falta de espacio, los pájaros deben poder en todo caso extender sus alas fuera de la jaula de vez en cuando.

TEMPERATURA AMBIENTE
Los periquitos de Bourke son pájaros duros y pueden sobrevivir al invierno si tienen acceso a un refugio nocturno a prueba de heladas. Por lo general no es necesaria calefacción extra.

ALIMENTACIÓN
Estos pájaros pueden ser alimentados con una dieta básica que comprenda una mezcla especial de semillas apropiada para los periquitos. Además, les gusta tomar pequeñas cantidades de preparado de huevo especial para periquitos, sobre todo durante la temporada de cría. Puede darle de vez en cuando algunas hierbas recién recolectadas, como por ejemplo pamplinas. No es preciso ser extremadamente generoso en este aspecto, ya que un exceso de alimentos vegetales

Periquito de Bourke amarillo.

Periquito de Bourke pastel.

Periquito de Bourke rosa.

Periquito de Bourke con su plumaje natural.

Periquito de Bourke asalmonado.

Periquito de Bourke leonado.

verdes conducirá irrevocablemente a problemas intestinales. Estos pájaros también deben tomar suficiente gravilla.

ACTIVIDADES

Los periquitos de Bourke son pájaros muy tranquilos que, si se adquieren cuando son jóvenes, aprenden sin problemas a confiar en su cuidador. Suelen desplazarse por la totalidad de la pajarera, y se les ve con frecuencia picoteando por la pajarera. En contraste con las demás especies de periquito, el periquito de Bourke no canta mucho. Cuando lo hace produce un melodioso, suave y muy agradable sonido. Tampoco tiene tendencia a roer las cosas hasta hacerlas pedazos. Estos pájaros se muestran también activos durante las horas del crepúsculo e incluso en las noches claras. Puede rociarlos de vez en cuando con un espray para plantas ultrafino, aunque esta especie casi nunca toma baños completos.

CRÍA

Los periquitos de Bourke son por lo general buenos pájaros de cría que se entregan devotamente al trabajo. La caja-nido debe tener una superficie de 20 por 20 centímetros y una altura entre 30 y 35 centímetros. El agujero de entrada debe tener unos 7 centímetros de diámetro. Los periquitos de Bourke no construyen nidos,

Periquito de Bourke isabelino.

INFORMACIÓN ADICIONAL

Su naturaleza agradable y gregaria, la forma con la que cuida de su prole y su resistencia hace de estos pájaros no demasiado exigentes unos animales ideales para los entusiastas criadores noveles.

Neophema pulchella

PERIQUITO DE EDWARDS

DISTRIBUCIÓN

Sudeste de Australia.

TAMAÑO

Entre 21 y 23 centímetros.

DIFERENCIACIÓN ENTRE LOS SEXOS

La diferencia entre los dos sexos de esta especie es fácil de ver. Las hembras no tienen la banda roja sobre el dorso; su parte de la cabeza de color azul es menor que en el caso de los machos, y su plumaje es generalmente menos pálido.

CARACTERÍSTICAS SOCIALES

Esta especie de periquito, llena de colorido, son muy tolerantes en relación con los otros pájaros, incluso en relación con otros pájaros que son

Periquito de Edwards hembra.

aunque les gusta dejar sus huevos sobre un mullido lecho, ligeramente humedecido. Con este fin, puede depositar algo de musgo enmohecido o de madera podrida y virutas dentro de la caja-nido. Pone entre tres y seis huevos, que son incubados por la hembra durante dieciocho o veinte días. El emplumado tiene lugar cuando los pollos tienen cuatro semanas, aunque han de ser alimentados durante otras dos semanas más, fundamentalmente por el macho. A menudo, la hembra estará ya implicada en producir otra nidada. Los periquitos de Bourke son pájaros razonablemente productivos. Si están en buena forma y reciben una dieta variada pueden sacar adelante dos o incluso tres nidadas por temporada. Los pollos obtienen su plumaje adulto después de ocho meses. Es mejor no separar los pájaros adultos que se llevan bien unos con otros. Estos pájaros a menudo forman parejas de por vida.

MUTACIONES

Han tenido lugar diversas mutaciones de color. Incluyen el amarillo, leonado, isabelino y pastel. Una de las mutaciones más frecuentes es el periquito de Bourke rosa, un pájaro muy atractivo con un plumaje intensamente rosado, y plumas azules en las alas, plegadas sobre el dorso.

Pareja de periquitos de Edwards.

Periquito de Edwards verde claro pastel.

Periquito de Edwards macho con el pecho rojo.

Periquito de Edwards verde claro pastel de pecho rojo.

Periquito de Edwards macho ópalo.

Periquito de Edwards verde oliva.

Periquito de Edwards hembra ópalo.

Periquito de Edwards amarillo variegado.

mucho más pequeños que ellos. Sin embargo, hay excepciones. Es mejor tenerlos por parejas, ya que si se encuentran varias parejas en el mismo espacio surgirán problemas. Puede mantener un solo ejemplar en la misma jaula, pero en ausencia de animales de la misma especie estos pájaros requieren mucha atención por parte del cuidador.

HÁBITAT ADECUADO

Estos periquitos pueden mantenerse en un aviario exterior, por ejemplo en un estrecho aviario de vuelo, en una pajarera de interior o en una pajarera espaciosa. Como quiera que a los pájaros les gusta volar de vez en cuando (no son trepadores) su alojamiento debe ser largo y alto. Puede poner plantas en el aviario, pero no son necesarias para el bienestar del pájaro.

TEMPERATURA AMBIENTE

Los periquitos de Edwards se han adaptado bien al clima europeo. Pueden vivir muy satisfactoriamente en una pajarera exterior, pero un refugio al abrigo de las corrientes y de las heladas será necesario. La calefacción, por el contrario, no es necesaria generalmente.

ALIMENTACIÓN

Puede alimentar a estos pájaros con una mezcla especial para periquitos, complementada de vez en cuando con mijo italiano y pequeñas cantidades de hierbas y fruta. Una mezcla de semillas para loros también puede servir. Durante el período de cría, les puede dar cantidades limitadas de preparado de huevo. No hace falta decir que una mezcla de gravilla debe estar disponible siempre.

ACTIVIDADES

Estos pájaros son por lo general muy pacíficos y emiten sonidos suaves y muy melodiosos. No está en su naturaleza el roer demasiado y se tratan con calma pueden volverse muy mansos y confiados.

CRÍA

Una adecuada caja-nido debe tener una superficie de suelo de 18 por 18 centímetros y una altura de entre 30 y 35 centímetros.
Los periquitos no construyen nidos, pero les gusta hacer la puesta de los huevos en un lecho suave y ligeramente humedecido. Para este fin, deberá colocar algunos trozos de turba y musgo, o de madera podrida y virutas dentro de la caja-nido. Los pájaros pondrán cuatro o cinco huevos, que serán incubados por la hembra entre dieciocho y veinticuatro días. Los pollos son alimentados con semillas y preparado de huevo. El emplumado tiene lugar transcurridas cuatro semanas. Después son alimentados, cada vez con menos intensidad, durante algún tiempo más. Cuando tienen entre siete y diez meses, los machos y las hembras pueden ser diferenciados, pero puede transcurrir otro año y medio antes de que adquieran su plumaje completo. Es mejor no separar a una pareja que ha criado junta, ya que estos pájaros, con frecuencia, forman parejas de por vida, y producen varias nidadas por temporada.

Neophema chrysostoma

PERIQUITO DE ALAS AZULADAS

DISTRIBUCIÓN

Sudeste de Australia, Tasmania e islas adyacentes.

TAMAÑO

Aproximadamente entre 22 y 24 centímetros.

DIFERENCIACIÓN ENTRE LOS LOS SEXOS

Cuando los pájaros de esta especie tienen seis o siete meses, los machos y las hembras son difíciles de distinguir. La banda sobre la frente de las hembras adultas es más estrecha.

CARACTERÍSTICAS SOCIALES

Los periquitos de alas azuladas son pájaros extremadamente tolerantes con los de su misma

Macho de periquito de alas azuladas.

Hembrá de periquito de alas azuladas.

especie, no acosando siquiera a los pájaros que son de menor tamaño que ellos. Sólo durante la época de cría los machos pueden convertirse en intolerantes hacia otros machos de la misma especie o hacia otros periquitos.

HÁBITAT ADECUADO

Deberá mantener preferiblemente estos pájaros en una pajarera exterior o interior. A los periquitos de alas azuladas les gusta volar. Su alojamiento deberá ser lo suficientemente grande como para permitirles hacerlo. Si lo desea puede alojar a estos animales en una jaula, pero en ese caso es muy importante que los pájaros puedan estirar sus alas fuera de la jaula.

TEMPERATURA AMBIENTE

Los periquitos de alas azuladas son pájaros bastante duros y si tienen acceso a un refugio abrigado, a salvo de las corrientes, no tendrá que adoptar medidas extra durante el invierno.

ALIMENTACIÓN

Este tipo de periquito de alas azuladas comen una mezcla de semillas adecuada para periquitos, o bien una combinación especial para loros. También les gusta tomar comida vegetal verde y fruta. Disfrutan incluso comiendo proteínas animales, en forma de insectos vivos y pasta de insectos y preparado de huevo, especialmente durante la época de cría. Como todos los animales predominantemente granívoros, los periquitos de alas azuladas necesitan una mezcla de gravilla. Deben tener siempre suficientes cantidades disponible en la pajarera o jaula, de manera que puedan comer cuanta necesiten.

ACTIVIDADES

Los periquitos de alas azuladas son normalmente unos pájaros muy pacíficos. No son nada ruidosos, no estando en su naturaleza roer demasiado. La mayoría de estos periquitos no son tímidos y si se les trata con mimo y con atenciones pueden llegar a ser muy mansos y confiados. Como en el caso de todos los *neophemas*, estos pájaros no son trepadores. Pasan mucho tiempo en el suelo de la pajarera, donde picotean en busca de comida.

CRÍA

En su hábitat natural, los periquitos de alas azuladas suelen criar en los agujeros de los árboles, pero en un aviario se les debe proporcionar una caja-nido bastante espaciosa. Una caja-nido adecuada es una con una superficie de aproximadamente 20 por 20 centímetros y una altura de 30 o 35 centímetros. Estos periquitos no construyen nidos, pero les gusta poner sus huevos sobre un suave lecho humedecido, como por ejemplo una capa de serrín o de musgo. Estos pájaros ponen entre cuatro y seis huevos, que son incubados exclusivamente por la hembra durante aproximadamente dieciocho o veintiún días. El macho da a la hembra comida durante este período. El emplumado tiene lugar transcurridas unas cuatro semanas. Los pollos deberán ser alimentados durante una temporada, tanto por la hembra como por el macho, y de forma decreciente, durante unas semanas más. Es mejor no separar a las parejas de periquitos de alas azuladas. Incluso después de la época de cría permanecen muy unidos, constituyendo parejas de por vida. Si están en buena forma, pueden llegar a producir dos nidadas por temporada.

Neophema splendida

PERIQUITO ESPLÉNDIDO

DISTRIBUCIÓN

Sur de Australia.

TAMAÑO

Aproximadamente 24 centímetros.

DIFERENCIACIÓN ENTRE SEXOS

La diferencia entre los dos sexos es bastante obvia.

Periquito espléndido.

Periquito espléndido hembra con el pecho rojo.

Periquito espléndido con el pecho rojo.

Periquito espléndido verde mar.

Periquito espléndido macho azul y pecho blanco.

Periquito espléndido variegado.

Periquito espléndido hembra azul y pecho blanco.

Periquito espléndido azul canela.

CARACTERÍSTICAS SOCIALES

Estos pájaros tienen naturalezas extremadamente gregarias en su relación hacia los demás miembros de la pajarera, incluso en su relación con los pájaros más pequeños que ellos. Esta característica hace que estos pájaros resulten ideales para su alojamiento en aviarios mixtos.

HÁBITAT ADECUADO

El periquito espléndido puede ser instalado en pajareras interiores o en jaulas espaciosas. Como quiera que a estos pájaros les gusta volar, la jaula o la pajarera deben ser más largas que altas.

TEMPERATURA AMBIENTE

En su entorno natural, los periquitos espléndidos viven en regiones desérticas, aunque se han adaptado muy bien al clima europeo. Sin embargo, la pajarera debe estar situada en un lugar resguardado, y el refugio nocturno, desde luego, debe proteger de las heladas.

ALIMENTACIÓN

El periquito espléndido come una mezcla de semillas aptas para periquitos o para loros, complementadas con algo de preparado de huevo, especialmente durante la época de cría. También disfrutan con presas vivas y cantidades pequeñas de frutas y vegetales de vez en cuando. Deben tener siempre a su alcance hueso de sepia y gravilla, de modo que los pájaros puedan tomar cuanta precisen.

ACTIVIDADES

El periquito espléndido no destroza las cosas. Son pájaros fundamentalmente tranquilos que utilizan todas las zonas de la pajarera, pero que a menudo se desplazan por el suelo en busca de comida. No les gusta tener mucho ruido o escándalo cerca de su hábitat. Necesitan paz y tranquilidad. Si se les cuida bien, su domesticación puede ser muy completa.

CRÍA

Si quiere criar estos maravillosos pájaros, lo mejor es mantener separada una pareja en una jaula de cría o en un aviario. Una caja-nido adecuada deberá tener una superficie de suelo de aproximadamente 20 por 20 centímetros y una altura de entre 30 y 35 centímetros. Los periquitos espléndidos no construyen nidos. Deberá dejar algo de musgo enmohecido y de serrín en el fondo de la caja-nido para que sirva de lecho para la puesta de los huevos. Como media, ponen entre tres y seis huevos, que son incubados exclusivamente, por la hembra. Ésta apenas abandona el nido, siendo alimentada por el macho. Los huevos eclosionan transcurridas aproximadamente tres semanas. Durante este período el macho alimentará tanto a la hembra como a los pollos. El emplumado tiene lugar cuando los pollos tienen aproximadamente cuatro semanas. Hasta que los pájaros adquieren su definitivo plumaje pueden pasar dos años. Los machos a menudo tienen ya el pecho con la mancha roja característica cuando tienen tres meses. Es mejor no separar a una pareja de cría que se lleve bien, porque estos pájaros suelen formar parejas de por vida y pueden producir varias nidadas durante la temporada.

MUTACIONES

Hay varias mutaciones, incluyendo el canela y verde claro, el verde mar claro, el canela y verde mar y el verde mar claro con la mancha del pecho canela. Existen también una mutación de un atrac- tivo azul brillante y otra con el pecho blanco.

Neophema elegans

PERIQUITO ELEGANTE

DISTRIBUCIÓN

Australia.

Periquito elegante macho.

Periquito elegante hembra.

Periquito elegante leonado.

Periquito elegante isabelino.

TAMAÑO

Aproximadamente 26 centímetros.

DIFERENCIACIÓN ENTRE LOS SEXOS

Los machos tienen las plumas voladoras negras, mientras que la hembra las tiene grises. Los machos tienen en general un colorido más brillante que las hembras. Los machos también tienen una banda junto a los ojos más larga que las hembras.

CARACTERÍSTICAS SOCIALES

Los periquitos elegantes son conocidos por sus habilidades sociales en relación con los demás pájaros. Los ejemplares de esta especie pueden ser mantenidos en una pajarera mixta junto a otros pájaros, sin mayores problemas, incluso junto a aquellos que son mucho más pequeños que ellos. Lo mejor es tener una pareja de este tipo de periquitos, más que un grupo o un solo ejemplar.

HÁBITAT ADECUADO

Estos periquitos se mantienen mejor en una pajarera alargada. Les gusta volar de percha a percha y necesitan espacio para hacerlo. Si quiere tenerlos en una pajarera interior, podrá hacerlo siempre que los pájaros tengan espacio

Periquito elegante verdoso.

Periquito elegante lutino.

para estirar las ala. Si quiere, podrá añadir plantas a la pajarera, aunque no son necesarias para el bienestar de los pájaros. En cualquier caso, no las roerán.

TEMPERATURA AMBIENTE

Puede dejar a estos pájaros en una pajarera exterior durante el invierno, pero deberá estar situada en un lugar resguardado y contar con un refugio nocturno a salvo de heladas.

ALIMENTACIÓN

Estos pájaros toman mezclas de semillas adecuadas para periquitos. También pueden tomar combinaciones de semillas especiales para loros de mayor tamaño. Además, se les debe proporcionar mijo italiano de vez en cuando. Durante la temporada de cría, les puede dar preparado de huevo y pequeñas cantidades de alimento vegetal verde (pamplinas). También deben tener a su disposición la gravilla que precisen.

ACTIVIDADES

El periquito elegante es un pájaro muy tranquilo que produce sonidos muy agradables. Apenas roe y le gusta picotear en busca de comida por el suelo de la pajarera. No son trepadores y les gusta volar.

CRÍA

Esta especie de loro es fácil de criar. Ambos sexos están listos para la cría cuando tienen un año. Una caja-nido adecuada tendrá una superficie de 20 por 20 centímetros y una altura de entre 30 y 35 centímetros. Como es el caso en todos las especies de la familia de los periquitos, los periquitos elegantes no construyen nidos. Deberemos dejar algo de musgo humedecido o de serrín sobre el suelo de la caja-nido para que sirva de lecho para la puesta de los huevos. La hembra pone entre cuatro y seis huevos, que son incubados durante dieciocho o veinte días. Los pollos deberán ser alimentados por ambos padres. Después de cuatro semanas (a veces un poco más) tiene lugar el emplumado. Pueden transcurrir seis meses o más antes de que la diferenciación entre los ejemplares jóvenes de macho y de hembra sea apreciable. Una pareja bien avenida puede durar toda la vida y no debe ser separada tras la nidada. Una pareja de cría en buen estado puede producir varias nidadas al año.

MUTACIONES

Existen diferentes mutaciones de color, que incluyen el lutino, leonado, isabelino y variegado.

Aratinga solstitialis

ARATINGA SOLAR

DISTRIBUCIÓN

Venezuela, Guyana y Brasil.

TAMAÑO

Entre 29 y 31 centímetros.

DIFERENCIACIÓN ENTRE LOS SEXOS

Hay pocas diferencias entre los machos y las hembras de esta especie. A menudo, los machos son más grandes, pero éste es un método poco fiable de averiguar los sexos. La certeza sólo se puede obtener por medio de un examen endoscópico.

CARACTERÍSTICAS SOCIALES

La aratinga solar se debe tener en parejas. Puede resultar hostil hacia los demás pájaros, incluso respecto a los que son mayores en tamaño, aunque esta actitud se limite a los períodos de reproducción y cría.

HÁBITAT ADECUADO

Estos pájaros se deben tener preferiblemente en un aviario exterior o en una pajarera de vuelo con un refugio bien aislado. Es preciso asegurarse de que la tela metálica sea muy robusta, dado que estos pájaros tienen los picos verdaderamente fuertes, y en caso contrario no tardarían en perforar un hueco de salida en la instalación.

TEMPERATURA AMBIENTE

Si tiene intención de criar esta especie, es imprescindible que los pájaros cuenten con un refugio nocturno a prueba de heladas, para superar el invierno con buena salud. En el caso de que se den temperaturas muy bajas, o detecte que sus animales están sufriendo con el frío, será necesaria calefacción adicional.

ALIMENTACIÓN

Puede alimentar a estos pájaros con una dieta básica de mezcla de semillas adecuada para loros grandes, complementada durante la temporada de cría con pequeñas cantidades de preparado de huevo. Los pájaros toman también fruta y hierbas recién recolectadas. Con el fin de que tomen cuanto precisen, deben tener a su disposición toda la gravilla que precisen.

ACTIVIDADES

A la aratinga solar le gusta roer, así que debemos proporcionarle ramitas frescas de sauce, aunque tenemos que pensar que cualquier cosa en la pajarera que sea frágil sufrirá. Si tienen lugar acontecimientos que no son parte de la rutina diaria de estos pájaros (una inspección del nido, la presencia de extraños) se ponen a dar gritos. Aunque también en otras situaciones pueden llegar a armar mucho alboroto. Por consiguiente, no son unos

Aratinga solar.

pájaros adecuados para vivir en áreas residenciales densamente pobladas y tampoco para ser instalados en una jaula dentro de la casa. A la aratinga le gusta dormir en nidos. Con este objeto debemos instalar cajas-nidos colgantes en el aviario. Disfrutan también del baño. Deberá poner un cuenco de loza en el suelo del aviario y llenarlo todos los días con agua fresca.

CRÍA

Se debe instalar una caja-nido de madera fuerte, con una superficie de suelo de 25 por 25 centímetros. La altura deberá ser de unos 50 o 60 centímetros. Se recomienda reforzar la base, ya que estos pájaros son muy capaces de perforar en ella un agujero. Sabrá cuándo los pájaros están listos para la cría porque harán cambios en la caja-nido. Ponga algunas ramitas de sauce o de frutal (¡que no haya sido fumigado!) en la caja-nido de forma que pueda roerlo hasta desmenuzarlo. La hembra pondrá los huevos, por lo general alrededor de cuatro, sobre este lecho. La hembra asume la mayor responsabilidad en la incubación. Los pollos rompen el huevo transcurridos entre veinticinco y veintinueve días. Los pollos son alimentados por ambos padres y el emplumado tiene lugar al mes y medio o dos meses.

Aratinga solar.

Poicephalus senegalus

PAPAGAYO YOU YOU

DISTRIBUCIÓN
África Occidental.

TAMAÑO
Entre 23 y 24 centímetros.

DIFERENCIACIÓN ENTRE LOS SEXOS
Sólo un examen endoscópico hecho por un especialista veterinario puede aportar el 100% de certeza en relación con el sexo de estos pájaros.

CARACTERÍSTICAS SOCIALES
Estos pájaros deben ser preferiblemente mantenidos en parejas. Los ejemplares más mansos pueden también vivir sobre una percha en el salón, siempre que reciban la atención suficiente.

HÁBITAT ADECUADO
El papagayo you you puede ser mantenido tanto en una pajarera interior espaciosa como en una jaula de vuelo. Si se mantiene en el exterior, resulta imprescindible que cuenten con un refugio nocturno. La pajarera debe ser construida con materiales extremadamente robustos.

TEMPERATURA AMBIENTE
Si estos pájaros pueden acceder a un refugio nocturno bien aislado y libre de heladas, no hará falta calefacción en invierno.

ALIMENTACIÓN
Hay que dar a estos pájaros una dieta básica compuesta por una combinación de semillas apta para loros grandes. Puede complementarla con pequeñas cantidades de fruta. Durante la época de cría, se recomiendan aportaciones adicionales, tales como preparado de huevo. Y siempre deben tener a su alcance gravilla combinada.

Papagayo you you.

Papagayo you you.

ACTIVIDADES

Si uno de estos pájaros ha sido criado a mano o ha vivido en una sala de estar desde una edad muy temprana, puede llegar a ser bastante manso. Como en el caso de la mayoría de los loros grandes, estos pájaros pueden ser bastante ruidosos. Durante los meses de verano, disfrutan de una buena lluvia o siendo rociados con un espray. Los pájaros que viven en el interior deben ser duchados todos los días. Los papagayos you you cuentan con picos muy fuertes ante los que pocos materiales resisten.

CRÍA

Para criar estos pájaros tendrá que instalar por separado a las parejas. Es deseable que se dé una alta humedad y mucho calor, aunque no siempre resulta esencial. Prefieren criar en una caja-nido cerrada (por ejemplo una caja-nido de las llamadas naturales) con una superficie de suelo de 25 por 30 centímetros y una altura de 50 centímetros. Puede reforzar la base con madera dura para que los pájaros no la perforen. Los pájaros, con frecuencia, adaptan el agujero de entrada a sus propias necesidades. Debe aportarles materiales de anidamiento en forma de ramitas de sauce o ramas pequeñas de árboles frutales que no hayan sido fumigados. Los papagayos las desmenuzarán y sobre el lecho que resulte pondrán los huevos. Ponen una media de tres o cuatro huevos, a lo largo de varios días, como sucede con casi todos los periquitos. La hembra los incuba durante unos veintiocho días. El emplumado tiene lugar cuando los pollos tienen por lo menos dos meses y medio. Dos semanas después, la mayoría será razonablemente independiente y podrá ser separada de sus padres.

Eclectus roratus

ECLECTO

DISTRIBUCIÓN
Nueva Guinea y las islas Salomón, Molucas e islas adyacentes.

TAMAÑO
Entre 38 y 43 centímetros.

DIFERENCIACIÓN ENTRE LOS SEXOS
Hay pocas especies con una diferencia tan marcada entre los sexos. El macho, predominantemente verde, y la hembra, rojo purpúreo, parecen ser aves de distintas especies.

CARACTERÍSTICAS SOCIALES
Estos pájaros deben ser mantenidos en parejas, separados de los demás.

HÁBITAT ADECUADO
A estos pájaros soberbios les gusta volar y deben, por lo tanto, tener la posibilidad de hacerlo. En una jaula o en una pajarera demasiado pequeñas pronto ganarán peso. Lo ideal es que sean acomodados en un aviario exterior con una longitud de cinco metros y una anchura de

Eclecto macho.

Eclecto hembra.

un metro por lo menos. No hace falta decir que el material que se utilice deberá ser resistente a sus poderosos picos.

TEMPERATURA AMBIENTE

Este pájaro es duro y puede soportar el frío. Sin embargo, durante el invierno, será necesario contar con un refugio nocturno bien aislado.

ALIMENTACIÓN

Puede alimentar a estos pájaros con una mezcla de semillas adecuada para pericos grandes, complementada con algo de comida verde adicional, frutas, bayas, maíz cocido (disponible en las pajarerías) y escaramujos.

ACTIVIDADES

El eclecto es un pájaro bastante pacífico al que le gusta mucho volar. Tiene un grito penetrante, aunque no son unos grandes aulladores. Esta última circunstancia depende del entorno en el que estén. Disfrutan empapándose con la lluvia o duchándose con un espray de los que se usan para las plantas. El eclecto no es en realidad muy destructivo, pero las plantas de la pajarera no conservarán demasiado tiempo su aspecto original. Estos pájaros son muy inteligentes y se convertirán en animales muy mansos si se les trata con cuidado. Imitan las voces de las personas, aunque les costará más tiempo y esfuerzo que al papagayo gris, por ejemplo.

Dada la considerable diferencia de aspecto entre los dos sexos, no sorprende que, durante mucho tiempo, fueran consideradas especies distintas.

CRÍA

Una pareja de eclectos permanecerá junta de por vida. No es una buena idea separar a una pareja. Cuando se forma una pareja, deberá presentar a la hembra al macho de la pajarera y vigilar el encuentro, pues puede haber problemas. Cuando tienen tres o cuatro años, los pájaros tendrán ya la edad necesaria para criar. Es preciso poner a su disposición una caja-nido grande hecha de madera dura o un tocón de árbol perforado con una superficie de aproximadamente 30 por 30 centímetros y una altura de 60 centímetros aproximadamente. Los pájaros depositarán entre uno y tres huevos, con un máximo de seis días entre cada puesta. La hembra incubará los huevos durante un tiempo entre los veintiséis y los veintinueve días. Los pollos son alimentados en el nido por la hembra. Sólo después de que haya tenido lugar el emplumado –once o doce semanas– asumirá el macho la responsabilidad de su alimentación. Después de que hayan dejado el nido, los pollos siguen dependiendo de sus padres mucho tiempo. Estos pájaros son bastante sensibles a las molestias durante la temporada de cría. La paz, la tranquilidad y la rutina son muy importantes si quiere criarlos con éxito.

Lorito rosella.

Eclecto hembra.

Platycercus elegans

LORITO ROSELLA

DISTRIBUCIÓN

Sur y este de Australia.

TAMAÑO

Aproximadamente 33 y 36 centímetros.

DIFERENCIACIÓN ENTRE LOS SEXOS

Es muy difícil distinguir los machos de las hembras de esta especie. En general, la hembra es más pequeña y no tiene el pico y la cabeza tan grande como el macho.

CARACTERÍSTICAS SOCIALES

En la vida silvestre, los loritos rosella son pájaros gregarios. Fuera de la temporada de cría, viven en grupos. Sin embargo, en el entorno de un aviario lo mejor es mantener sólo una pareja, con el posible acompañamiento de especies no relacionadas.

HÁBITAT ADECUADO

El lorito rosella vive bastante bien en una pajarera exterior, pero también se adapta a una pajarera interior espaciosa. La instalación deberá ser lo suficientemente robusta como para resistir

Lorito rosella amarillo.

Lorito rosella.

Lorito rosella azul.

durante mucho tiempo las «atenciones» de sus poderosos picos.

TEMPERATURA AMBIENTE

Estos pájaros llenos de color son resistentes y pueden superar los inviernos sin mayores problemas, siempre que dispongan de un refugio nocturno a salvo de heladas.

ALIMENTACIÓN

Los loritos rosella comen una combinación de semillas adecuada para pericos grandes y también disfrutan con pequeñas cantidades de frutas, bayas y hierbas recién recolectadas. También deben disponer de una mezcla de gravilla, para que puedan tomar cuanta precisen.

ACTIVIDADES

Los loritos rosella son pájaros muy vivos y activos, a los que les gusta volar y trepar. Les gusta bañarse, sobre todo los meses de verano. Una ducha diaria es recomendable para los pájaros que viven en el interior. Si se manejan con cuidado pueden llegar a ser bastante mansos. Su canto es variado y bastante agradable. Estos pájaros no son aulladores pero les gusta mucho roer objetos.

Un pollo de lorito rosella con las manchas verdes características.

CRÍA

Los loritos rosella son bastante fáciles de criar. Es mejor acomodar a una pareja en una pajarera aparte y proporcionarles una caja-nido con una superficie de 30 por 30 centímetros y una altura de aproximadamente 50 centímetros. El macho corteja a la hembra exhibiéndose. Cuando lo vea hacer esto, deberá observar cuidadosamente para comprobar si la hembra responde a esta exhibición. Si no lo hace, es mejor separar a la pareja durante un tiempo, pues hay posibilidades de que el macho actúe con mucha agresividad respecto a la hembra, algo que puede llegar a tener muy serias consecuencias. El número medio de huevos, de color blanco, es de entre cuatro y seis. Son incubados por la hembra durante veintiún días. Ambos padres asumen la alimentación de los pollos. Cuando tienen cinco semanas tiene lugar el emplumado. Los padres continúan alimentandoles hasta que tienen ocho semanas. En este momento, los pollos no tienen el mismo plumaje que cuando son adultos y son predominantemente de color verde. Adquieren el plumaje definitivo cuando tienen aproximadamente un año y medio.

MUTACIONES

Han sido observadas diversas mutaciones en este pájaro. Una variedad particularmente atractiva es el lorito rosella azul. Son menos conocidas las mutaciones amarilla y canela.

Platycercus eximius

PERICO ORIENTAL

DISTRIBUCIÓN
Sudeste de Australia.

TAMAÑO
Entre 29 y 33 centímetros.

DIFERENCIACIÓN ENTRE LOS SEXOS
No resulta fácil separar los machos de las hembras. Las hembras de esta especie son a menudo más apagados de color, teniendo en ocasiones el pico más pequeño. Además, tienen unas plumas de color claro alrededor de los ojos.

CARACTERÍSTICAS SOCIALES
Es mejor mantener a estos pájaros como una pareja. Los machos, en particular, pueden ser más bien intolerantes entre sí, pudiendo llegar, si tienen la oportunidad, a herirse recíprocamente con la tela metálica de la pajarera. De forma parecida a las especies que hemos estudiado anteriormente, lo

Perico oriental rojo.

Perico oriental macho. *Perico oriental hembra.*

mejor es no mantener a éstas junto a otras parecidas. Con respecto a las demás razas, se suelen llevar bien, siempre que no sean demasiado frágiles o pequeñas, y halla suficiente espacio disponible.

HÁBITAT ADECUADO

Estos pájaros deben ser mantenidos preferiblemente en un aviario exterior con al menos 2 metros de largo por 80 centímetros de ancho. A veces se tienen ejemplares aislados en jaulas de interior. Es perfectamente posible, siempre que los pájaros tengan la ocasión de estirar las alas fuera de la jaula.
A estos animales les gusta roer y no tiene mucho sentido poner plantas en la pajarera.

TEMPERATURA AMBIENTE

El perico oriental es una especie resistente al frío y por ello no hace falta contar con calefacción durante el invierno, siempre que los pájaros tengan acceso a un refugio libre de heladas.

ALIMENTACIÓN

Estos pájaros pueden ser alimentados con una mezcla de semillas adecuada para pericos grandes, complementada con pequeñas cantidades de comida vegetal verde. Siempre tiene que tener disponible, por supuesto, algo de gravilla.

Perico oriental de alas blancas.

Perico oriental lutino.

Perico oriental pastel.

Perico oriental rubino.

ACTIVIDADES

Estos pericos pueden llegar a ser bastante ruidosos si se les asusta. También es capaz de producir todo un catálogo de sonidos no del todo desagradables. Son pájaros activos a los que les gusta bañarse en los días cálidos. Si el pájaro se mantiene en interiores puede ser rociado cada día con un espray para plantas. Si se le maneja con cuidado, los pollos pueden llegar a ser muy mansos. Pueden encontrarse en todas las zonas de la pajarera, y también en el suelo, donde picotean en busca de comida.

CRÍA

La cría de los polluelos suele ser una tarea asequible, siempre que los padres se lleven bien y tengan al menos la edad de un año y medio cuando producen la primera nidada. Una caja-nido adecuada es aquella que cuenta con una superficie de aproximadamente 25 por 25 centímetros y una altura de unos 45 centímetros. La hembra pone cinco huevos blancos como media, que incubará ella misma entre diecinueve y veintiún días. Durante los primeros días tras la eclosión, los pollos son alimentados por la hembra. Cuando son un poco mayores el macho echa también una mano. El emplumado tiene lugar cuando los pollos tienen cuatro o cinco semanas y son alimentados y cuidados por los padres durante algunas semanas más, hasta que se pueden cuidar por sí mismos. Puede tardar un año hasta que los pájaros adquieren su plumaje completo.

MUTACIONES

Existen distintas mutaciones, que incluyen el lutino, el pastel, el rojo y las mutaciónes de alas blancas y la de color canela.

Platycercus icterotis

PERICO DE STANLEY

DISTRIBUCIÓN

Sudoeste de Australia.

TAMAÑO

Entre 26 y 28 centímetros.

DIFERENCIACIÓN ENTRE LOS SEXOS

La diferencia entre el macho y la hembra del perico de Stanley resulta fácil de apreciar. El macho tiene colores más brillantes que la hembra y ella es, frecuentemente, más pequeña. Los machos tienen en las mejillas unas llamativas manchas de color amarillo brillante, mientras que las de las hembras son más apagadas.

CARACTERÍSTICAS SOCIALES

Aunque las más pequeñas especies de pericos viven en libertad formando pequeños grupos, no siempre resulta una buena idea mantenerlos así en la pajarera. Lo mejor es tener una sola pareja, sobre todo en la temporada de cría y reproducción.

HÁBITAT ADECUADO

Un aviario de vuelo con una anchura de al menos 80 centímetros y una longitud de por lo menos dos metros es suficiente para una pareja de este tipo de pájaros. Si intenta mantener a un ejemplar manso en una jaula de interior, asegúrese de que el animal tenga ocasión de estirar sus alas fuera de la jaula todos los días.

TEMPERATURA AMBIENTE

Estos pájaros australianos son duros y pueden sobrevivir en invierno sin problemas. Deben, sin embargo, disponer de un refugio al resguardo de heladas.

ALIMENTACIÓN

Los pericos de Stanley comen una mezcla de semillas idónea para pericos grandes. Puede ser complementada con pequeñas cantidades de hierbas y frutas. Durante la temporada de reproducción y cría, los pollos toman insectos pequeños y blandos.

Perico de Stanley.

Perico de Stanley.

ACTIVIDADES

Estos pájaros son atrevidos, inquisitivos y muy vivaces. Emiten sonidos agradables y no son demasiado aulladores. Como en el caso de casi todos los pericos grandes y de los loros, estos animales pueden ser amansados a una edad muy temprana, pero si sólo se tiene un único ejemplar requerirá mucha atención por parte de su cuidador.

CRÍA

Tendrá las mejores ocasiones de críar con éxito estos pájaros si acomoda una pareja (compuesta por ejemplares de al menos un año y medio) a su aire en un aviario de vuelo separado. La hembra puede ser muy exigente y quisquillosa en relación con su lugar de anidamiento y por esa razón deberemos colgar muchas cajas-nido en diferentes lugares dentro de la pajarera. Una caja-nido adecuada tendrá una superficie de suelo de aproximadamente 25 por 25 centímetros. Es preciso poner una capa espesa de madera podrida o de musgo sobre el suelo de la caja-nido. La hembra pone entre cuatro y cinco huevos que incuba durante dieciocho o veinte días. Los pollos de perico de Stanley disfrutan comiendo pequeñas cantidades de presas vivas y algo de preparado universal para pájaros y de preparado de huevo. El emplumado tiene lugar transcurridas cuatro o cinco semanas y los pollos, entonces, son todavía cuidados y alimentados, cada vez con menor dedicación, principalmente por el macho, durante al menos dos semanas adicionales.

Platycercus flaveolus

ROSELLA AMARILLA

DISTRIBUCIÓN

Sudeste de Australia, fundamentalmente en regiones interiores.

TAMAÑO

Entre 31 y 34 centímetros.

DIFERENCIACIÓN ENTRE LOS SEXOS

Los machos son de mayor tamaño que las hembras.

CARACTERÍSTICAS SOCIALES

Estos pájaros se mantienen mejor como parejas singulares. Los machos causan problemas a menudo si se mantienen junto a otros pájaros de la misma especie o con otros pericos grandes. Sin embargo, la mayoría se lleva bien con otras especies, siempre que cuenten con espacio suficiente.

Perico de Stanley hembra.

Rosella amarilla.

Rosella amarilla.

HÁBITAT ADECUADO

Estos pájaros pueden tenerse en una pajarera exterior con una longitud mínima de dos metros y un ancho de 80 centímetros.

TEMPERATURA AMBIENTE

La rosella amarilla es una especie que aguanta bien nuestro clima. Deben contar con un refugio a salvo de heladas durante el invierno.

ALIMENTACIÓN

Los pájaros pueden recibir una dieta básica que contenga una mezcla de semillas adecuada para pericos grandes, que podremos complementar con pequeñas cantidades de fruta, bayas y hierbas. Han de tener también acceso a una combinación de partículas de gravilla en todo momento, de modo que puedan tomar cuanta necesiten.

ACTIVIDADES

La rosella amarilla es una especie vivaz e inteligente, capaz de trepar y de volar. Se puede encontrar a menudo a estos pájaros en el suelo de la pajarera picoteando en busca de alimento. En los días cálidos de verano deben tener agua fresca para tomar baños. Tienen un canto agradable.

CRÍA

Si se dispone a criar rosellas amarillas, deberá instalar una pareja en un aviario aparte. La caja-nido deberá tener una superficie de 25 por 25 centímetros o más y una altura de por lo menos 45 centímetros. La hembra pone entre cuatro y seis huevos, que incuba durante no más de tres semanas. El emplumado tiene lugar cuando los pollos tienen cinco semanas y adquieren su plumaje adulto a los dieciséis meses.

Agapornis roseicollis

INSEPARABLE DE CARA DE MELOCOTÓN

DISTRIBUCIÓN

África del Sudoeste.

TAMAÑO

Entre 16 y 17 centímetros.

DIFERENCIACIÓN ENTRE LOS SEXOS

A primera vista, no parece haber diferencias entre los sexos. Un criador experto puede apreciar la diferencia entre los huesos de la pelvis, que están más separados entre las hembras de la especie.

CARACTERÍSTICAS SOCIALES

Estos pájaros se llevan bien entre sí. Ocasionalmente se enredan en alguna trifulca, pero casi nunca son serias. Pueden mantenerse junto a

Los ejemplares jóvenes de inseparable de cara de melocotón tienen los picos parcialmente negros.

Inseparable con cara de melocotón; plumaje natural. *Inseparable con cara de melocotón con máscara blanca.*

Inseparable con cara de melocotón verde claro. *Inseparable con cara de melocotón variegado.*

Inseparable con cara de melocotón isabelino.

Inseparable con cara de melocotón de cabeza naranja.

Inseparable de cara de melocotón leonado.

otras especies enérgicas de periquitos. Sin embargo, las especies más pequeñas y delicadas de pájaros no deben juntarse con los inseparables de cara de melocotón en la misma pajarera. Pueden tenerse ejemplares individuales siempre que reciban la suficiente atención. Puede mantener dos pájaros, cualquiera que sea su sexo, en una jaula sin mayores problemas. Sin embargo, no deberá introducir de repente un nuevo ejemplar en una jaula que ya tenga anteriormente un único pájaro. El nuevo ejemplar será percibido como un extraño y tratado como tal. Lo mejor es mantener ambos pájaros en instalaciones separadas o bien dejar que se vayan acostumbrando el uno al otro poco a poco durante un tiempo, situando las jaulas cerca la una de la otra.

HÁBITAT ADECUADO

Estos pájaros, que durante los años recientes se han transformado en una de las más populares clases de pájaros de jaula, pueden tenerse tanto en una jaula como en una pajarera interior o exterior. No importa si la jaula o la pajarera es más alta que larga o viceversa. Sin embargo, la jaula o la pajarera deberán estar construidas con materiales robustos y ser resistente a los poderosos picos de los pájaros. No tiene mucho sentido poner plantas en la pajarera ya que los pájaros podrían reducirlas a trocitos en muy poco tiempo.

Inseparable de cara de melocotón amarillo, ojos negros.

Inseparable de cara de melocotón pastel.

TEMPERATURA AMBIENTE

Los inseparables de cara de melocotón son pájaros fuertes que no requieren ningún tipo de calefacción si se mantienen durante el invierno en una pajarera exterior. Sin embargo, deben tener acceso a un refugio nocturno a salvo de heladas. Deberá proporcionarles también una caja-nido donde pasar la noche, para que la utilicen cuando tengan frío.

ALIMENTACIÓN

Hay que dar a estos animales una mezcla de semillas apta para inseparables, que pueda ser complementada con pequeñas cantidades de frutas, bayas, comida vegetal verde y mijo italiano. Durante la época de cría, les gusta comer cantidades pequeñas de preparado de huevo, debiendo tener acceso a una mezcla de gravilla.

ACTIVIDADES

Estos pequeños y robustos pájaros, llenos de colorido, con sus colas cortas, siempre parecen ocupados haciendo alguna cosa. Son vivaces y enérgicos y hacen uso de todas las zonas de la pajarera o de la jaula. A los pájaros de jaula les encanta tener algo en qué ocuparse, sobre todo si se mantienen como ejemplares únicos. Existen muchos juguetes que pueden ser comprados en las tiendas de animales. Debe comprobar que todo lo que compre sea lo suficientemente resistente, ya que estos pájaros tienen los picos muy fuertes. Los inseparables de cara de melocotón son bastante ruidosos y su sonido es penetrante. Disfrutan bañándose y los pájaros que son mantenidos en el interior deben tener la oportunidad de tomar un baño o ser rociados con un espray para plantas ultrafino. Los inseparables de cara de melocotón son voladores muy competentes a los que les gusta mucho ir y venir por la instalación.

CRÍA

Los inseparables de cara de melocotón son bastante fáciles de criar. Sin embargo, emparejar a estos pájaros puede resultar algo dificultoso, ya que ambos sexos son muy parecidos. Es mejor no intentar la cría con ejemplares menores de un año. Al contrario que la mayoría de los otros periquitos, estos pájaros hacen nidos, utilizando ramitas que desmenuzan con el pico. La hembra pone entre tres y cinco huevos, incubándolos ella misma durante dieciocho o veinte días. El emplumado tiene lugar al menos un mes o un mes y medio después de la eclosión de los huevos. Los ejemplares muy jóvenes de esta especie son reconocibles a causa de sus picos, parcialmente negros. Los inseparables de cara de melocotón pueden producir varias nidadas por año.

MUTACIONES

Existen muchas mutaciones de esta especie. De hecho, las mutaciones son tan populares que es difícil encontrar un ejemplar con el plumaje puramente natural. Una de las más coloristas mutaciones es la variedad con la cabeza anaranjada. También se dan los pájaros de color más claro u oscuro, de color aceituna y verde mar (claro u oscuro) a menudo en combinación con unas máscaras muy características de color blanco, canela o isabelino. Para terminar, hay también pájaros amarillos con los ojos oscuros, lutinos (amarillos con los ojos rojos) y variegados.

Agapornis personata

INSEPARABLE DE ANTEOJOS

DISTRIBUCIÓN
Tanzania.

TAMAÑO
Aproximadamente 15 o 16 centímetros.

DIFERENCIACIÓN ENTRE LOS SEXOS
No hay características externas que diferencien a los machos de las hembras. Un aficionado experto y entusiasta podrá apreciar la diferencia entre los huesos de la pelvis, que son más anchos en el caso de las hembras de la especie. En muchos casos, la hembra es un poco más grande que el macho.

CARACTERÍSTICAS SOCIALES
Cuando están juntos, los inseparables de anteojos son pájaros gregarios que podrá mantener en grupos sin mayores problemas. Puede adquirir una pareja y mantenerla en una jaula de interior espaciosa. Sin embargo, tendrá que tener cuidado si no compra a la vez a estos pájaros. Un ejemplar acostumbrado a la soledad no aceptará fácilmente un intruso.

HÁBITAT ADECUADO
Estos pájaros pueden mantenerse tanto en una pajarera de interior como exterior, o en una jaula de cría espaciosa. Aunque estos pájaros son voladores excelentes, también disfrutan revolviéndose y trepando. Puede, por consiguiente, mantenerlos en una jaula que sea más alta que ancha. En cualquier circunstancia la pajarera o jaula debe estar hecha de tela metálica extremadamente fuerte. No tiene mucho sentido situar plantas en la pajarera porque los pájaros la roerían hasta hacerlas pedazos en un santiamén.

TEMPERATURA AMBIENTE
No tendrá que tomar medidas adicionales en el

Inseparable de anteojos.

Inseparable de anteojos violeta.

Inseparable de anteojos pastel.

Inseparable de anteojos de dos coloraciones.

Inseparable de anteojos albino.

Inseparable de anteojos azul.

caso de pájaros mantenidos en el exterior en tanto que tengan acceso a un refugio nocturno a salvo de heladas.

ALIMENTACIÓN

Estos pájaros deben tomar alimentos especiales para inseparables, de buena marca, que podrá complementar con pequeñas cantidades de frutas y hierbas. Durante la época de cría, deberá darle complementos de preparado de huevo, debiendo tener siempre a su disposición mezcla de gravilla.

ACTIVIDADES

Estos pájaros son muy vivos y activos y utilizan todas las zonas de la pajarera o de la jaula. Les gusta bañarse en agua y el sonido que emite puede ser muy fuerte y penetrante.

CRÍA

Es mejor no poner a criar a estos pájaros antes de que tengan un año. Una caja-nido idónea ha de tener una superficie de suelo de 25 por 25 centímetros y una altura de 30 centímetros. Construyen un nido con todas clases de materiales. Pueden poner tres o cuatro huevos, que la hembra incubará durante dieciocho o veinte días. El emplumado tiene lugar una vez transcurridos cuarenta y cinco días aproximadamente. Un par de semanas después de que los pollos hayan emplumado, los padres pueden comenzar a actuar agresivamente hacia ellos, de modo que lo mejor es retirar a los pollos del nido. Estos pájaros pueden producir varias nidadas por año, pero deberá tener cuidado de no dejarles exhaustos tras la segunda nidada.

MUTACIONES

Hay una gran variedad de mutaciones. De forma similar a los inseparables de cara de melocotón, existen mutaciones de colores más claros, oscuros y de color verde oliva, así como malva, azul cielo y azul cobalto, a veces en combinación con los colores pastel. Para terminar, hay también lutinos (amarillos con los ojos rojos) y albinos (blancos con los ojos rojos).

Agapornis fischeri

INSEPARABLE DE FISHER

DISTRIBUCIÓN
Norte de Tanzania

TAMAÑO
Entre 14 y 15 centímetros.

Inseparable de Fisher con colores y marcas atractivos.

Inseparable de Fisher variegado.

Inseparable de Fisher lutino.

Inseparable de Fisher azul celeste.

DIFERENCIACIÓN ENTRE LOS SEXOS

Ambos sexos tienen la misma coloración. Las hembras son a menudo algo más grandes que los machos, pero no siempre es éste el caso. Un entusiasta experto puede ver la diferencia entre los huesos de la pelvis, que están más separados en el caso de las hembras de la especie.

CARACTERÍSTICAS SOCIALES

Puede mantener estos pájaros como una pareja, pero también en un grupo pequeño. Aunque pueden darse algunas escaramuzas dentro del grupo, no tendrán nunca consecuencias serias en una pajarara espaciosa. Una pareja de pájaros puede ser también mantenida en una jaula, en una salita de estar, sin que sucedan mayores problemas. Sin embargo, deberá adquirir la pareja simultáneamente, ya que un pájaro solitario puede rechazar a un intruso, algo que podría tener consecuencias catastróficas.

HÁBITAT ADECUADO

Estos interesantes inseparables, llenos de color, pueden ser mantenidos en una jaula espaciosa o en una pajarera de interior o exterior. Los materiales utilizados para el alojamiento deberán ser lo suficientemente fuertes como para evitar que los pájaros lo perforen. Las proporciones de la jaula o de la pajarera no son tan importantes. Teniendo en cuenta cómo se las gastan con sus fuertes picos, no tiene mucho sentido llenar el aviario de plantas.

TEMPERATURA AMBIENTE

Son unos pájaros resistentes que pueden ser mantenidos en el exterior en invierno, siempre que tengan acceso a un refugio bien aislado.

ALIMENTACIÓN

Deberá alimentar a sus pájaros con una mezcla de semillas apta para inseparables, que pueda complementar de vez en cuando con pequeñas cantidades de fruta y de comida vegetal verde. Durante la temporada de cría, disfrutarán con algo de preparado de huevo o de suplementos dietéticos, debiendo tener siempre a mano algo de gravilla.

ACTIVIDADES

Los inseparables de Fisher son pájaros vivaces y muy ocupados que utilizan todos los espacios de la pajarera. Les gusta volar, aunque son igualmente felices trepando y revolviéndose. Un baño diario con agua resulta esencial, sobre todo durante los meses de verano. Los pájaros que se mantienen en el interior deben poder bañarse, incluso en invierno. Como a estos pájaros les gusta roer, deberá colgar ramitas de sauce o cuerda de cáñamo (disponibles en las pajarerías) en la jaula o pajarera.

CRÍA

Estos pájaros no deben ser utilizados para criar antes de que tengan un año. La caja-nido debe-

Inseparable de Fisher azul cobalto.

Debido a sus marcas y colorido sobrios, estos pájaros no captarán seguramente la mirada del público en las ferias.

rá ser cerrada y tener una superficie que mida 25 por 25 centímetros y una altura aproximada de 30 centímetros. Construyen nidos a partir de distintos materiales, como puedan ser las ramas desmenuzadas. Ponen entre tres y cinco huevos, que son incubados por la hembra entre dieciocho y veintidós días. El emplumado tiene lugar cuando los pollos tienen seis semanas y son alimentados y cuidados durante un tiempo más. Una vez que ya son independientes, hay riesgo de que sean rechazados por los padres, siendo mejor, llegados a ese punto, retirarlos. Como norma, las parejas en buena forma producirán varias nidadas por temporada. Para evitar que los pájaros queden exhaustos, debe retirar las instalaciones de anidamiento después de la segunda nidada. Los pollos de esta especie se reconocen por las raíces del pico de color negro y por tener a menudo en él un punto rojo.

MUTACIONES

Además de los ejemplares con el plumaje natural, hay muchas mutaciones de color, como el verde claro y el azul celeste, a veces en combinación con el pastel. El lutino (amarillo con los ojos rojos) también es otra mutación de esta especie.

Loricules galgulus

LORITO DE CORONA AZUL

DISTRIBUCIÓN
Indonesia, Tailandia y Malaysia.

TAMAÑO
Aproximadamente 13 centímetros.

DIFERENCIACIÓN ENTRE LOS SEXOS
Los machos de esta especie son reconocibles por las marcas azules sobre sus cabezas y por la marca roja de la garganta.

Lorito de corona azul hembra.

Lorito de corona azul macho.

CARACTERÍSTICAS SOCIALES
Estos pájaros son gregarios y disfrutan de la compañía de por lo menos otro pájaro de su misma especie. No es adecuado mantener estos pájaros en solitario. Se llevan bien con los otros pájaros si cuentan con espacio suficiente.

HÁBITAT ADECUADO
Durante los meses de verano puede mantener a estos pájaros en un aviario exterior. Pueden también ser mantenidos en una jaula espaciosa o en una pajarera de interior o exterior. Les gusta tener plantas alrededor y no están tentados a destrozarlas. Estos pájaros son menos adecuados para vivir en el entorno de una salita de estar, debido a los excrementos líquidos que producen y que encontrará sistemáticamente fuera de la jaula.

TEMPERATURA AMBIENTE
Los loritos de corona azul son pájaros que necesitan un entorno cálido y que pueden, por consiguiente, ser mantenidos en un aviario exterior durante el verano sin problemas. Sin embargo, es importante que la pajarera esté en un punto resguardado. Si la temperatura cae, los pájaros deberán ser pasados al interior.

ALIMENTACIÓN
Este periquito vive fundamentalmente a base de una dieta centrada en toda clase de fruta, y tam-

Lorito de corona azul macho.

bién se les puede dar pequeños insectos blandos y miel. Puede alimentarle también con arroz cocido, entre otras cosas, así como con preparado de huevo, frutas (higos, manzanas, bayas, plátanos, peras, etc.). Algunos ejemplares disfrutan con semillas reblandecidas. Podrá reblandecer las semillas empapándolas con agua antes de dárselas a los pájaros. También pueden comer preparados de huevo y trocitos de yemas cocidas.

CRÍA

Los loritos de corona azul no son los pájaros más fáciles de criar. Las denominadas cajas-nido cerradas son adecuadas, con una superficie de suelo de 20 por 20 y una altura de aproximadamente 25 centímetros. El pájaro no construye en realidad un nido, sino que cubre el suelo de la caja-nido con ramitas desmenuzadas. Las hembras ponen tres o cuatro huevos, que eclosionan tras dieciocho o veinte días de incubación. Cuando los jóvenes tienen un mes, empluman. Un poco después ya podrá determinar si son machos o hembras.

ACTIVIDADES

Los loritos de corona azul son unos interesantes y avispados pájaros, que hacen uso de todas las áreas del aviario. Les gusta volar, pero también sienten una gran atracción por trepar y pelear. Estas especies aprenden pronto a cuidar de sí mismas y son unas criaturas muy ruidosas. Uno de los inconvenicentes de tenerlos en casa es la cantidad de excrementos líquidos que producen, por lo que es difícil mantener limpia la pajarera o aviario.

INFORMACIÓN ADICIONAL

El lorito de corona azul también se conoce como periquito colgante porque duermen colgados de las ramas.

Melopsittacus undulatus

PERIQUITO

DISTRIBUCIÓN
Australia.

TAMAÑO
De 8 centímetros, dependiendo de la raza.

DIFERENCIACIÓN ENTRE LOS SEXOS

Los machos adultos de esta especie de *Melopsittacus undulatos* son reconocibles a causa

Periquito albino.

de su cera, o membrana que rodea la base del pico, de color azul. Las hembras, por el contrario, la tienen de color marrón.

CARACTERÍSTICAS SOCIALES

Los periquitos son pájaros extremadamente gregarios que pueden ser mantenidos en parejas o en grandes grupos sin problemas. Se llevan bien también con otras especies de pájaros. Los pájaros solitarios pueden volverse muy mansos si se adquieren a una edad temprana, aunque necesitan mucha atención.

HÁBITAT ADECUADO

Los periquitos pueden ser mantenidos en jaulas, en pajareras de interior, en jaulas de cría o en una pajarera exterior. No tiene sentido dotarlas con plantas, ya que por lo general las roen hasta despedazarlas y sería un gasto económico inútil. Les gusta trepar.

TEMPERATURA AMBIENTE

Los periquitos son animales robustos que pueden vivir en una pajarera exterior durante el invierno, siempre que puedan acceder a un refugio bien aislado.

ALIMENTACIÓN

Estos pájaros toman una dieta básica de combi-

Periquito con cresta.

Periquito canela.

Periquito albino.

Periquito lutino.

Periquito verde oscuro variegado.

Periquito variegado.

Periquito de alas grises.

Periquito azul celeste opalino.

Periquito verde.

Periquito claro.

Periquito violeta variegado.

Periquito violeta.

nación de semillas apta para periquitos, complementada con mijo italiano, pequeñas cantidades de fruta y vegetales. Disfrutan en especial con trocitos de manzana y pamplinas, debiendo tener siempre a su alcance una buena combinación de gravilla.

ACTIVIDADES

Los periquitos son muy probablemente los pájaros de jaula y pajarera más conocidos. Pueden volverse muy mansos y si tiene la suficiente paciencia aprenderán algunas palabras. Sin embargo, no todos estos pájaros son imitadores con talento. Los jóvenes llegan a amaestrarse muy bien, pero incluso si ya son ejemplares adultos, aprenderán a confiar en su cuidador. Estos pájaros emiten gorjeos y les gusta el baño. Aunque son buenos voladores, son también trepadores entusiastas. Si mantiene a un ejemplar solitario en una salita de estar, asegúrese de que tiene suficientes juguetes como para mantenerle ocupado.

CRÍA

Estos populares pájaros son bastante fáciles de criar, por ejemplo en jaulas de cría de unos sesenta centímetros de ancho.
No construyen nidos, existiendo cajas-nido especialmente diseñadas para periquitos que tie-

Periquito gris.

Periquito gris de cara amarilla.

Ejemplar joven de periquito.

nen un hueco en el fondo para evitar que los huevos salgan rodando, separándose los unos de los otros y, en consecuencia, quedándose sin incubar. La superficie del suelo de la caja-nido debe ser aproximadamente de 15 por 15, con 20 centímetros de alto. Un agujero de entrada de cuatro centímetros de diámetro será suficiente para un periquito medio. Ponen entre cuatro y seis huevos, que son incubados exclusivamente por la hembra durante dieciocho días. Una vez que el pollo haya roto el huevo será alimentado por los dos padres. Cuando los pollos tengan cuatro semanas, emplumarán. Aun así, los pollos no serán capaces de cuidarse por sí mismos, por lo que serán alimentados por los padres durante otra semana más. Después de tres o cuatro meses adquirirán su color definitivo. Los ejemplares jóvenes pueden ser reconocidos por su pico oscuro, su cera sin apenas pigmentación y por los ojos oscuros sin apenas blanco en el iris.

MUTACIONES

Colores
Bajo la influencia de las mutaciones de color y de las tareas de selección, han sido creados muchos colores y marcas durante todos los años que los periquitos han sido mantenidos en jaulas y pajareras. Estas mutaciones pueden ser diferenciadas, a grandes rasgos, en pigmentaciones normales y grasas. Los pájaros con pigmentación normal son aquellos que cuentan con marcas naturales. Los ejemplos incluyen los diferentes verdes (claro, oscuro, oliva y gris verdoso) y los pájaros de diferentes matices de azul (incluyendo el azul celeste y el azul cobalto). Entre las pigmentaciones normales se incluyen también el malva, el gris y el violeta. La categoría de pigmentaciones grasas, en la que se encuentran los pájaros sin marcas, incluyen tanto los albinos como los lutinos. Son, respectivamente, los pájaros blancos y amarillos que tienen los ojos rojos. Se dan también los periquitos amarillos y blancos con los ojos oscuros. También hay periquitos variegados, periquitos con marcas infrecuentes y periquitos cuyas marcas normales de color negro se han difuminado y son de un color diferente (pájaros con las alas grises y blancas y ejemplares de color canela). Para terminar, la cara amarilla también puede ser muy frecuente, pues estos periquitos tienen una máscara de color amarillo en vez de blanco.

Formas
Junto a los muy distintos colores en los periquitos, se dan también variaciones en la estructura del plumaje respecto a cómo son en la vida salvaje. Hay, por ejemplo, periquitos con cresta e incluso variedades que tienen el plumaje rizado. También hay diferentes variedades de pájaros con cresta, aunque lo que de verdad estos pájaros tienen en común es que no son muy abundantes.

INFORMACIÓN ADICIONAL

Los periquitos son pájaros muy corrientes y cualquier tienda de pájaros tendrá una buena variedad de colores. Si quiere criar estos pájaros, sin embargo, o si busca un ejemplar con marcas maravillosas o una forma particular o una coloración exclusiva, deberá ponerse en contacto con un club local especializado. Los miembros del club estarán encantados de darle la dirección de algún especialista reputado en la cría de estos ejemplares. Los clubs también organizan ferias periódicamente, abiertas al público. Una visita a estas fiestas le dará una idea de la diversidad de formas y colores y le permitirá ponerse en contacto con criadores.

Lorius domicellus

LORITO JARDINERO

DISTRIBUCIÓN

Las islas meridionales de las Molucas, Ambón y Ceram.

TAMAÑO

Aproximadamente 30 centímetros.

DIFERENCIACIÓN ENTRE LOS SEXOS

De un primer vistazo, ambos sexos parecen idénticos. Un especialista veterinario puede diferenciar los machos de las hembras por medio de un examen endoscópico o una investigación cromosómica.

CARACTERÍSTICAS SOCIALES

Debido a la agresividad de esta especie en relación a los otros pájaros, lo mejor es mantener separada una pareja de loritos jardineros.

HÁBITAT ADECUADO

Los loritos jardineros pueden vivir tanto en una pajarera exterior como en una interior. Debido a sus excrementos blandos, no se recomienda tenerlos en la sala de estar. Como quiera que son muy trepadores, su alojamiento ha de incluir un tronco de árbol con ramas laterales. A estos pájaros les gusta dormir en una caja-nido.

TEMPERATURA AMBIENTE

Los loritos jardineros son bastante robustos y resistentes, y si tienen acceso a un refugio nocturno durante el invierno, no necesitará tomar medidas extra.

ALIMENTACIÓN

En su entorno natural, los loritos jardineros comen sobre todo néctar, frutas, bayas, flores y polen. Comerán algunas semillas, tales como el mijo, la avena sin cáscara y trigo, aunque no siempre. Los entusiastas de la familia de los *lorius*, a la que pertenece esta especie, les dan su propia mezcla hecha de miel, azúcar, arroz cocido, pan blanco, comida infantil y toda clase de frutas y vegetales. Hoy exis-

Lorito jardinero.

Lorito jardinero.

ten mezclas especiales para los pájaros de esta familia, aunque desgraciadamente no siempre están disponibles en todas partes. Conviene, por consiguiente, preguntar en los almacenes grandes de distribución de alimentos para animales en relación con la disponibilidad de este tipo de comida.

ACTIVIDADES

Estos pájaros son inquisitivos y curiosos, muy vivaces, que se mantienen ocupados todo el día. Aprenden a confiar en su cuidador muy rápidamente, estando lejos de ser unos animales tímidos y asustadizos. Emiten sonidos muy fuertes que pueden escucharse en un radio muy amplio, lo que no siempre les conviene en mascotas muy populares entre los vecinos. Apenas dedican tiempo a estar en el suelo del aviario, ya que les gusta muchísimo trepar. También disfrutan mucho tomando baños de agua y debemos darles la posibilidad de hacerlo. Tienen el pico muy fuerte y les gusta roer las ramas de sauce y de frutales.

CRÍA

Los loritos jardineros prefieren un lugar natural para la cría, como pudiera ser un tocón de árbol con un agujero. Ponen entre uno y tres huevos, que la hembra incuba durante unos veinticinco días. El emplumado tiene lugar cuando los pollos tienen diez semanas. Son alimentados y cuidados, cada vez con menos intensidad, durante un tiempo adicional. Cuando los pollos se hacen independientes es mejor pasarlos a un alojamiento diferente, ya que los pájaros adultos pudieran no tolerarlos en el mismo entorno. Una pareja de cría en buena forma puede producir varias nidadas por temporada.

Trichoglossus haematodus

LORITO ARCOIRIS

DISTRIBUCIÓN
Australia.

TAMAÑO
Entre 28 y 31 centímetros.

DIFERENCIACIÓN ENTRE LOS SEXOS
A primera vista, no parece haber diferencias mayores entre los sexos. La certeza en este asunto sólo puede adquirirse por medio de un examen endoscópico o un análisis cromosómico, llevado a cabo por un especialista veterinario.

CARACTERÍSTICAS SOCIALES
Los loritos arcoiris se mantienen como una pareja individual en un alojamiento separado.

HÁBITAT
Una pajarera espaciosa, bien sea interior o exterior, es el alojamiento idóneo para estos loritos arcoiris. Debido a sus deposiciones blandas, no se recomienda que se mantenga en la sala de estar. Un árbol para trepar bien robusto le vendrá muy bien, pero no tiene sentido ponerle otras plantas. Un elemento estándar en la pajarera es una caja-nido bien resistente y fuerte, que es donde a estos pájaros les gusta dormir.

TEMPERATURA AMBIENTE
Estos pájaros llenos de color son bastante duros y pueden, por consiguiente, vivir perfectamente bien en una pajarera exterior con un refugio nocturno a resguardo de las heladas.

Pareja de loritos arcoiris.

Lorito arcoiris.

ALIMENTACIÓN

En la vida salvaje, los loritos arcoiris sólo comen néctar, fruta, flores y polen, y su aparato digestivo está adaptado a esta dieta. En ocasiones buscará ciertos tipos de semillas, principalmente las más suaves, aunque nunca constituirán el principal aporte de su dieta. Se están comercializando mezclas especiales para esta familia de pájaros, pero lamentablemente no están disponibles en muchos puntos de distribución.

ACTIVIDADES

El lorito arcoiris es un pájaro lleno de color y muy interesante. Son vivaces e inquisitivos y si están en compañía de su cuidador o cuidadora desde una edad temprana pronto serán muy dóciles. Algunos ejemplares aprenden a decir algunas palabras. Una desventaja clara de estos pájaros está en la fuerza de los sonidos que emite. Les gusta bañarse en agua y deberemos darles la oportunidad de hacerlo. También disfrutan trepando y royendo ramitas tiernas de sauce y de frutal.

CRÍA

Si quiere criar estos pájaros deberá darles un tocón con un hueco de al menos 30 centímetros y una altura de por lo menos 45 centímetros. Un agujero de entrada de al menos 8 centímetros será suficiente. Una capa gruesa de musgo puede servir como lecho para los huevos. La hembra pone

Lorito arcoiris.

e incuba entre uno y tres huevos, que eclosionan entre veintitrés y veintiséis días después. Los pollos son alimentados por los dos padres y el emplumado tiene lugar cuando tienen entre cincuenta y sesenta días. Por entonces no son capaces de cuidar de sí mismos y son alimentados y cuidados por los padres. Los pollos serán independientes treinta días después de dejar el nido. Llegado ese momento será mejor retirarlos de la instalación, ya que muchos pájaros adultos rechazan a su prole en ese momento. Si una pareja de pájaros se encuentra en buena forma, puede llegar a producir dos nidadas por temporada.

Eos bornea

LORITO DE LAS MOLUCAS

DISTRIBUCIÓN
Diferentes islas de Indonesia.

TAMAÑO
Entre 29 y 30 centímetros.

DIFERENCIACIÓN ENTRE LOS SEXOS
No se puede establecer la diferencia entre los machos y las hembras por su aspecto exterior. El sexo de los pájaros puede ser definitivamente determinado sólo mediante un examen cromosómico o endoscópico llevado a cabo por un especialista veterinario.

CARACTERÍSTICAS SOCIALES
Estos pájaros están mejor en pareja que en compañía de otros pájaros.

HÁBITAT ADECUADO
Los loritos de las Molucas se instalan de forma más adecuada en un aviario exterior espacioso conectado con un refugio nocturno a salvo de las heladas. Estos pájaros también se comportan mejor en una pajarera interior, pero debido a que producen grandes cantidades de deposiciones líquidas no son adecuados para ser tenidos como mascotas en la sala de estar. Deben contar con un árbol para trepar y con una caja-nido para dormir. Cualquier planta que instale en la pajarera será reducida a trocitos.

TEMPERATURA AMBIENTE
Si los pájaros tienen acceso a un refugio nocturno a salvo de heladas, no necesitará tomar ninguna medida adicional durante el invierno.

ALIMENTACIÓN
Estos pájaros son aficionados al néctar y al polen. Podrá comprar también comida especial para loros de esta familia en una pajarería. También les gustan comer fruta tierna, como por ejemplo nectarinas y melocotones, así como manzanas y pasta de insectos, e insectos vivos de vez en cuando. Algunos pájaros también comerán semillas, como por ejemplo mijo o avena sin cáscara.

Lorito de las Molucas.

Lorito de las Molucas.

ACTIVIDADES

Estos pájaros tienen una actitud amistosa y sensible ante las personas. Se vuelven mansos y comerán de la mano de su cuidador. También les gusta bañarse. Una de las cualidades más atractivas de estos pájaros es su interesante comportamiento. Para ellos, siempre está sucediendo algo interesante en la pajarera y los loritos de las Molucas siempre están demostrando su interés hacia alguna cosa. Les gusta trepar y moverse. Una desventaja de estos pájaros es que son muy ruidosos, una circunstancia que puede crearle problemas con los vecinos. Los loritos de las Molucas siempre están royendo cosas, por lo que deberá darles ramitas de sauce y de árboles frutales.

CRÍA

Estos pájaros prefieren dejar los huevos en un tocón de árbol agujereado. Debe tener 25 por 25 centímetros de diámetro por 50 centímetros de alto. El agujero de entrada debe tener aproximadamente 7 centímetros de diámetro. Deberá dejar una capa de musgo humedecido en la base del tocón de árbol, de forma que la hembra pueda dejar allí sus huevos. Pondrá dos o tres huevos y los incubará veinticuatro días. Los polluelos permanecerán en el nido entre sesenta y setenta días. Serán después alimentados y cuidados, cada vez con menor intensidad, por los dos padres, durante un tiempo adicional. Una vez que los pollos son independientes, es mejor retirarlos, ya que a menudo serán rechazados por los padres.

INFORMACIÓN ADICIONAL

De manera similar a todos los pájaros de esta familia, los loritos de las Molucas tienen una característica que les ayuda a consumir sus muy deseados néctar y polen: a saber, una terminación a modo de pincel para su larga y ágil lengua.

Lorius garrulus

LORITO HABLADOR

DISTRIBUCIÓN

Las islas Molucas.

TAMAÑO

Aproximadamente entre 28 y 30 centímetros.

DIFERENCIACIÓN ENTRE LOS SEXOS

No podrá diferenciar el sexo de estos pájaros desde fuera.

CARACTERÍSTICAS SOCIALES

Esta especie no es la más gregaria. A veces los pájaros son incluso abiertamente agresivos hacia los otros pájaros. Por esta razón, es mejor mantener sólo una pareja en una pajarera separada.

Lorito hablador.

Lorito hablador.

HÁBITAT ADECUADO

Se puede tener a estos pájaros tanto en una pajarera interior como en una exterior. No se recomienda que se tengan en la sala de estar de la casa a causa de sus deposiciones líquidas. Es también mejor no poner ninguna planta en la pajarera, ya que los pájaros pronto la reducirán a trozos. Deben, sin embargo, tener un árbol para trepar y una caja-nido para dormir.

TEMPERATURA AMBIENTE

Los loritos habladores normalmente se adaptan muy bien a un clima templado. No hará falta calefacción adicional si los pájaros tienen acceso a un refugio libre de corrientes, humedades y heladas.

ALIMENTACIÓN

En su entorno natural, los loritos habladores se alimentan de néctar, frutas, flores y polen. En tiempos antiguos, los propietarios de loritos habladores hacían sus propias mezclas para estos pájaros, consistentes en miel, arroz cocido, harina, azúcar y pan humedecido. En nuestros días, las mejores pajarerías venden mezclas especiales para esta familia de loros con unos precios más adecuados. Un inconveniente es que estas mezclas no están disponibles para cualquiera. Además de la mezcla especial, puede dar a estos animales frutas, bayas y vegetales. También tomarán pequeñas cantidades de semillas, especialmente las más blandas.

ACTIVIDADES

Los loritos habladores son unos pájaros inquisitivos, inteligentes y vivaces que se domestican bastante fácilmente. Desgraciadamente, a veces pueden resultar ruidosos y no se llevan demasiado bien con ejemplares de la misma especie o de otras distintas. Les gusta dormir en una caja-nido, incluso fuera de la temporada de cría. Deberá colgar una caja-nido grande, tanto en el refugio nocturno como fuera, en un lugar abrigado de la pajarera. A estos pájaros les gusta mucho trepar y picotear ramitas de sauce y de frutales, y como les gusta bañarse, debe dárseles regularmente la oportunidad de hacerlo.

CRÍA

La mayoría de estos pájaros prefieren un tocón con un hueco de una medida interior de por lo menos 25 por 25 centímetros y una altura que no sea inferior a 45 centímetros. Sitúe una capa de musgo en la base para servir como lecho sobre el que la hembra pondrá una media de dos huevos. Los incubará ella sola hasta que eclosionen pasados veintiocho días. Los pollos son alimentados tanto por la hembra como por el macho y el emplumado tiene lugar cuando éstos tienen dos meses de edad. Aunque a menudo tienen el mismo colorido que los padres, sus picos de color gris oscuro les delatan. Una vez que son independientes, es mejor retirarlos, ya que generalmente no son aceptados por sus padres.

10. Zosterópidos – Zosteropidae

Zosterops palpebrosa

**ZOSTEROPO ORIENTAL
O PÁJARO DE ANTEOJOS**

DISTRIBUCIÓN

India y Sri Lanka.

TAMAÑO

Aproximadamente 10 centímetros.

DIFERENCIACIÓN ENTRE LOS SEXOS

A primera vista, es casi imposible diferenciar los machos de las hembras. A menudo, sin embargo, el color de las hembras es algo más apagado que el de los machos, particularmente en el vientre. Sólo el canto de los machos puede dar el ciento por ciento de certidumbre.

CARACTERÍSTICAS SOCIALES

En la vida en libertad, los pájaros de anteojos viven en grupos. Durante la temporada de cría, las parejas que se han formado se separan del grupo. En la pajarera, son pájaros muy tolerantes y pacíficos, que dejan tranquilos a los demás, siempre que se mantengan en parejas. Sin embargo, se recomienda que no mantenga al mismo tiempo y en la misma pajarera más de una pareja.

HÁBITAT ADECUADO

Durante los meses de verano, puede tener a estos pájaros en una pajarera exterior con mucho verde. Una pajarera de interior llena de plantas, o una

Pájaro de anteojos.

Pájaro de anteojos.

Pájaro de anteojos.

jaula muy espaciosa, son formas de alojamiento adecuadas en cualquier época del año.

TEMPERATURA AMBIENTE

Si los pájaros son alojados en una pajarera exterior, se recomienda que el refugio nocturno se caliente por algún procedimiento adecuado durante los meses de invierno.

ALIMENTACIÓN

La dieta básica de estos pájaros puede contener comida universal para pájaros con un poco de pasta de insectos. Los insectos vivos son particularmente importantes a lo largo de todo el período de cría. Les puede dar a los pájaros gusanos de la harina, larvas rosadas, moscas y áfidos. Estos populares pájaros de anteojos también disfrutan con la fruta, el néctar y la miel.

ACTIVIDADES

El pájaro de anteojos o zosteropo oriental constituye una especie vivaz, muy activa y en ocasiones algo descarados. Aprenden a confiar en su cuidador y si le tratamos de la manera adecuada, se convertirán en unos animales muy mansos. El melodioso canto de los machos resulta una delicia para sus muchos entusiastas. En los días cálidos les gusta bañarse en agua templada. Los pájaros que se mantienen en el interior deberán tener la oportunidad de bañarse todos los días. Muy rara vez podrán verse en el suelo de la pajarera o de la jaula.

CRÍA

Estos pájaros construyen un nido pequeño en forma de cuenco, en un arbusto tupido o, si el pájaro se mantiene en el interior, en una caja-nido llena de verdor. Utilizan toda clase de materiales para construir su nido, incluyendo hojas de hierba, fibra de coco y musgo. El interior del nido se cubrirá, preferentemente con pelos de animales. La hembra pone entre dos y cuatro huevos de color verde claro con puntos oscuros, que son incubados durante once o doce días por ambos padres, por turnos. A los polluelos se les da casi exclusivamente presas vivas para comer, lo que debe hacerse con raciones muy abundantes. Asegúrese de que el menú de insectos sea lo más variado posible. El emplumado tiene lugar después de diez o catorce días. Los pollos no son aún capaces de cuidarse por sí mismos por entonces y son alimentados y cuidados por los padres al menos durante otras dos semanas. Una vez que los polluelos son independientes, suelen ser acosados por el macho y deben ser pasados a otra jaula.

Zosterops japonica

PÁJARO DE ANTEOJOS JAPONÉS

DISTRIBUCIÓN

Asia Oriental, desde el Japón a China, pasando por las islas entre los dos países.

Pájaro de anteojos japonés.

TAMAÑO

Aproximadamente 11 centímetros.

DIFERENCIACIÓN ENTRE LOS SEXOS

Ambos sexos son muy similares entre sí. Sólo los machos cantan y así es como podrá distinguirlos.

CARACTERÍSTICAS SOCIALES

Estos pájaros no resultan los más idóneos para tenerlos como ejemplares solitarios. Deberá mantener siempre una pareja. Los pájaros de anteojos japoneses se llevan verdaderamente bien con los demás pájaros de la pajarera, aunque no siempre pasa lo mismo con los de su misma especie. Como ya se ha dicho en otras ocasiones, todo va a depender en buena medida del espacio disponible.

HÁBITAT ADECUADO

Deberá mantener a los pájaros de anteojos japoneses en una pajarera interior con muchas plantas, cubierto de verdor, o en una jaula muy espaciosa. Si la pajarera de exterior está en un lugar resguardado, podrá mantener a estos pájaros en el exterior durante el verano.

TEMPERATURA AMBIENTE

Los pájaros de anteojos japoneses que viven en el exterior, deberán ser trasladados al interior durante el invierno. Una alternativa es contar con un refugio con calefacción en el exterior. Estos pájaros no soportan bien temperaturas por debajo de ocho grados.

ALIMENTACIÓN

Estos pájaros deben tomar una dieta básica de comida universal y pasta de insectos. Además, necesitan una pequeña cantidad de presas vivas, miel, néctar y frutas.

ACTIVIDADES

Los pájaros de anteojos japoneses son pájaros bastante activos. Hacen uso de todas las zonas de la pajarera o de la jaula y raramente los veremos en el suelo. Les gusta bañarse y se recomienda que los pájaros que viven en el interior tengan una oportunidad diaria de hacerlo. Estos pájaros no son nada tímidos y aprenden a confiar muy pronto en su cuidador.

CRÍA

El método de cría de estos pájaros es muy similar al que se describe para los otros pájaros de anteojos. Construyen un nido en forma de cuenco en un lugar resguardado, poniendo en él entre cuatro y cinco huevos, que son incubados alternativamente por ambos padres. Después de aproximadamente doce días, los huevos eclosionan y otros doce días después, tiene lugar el emplumado. Los pollos son alimentados exclusivamente con pequeñas presas vivas.

11. Timálidos – Timaliidae

Leiotrix lutea

RUISEÑOR DEL JAPÓN

DISTRIBUCIÓN

Sureste asiático.

TAMAÑO

Aproximadamente 15 centímetros.

DIFERENCIACIÓN ENTRE LOS SEXOS

Las hembras de la especie tienen a menudo un color más apagado. El canto es, sin embargo, un método más fiable para diferenciar los machos de las hembras. Los machos cantan, mientras que las hembras emiten gritos.

CARACTERÍSTICAS SOCIALES

Fuera de la temporada de cría, estos pájaros no provocarán problemas respecto a otros ejemplares de la misma especie o a pájaros de especies distintas. Si otras especies de pájaros de menor tamaño tienen huevos o polluelos, puede presentarse el peligro de que sean golpeados, pero no siempre es el caso. En ocasiones, y debido a su canto, se tiene en una jaula a un único ejemplar macho, pero es mucho mejor para estos pájaros tenerlos en parejas o en grupos pequeños.

HÁBITAT ADECUADO

Los ruiseñores del Japón disfrutan con un entorno resguardado y protector. Podrá instalarlos en una pajarera interior llena de plantas o en una jaula espaciosa. Tiene que haber plantas en la jaula, de forma que diferentes lugares de la misma queden protegidos y tapados. Cuando la jaula presenta sólo barrotes por los cuatro costados el animal se sentirá inseguro en ella. Les gusta volar y no son trepadores. Por ello, lo mejor será que tengan una jaula de forma alargada.

TEMPERATURA AMBIENTE

Los ruiseñores del Japón son pájaros fuertes que también pueden ser mantenidos en una pajarera exterior en los meses de invierno. Deben tener acceso a un refugio nocturno bien aislado.

ALIMENTACIÓN

Puede dar a estos apreciados ruiseñores del Japón de maravilloso canto una dieta de mezcla

Ruiseñor del Japón.

universal para pájaros, complementada con un poco de pasta de insectos. Además, los pájaros necesitan aportes regulares de presas vivas, como por ejemplo los gusanos. También comen pequeñas cantidades de fruta blanda de cuando en cuando.

ACTIVIDADES

El ruiseñor del Japón es un pájaro muy vivaz, que revoloteará alrededor de la pajarera a toda velocidad. Le gusta esconderse entre el verdor, en las zonas más bajas de la pajarera. Los machos cantan maravillosamente.

Les gusta bañarse, y para ello deberemos facilitarles los medios adecuados de hacerlo. Aunque estos pájaros veloces y ligeros pueden dar la impresión de ser tímidos y asustadizos, no es por lo general el caso. Si se muestra paciente, se volverán muy mansos, pudiendo llegar a comer de su mano.

CRÍA

El nido se construye en un arbusto denso (conífera) en el que fijará una jaula de cría. Estos pájaros construyen sus nidos a partir de fibras naturales, hierbas y raíces de plantas, con el interior cubierto de fibras de coco. Ponen una

Ruiseñor del Japón.

El espacio vital favorito del ruiseñor del Japón.

media de tres o cuatro huevos, que son de color verde claro con puntos marrones. La hembra incuba los huevos aproximadamente en doce días y asume ella sola la responsabilidad de alimentar a los pollos. Los pollos necesitan cantidades considerables de presas vivas y raramente aceptarán insectos congelados o desecados. Deben, por encima de todo, ser provistos con una gran variedad de comida a base de insectos. Los que mejor se adaptan a las necesidades nutricionales de este animal son los gusanos rosados, los gusanos grandes troceados, las arañas, los escarabajos y los gusanos de la harina troceados. Los polluelos no sobrevivirán si no reciben la suficiente cantidad de insectos vivos o la dieta no es lo bastante variada. Los polluelos de ruiseñor del Japón empluman cuando tienen alrededor de catorce días. Son alimentados y cuidados, cada vez con menor intensidad, tanto por la hembra como por el macho, otras tres semanas aproximadamente. Entonces no tendrán todavía su coloración adulta. Ésta sólo aparecerá cuando los pollos tengan dos meses. Un pollo independiente sólo podrá permanecer en la misma pajarera que sus padres si hay espacio y refugio suficiente. De otro modo, será mejor cambiarlos a otra jaula o pajarera. Una buena pareja de cría puede conseguir sacar adelante un buen número de nidadas por temporada.

MUTACIONES

Existe una variedad blanquecina de ruiseñor del Japón, aunque es bastante infrecuente.

Mesia.

Leiothrix argentauris

MESIA

DISTRIBUCIÓN

China, Malaysia, Indonesia (Sumatra en particular) y Tailandia.

TAMAÑO

Aproximadamente 17 centímetros.

DIFERENCIACIÓN ENTRE LOS SEXOS

Los machos tienen la rabadilla de color rojo anaranjado, mientras que la de las hembras es de color amarillo ocre. Los machos también pueden ser reconocidos por su canto.

CARACTERÍSTICAS SOCIALES

Estos pájaros gregarios deben ser mantenidos preferentemente como una pareja o en pequeños grupos. No tienen problemas de convivencia, pues se llevan bien con otras especies, incluidos los pájaros más pequeños, fuera de la temporada de cría. Durante la temporada de cría, algunos pájaros pueden comenzar a robar huevos y pueden llegar a ser muy molestos para otros pájaros más pequeños y menos enérgicos cuando estén criando.

HÁBITAT ADECUADO

El alojamiento ideal en el que mejor se desenvuelven estos pájaros *Leiothrix argentauris* será una pajarera, tanto de interior como exterior, o incluso en una jaula de cría espaciosa. Deberá, sin embargo, mantener en mente que los mesia sólo se sienten seguros cuando están rodeados de muchas plantas y verdor. Las plantas y los arbustos que mantienen su follaje durante el invierno (coníferas, picea o hiedra) son más adecuados para este fin. Si mantiene los pájaros en el interior, la jaula deberá estar tapada por muchos sitios. La jaula o pajarera de interior deberá ser alargada, de manera que los pájaros tengan espacio para volar y moverse con total libertad.

TEMPERATURA AMBIENTE

Si los mesia tienen acceso a un refugio a salvo de heladas y bien resguardado, no necesitarán calefacción adicional durante los meses fríos de otoño e invierno.

ALIMENTACIÓN

Los mesia pueden recibir una dieta básica de comida universal, complementada con presas vivas, tales como gusanos de la harina, arañas, larvas rosa, gusanos grandes y grillos. Además, les gusta tomar trozos pequeños de fruta blanda, tales como el plátano y la pera, así como las bayas y las pasas remojadas.

ACTIVIDADES

A estos pájaros les gusta mucho volar y tienden a permanecer en las zonas bajas de la pajarera, cerca de las plantas. Deben tener acceso a agua para bañarse, especialmente en los días más cálidos, y deberá darles lo necesario para el baño. Los pájaros que se mantienen en el interior deberán bañarse a diario. Los machos cantan con bastante fuerza.

CRÍA

El nido se construye en un arbusto denso o entre la hiedra. En esos lugares deberemos situar una cesta-nido. Ponen una media de tres huevos, que son de color crema con puntos marrones. Los huevos son incubados, tanto por la hembra como por el macho, en turnos, aproximadamente en doce días. Los pollos son alimentados casi en exclusiva con una gran variedad de insectos. Tendrán muy pocas posibilidades de sobrevivir si no se alimentan con suficientes insectos vivos, o no se les da una dieta suficientemente variada. Los pollos empluman cuando tienen alrededor de catorce días y son alimentados y cuidados durante un tiempo adicional. Cuando pueden comer de forma independiente, es mejor retirarlos. En este tiempo, los padres están frecuentemente produciendo la siguiente nidada y la presencia de los pollos se considera molesta. Si tienen suficiente espacio y verdor, será posible que los pájaros adultos permitan vivir a los pollos en el mismo aviario que los padres.

INFORMACIÓN ADICIONAL

Existen ejemplares de mesia con marcas rojas en la garganta. No hay mutaciones, aunque existe una especie independiente con el nombre latino de *Leiothrix argentauris roomakeri*. Esta especie se encuentra sólo en Sumatra, que es la razón por la que se le conoce como mesia de Sumatra.

El mesia no es tan popular como el ruiseñor del Japón, debido a que su canto es mucho menos variado. El mesia también es más delicado que el ruiseñor del Japón.

12. Bulbules – Pycnonotidae

Pycnonotus jocosus

BULBUL ORFEO O BULBUL MÚSICO

DISTRIBUCIÓN
India, sudeste de Asia y sur de China.

TAMAÑO
Aproximadamente 20 centímetros.

DIFERENCIACIÓN ENTRE LOS SEXOS
La coloración roja de la rabadilla y de las orejas es, por lo general, más pálida en las hembras. Los machos son generalmente más grandes y, al contrario que las hembras, también cantan.

CARACTERÍSTICAS SOCIALES
Fuera de la estación de cría, el bulbul orfeo puede ser tenido en un aviario mixto sin ningún tipo de problemas, pues se lleva bien con otras especies, incluidos los pájaros más pequeños. Deberá, sin embargo, evitar juntar más de una pareja de bulbules y no deberá tampoco mezclarlos con otros bulbules. En la temporada de cría, especialmente, un grupo de bulbules podrá hacer la vida en el aviario bastante difícil. Podrá mantenerlos junto a insectívoros y frutívoros de otras especies, aunque de tamaño parecido. El bulbul orfeo está muy unido a su pareja y no deberá mantenerse como ejemplar único.

HÁBITAT ADECUADO
El alojamiento ideal para el bulbul orfeo será un aviario que contenga algunas plantas, aunque los pájaros también prosperarán en una pajarera de interior o en una jaula espaciosa y resguardada. Las jaulas de interior deberán estar cubiertas por varios lugares y ser lo suficientemente grandes como para que los pájaros se muevan a su gusto.

TEMPERATURA AMBIENTE
El bulbul orfeo, cuando ha nacido y se ha criado en una pajarera, sólo necesitará un refugio libre de corrientes, heladas y humedades.

ALIMENTACIÓN
El bulbul orfeo come insectos, frutas y bayas. Puede alimentarlos con comida universal para pájaros preparada –aunque no todos los ejemplares de bulbul la aceptarán–, complementada con frutas blandas y dulces, tales como las pasas remojadas, las uvas, los higos y las naranjas. También disfrutan comiendo miel y néctar. Además, tendrá que darles una dieta regular que comprenda ciertas variedades de insectos vivos, como por ejem-

El bulbul orfeo es la especie de bulbul más conocida.

Bulbul de mejillas blancas.

plo los saltamontes, las arañas, las moscas y los gusanos de la harina.

ACTIVIDADES

El bulbul orfeo puede volar muy rápidamente y prefiere un entorno de arbustos. Apenas se aventura en el suelo de la pajarera. Los machos cantan, pero la calidad de su canto es más que objetable. Ambos sexos son capaces de emitir sonidos bastante fuertes. Les gusta bañarse en agua y deben tener la oportunidad de hacerlo.

CRÍA

El bulbul orfeo prefiere anidar en arbustos espesos y escondidos, aunque algunos ejemplares pueden optar por las cajas-nido. El nido se construye utilizando, entre otros materiales, fibra de coco, tallos de hierba, hojas y raíces de plantas. El nido con forma de cuenco, y el territorio que lo rodea, son ferozmente defendido contra los intrusos. Estos pájaros ponen generalmente dos o tres huevos, que son de color gris rosáceo con manchas oscuras. Son incubados por la hembra y eclosionan transcurridos entre doce y catorce días. Los pollos se alimentan de pequeñas presas vivas (insectos pequeños). El emplumado tiene lugar después de que pasen entre trece y quince días, pero los pollos son alimentados y cuidados por el macho durante una temporada adicional. Cuando los pollos tienen cinco o seis semanas, pueden defenderse ya por sí mismos. Por entonces no tienen aún las marcas de color rojo en las orejas, y sus coronas son aún marrones. Si las condiciones son favorables, una segunda nidada puede tener lugar en la misma temporada. Durante la época de cría, los padres son muy sensibles a las molestias. Será preciso proporcionarles la mayor tranquilidad posible.

INFORMACIÓN ADICIONAL

El bulbul orfeo es la especie de bulbul más popular y conocida.

Pycnonotus leucotus

BULBUL DE MEJILLAS BLANCAS

DISTRIBUCIÓN

India y otros lugares de Asia.

TAMAÑO

Aproximadamente 18 centímetros.

DIFERENCIACIÓN ENTRE LOS SEXOS

Los machos, por lo general, tienen colores más intensos que las hembras, particularmente en el vientre, y a menudo son se mayor tamaño. Sin embargo, este método no es un procedimiento nada seguro para determinar el sexo de los pájaros.

CARACTERÍSTICAS SOCIALES

Esta especie debe ser tenida preferiblemente en parejas y no como ejemplares solitarios. No deberá instalarlo tampoco en grupos o junto a otras especies de bulbul. Los bulbul de mejilla blanca son intolerantes e incluso agresivos, particularmente durante la época de cría, y lo mejor, cuando llega ese período, es separar una pareja de los demás pájaros.

HÁBITAT ADECUADO

Esta especie se da mejor en una pajarera exterior o interior llena de plantas. Las pajareras interiores deberán ser más largas que altas.

TEMPERATURA AMBIENTE

Si se aclimatan adecuadamente, los bulbul de mejilla blanca no necesitan más protección durante el invierno que la que da un refugio nocturno bien aislado y adecuadamente resguardado.

ALIMENTACIÓN

Estos pájaros comen insectos y frutas. Les gustan las bayas tanto como la miel y el néctar. Algunos pájaros sólo aceptarán comida universal preparada si viene mezclada con fruta fresca y blanda. Deberemos dar regularmente a estos pájaros algunas presas vivas, como saltamontes, grillos y gusanos de la harina.

ACTIVIDADES

Esta especie tiene una naturaleza inquisitiva, siendo muy móvil. Si se maneja con calma, los pájaros pueden volverse muy mansos, llegando a comer de la mano. Los machos cantan, pero su canto no se considera tan agradable como el del bulbul orfeo. Estos pájaros prefieren moverse a lo largo de las zonas centrales y superiores de la pajarera, no siendo frecuente verles por el suelo de la misma. Les gusta bañarse en agua y, en especial los pájaros que viven en interior, deben tener la oportunidad de bañarse cada día.

CRÍA

Estos pájaros no son difíciles de criar. Es mejor alojar una pareja en una instalación separada, ya que pueden mostrarse intolerantes en relación con los otros pájaros, y tienen también la tendencia a actuar como ladrones de nidos. Estos pájaros utilizan ocasionalmente una caja-nido abierta o semicerrada, y ponen entre dos y cuatro huevos de color rosa, que tienen puntos rojos o marrón rojizo. Los huevos son incubados por la hembra entre once y trece días. Desde el momento en el que los pollos rompen el huevo, el macho comienza a prestar ayuda. Los pollos reciben una dieta compuesta de modo casi exclusivo por pequeñas presas vivas, tales como los gusanos de la harina, las larvas rosa, grillos y gusanos grandes en pequeños trozos. Siempre que sean alimentados de la manera adecuada, el primer pollo dejará el nido después de diez o doce días. Serán entonces alimentados y cuidados fundamentalmente por el macho durante por lo menos otras dos semanas.

Bulbul de mejillas blancas.

13. Tordos – Turdidae

Turdus merula

MIRLO COMÚN

DISTRIBUCIÓN

Europa, Asia y el norte de África.

TAMAÑO

Aproximadamente 24 o 25 centímetros.

DIFERENCIACIÓN ENTRE LOS SEXOS

Los machos son negros con el pico amarillo. Las hembras son más marrones en el tono y sus picos son grisáceos. El macho canta.

CARACTERÍSTICAS SOCIALES

Es mejor mantener sólo una pareja de mirlos en un aviario, ya que estos pájaros son territoriales por naturaleza y no les gusta la presencia de otras especies a su alrededor. Algunas parejas de mirlos no se llevan bien cuando termina la temporada de cría, así que tendrá que observarlos y separarlos si surgen peleas o conflictos. Por otra parte, los mirlos pueden convivir con otras especies sin problemas, aunque sean más pequeños. Debido a su canto, los mirlos macho son mantenidos como únicos ejemplares en una jaula de cria.

HÁBITAT ADECUADO

Los mirlos deben ser instalados en un aviario exterior parcialmente cubierto y espacioso, que además tenga muchas plantas y arbustos. Deberá tener algunas plantas de hoja perenne, como la picea y las coníferas, y también algunos arbustos y matorrales de bayas o de flores. El suelo de la pajarera deberá tener preferiblemente tierra de jardín o de bosque, en el cual los

Mirlo.

Mirlo macho.

Mirlo hembra.

Mirlo albino.

pájaros puedan picotear a su gusto en busca de alimento. Se puede tener a un único macho en una de las llamadas jaulas para mirlos, que es una jaula de forma alargada con barrotes sólo en la parte frontal. Los pollos que hayan nacido en la pajarera pronto se acostumbrarán al entorno familiar y, por consiguiente, serán razonablemente mansos.

TEMPERATURA AMBIENTE

Los mirlos están perfectamente adaptados a los climas templados. Si el aviario está situado en un lugar protegido con suficientes escondrijos, no hará falta un refugio nocturno.

ALIMENTACIÓN

Los mirlos necesitan muchas presas vivas (incluyendo los gusanos de la harina). Además, les gusta comer bayas y semillas. Las frutas que podrá darles incluyen las manzanas y las fresas. Éstas deberán ser mezcladas con una buena mezcla o combinación de comida universal para pájaros.

ACTIVIDADES

Los machos cantan mucho más melodiosamente y con más fuerza que las hembras. El mirlo utiliza todas las zonas de la pajarera y les gusta mucho rebuscar por el suelo en busca de alimento. No son asustadizos y se vuelven bastante mansos si se les cuida apropiadamente, pudiendo comer en su mano. Debido a que a los mirlos, como a los tordos, les gusta mucho bañarse en agua, se les debe dar con regularidad la oportunidad de hacerlo.

CRÍA

Los mirlos construyen libremente un nido con forma de cuenco en algún lugar protegido entre la espesura. Utilizan toda clase de materiales para construir sus guaridas. Como media, ponen cuatro o cinco huevos, que son de color azul verdoso y tienen puntos rojizos en algunas partes. Los huevos son incubados por la hembra durante catorce días, mientras que el macho vigila el nido. Los pollos son alimentados tanto por la hembra como por el macho. Los pollos de mirlo necesitan una enorme cantidad de presas vivas y han de tener una buena provisión a su disposición. El emplumado tiene lugar transcurridos entre quince y diecisiete días. Los pollos no son entonces todavía capaces de valerse por sí mismos, siendo alimentados y cuidados por los pájaros adultos durante dos o tres semanas. Una vez que los pollos son independientes, es mejor alojarlos por separado, ya que los padres pueden verse pronto preparando una nueva nidada.

MUTACIONES

Existen muchas mutaciones distintas que han sido registradas, entre las que se cuentan la marrón, la pastel, la ino y la blanca.

Zoothera citrina

TORDO DE CABEZA ANARANJADA

DISTRIBUCIÓN

Grandes áreas del sudoeste de Asia.

TAMAÑO

Entre 20 y 21 centímetros.

Tordo de cabeza anaranjada hembra.

Tordo de cabeza anaranjada macho.

DIFERENCIACIÓN ENTRE LOS SEXOS

El color de la hembra de esta especie es a menudo más pálido, aunque hay excepciones a esta regla. No existe en realidad una regla infalible para determinar los sexos visualmente. Los machos cantan, no obstante.

CARACTERÍSTICAS SOCIALES

Estos pájaros se mantienen mejor en parejas. Los tordos no siempre se llevan bien entre sí, pero no suelen ser agresivos en relación con los demás pájaros, desde luego no cuando son de similar tamaño y fuerza.

HÁBITAT ADECUADO

Estos pájaros deben ser mantenidos preferentemente en aviarios exteriores llenos de plantas. Les gusta la maleza densa y los suelos arenosos, en los cuales pueden hurgar en busca de comida entre el verdor. Si se les da tiempo para aclimatarse, algunos tordos de cabeza anaranjada pueden también vivir en una pajarera interior espaciosa o incluso en una jaula de cría, pero en todos estos casos se les debe dar un espacio con abundancia de verde.

TEMPERATURA AMBIENTE

Los tordos de cabeza anaranjada deben recibir una dieta básica de comida universal, complementada con todo tipo de insectos y larvas, tales como los gusanos de la harina, las arañas, grillos, escarabajos y gusanos. Normalmente tomarán con gusto la pasta de insectos. Los pájaros también comerán trozos de fruta blanda y también, con especial gusto, bayas, aunque sólo en cantidades pequeñas.

ACTIVIDADES

Estas aves prefieren moverse entre el follaje, cerca del suelo o en el mismo suelo. Son, por lo general, pájaros pacíficos y en primavera los machos cantan de una forma muy melodiosa. Si se les cuida de manera apropiada, y se les trata con cuidado, los pájaros pueden volverse muy mansos. Sin embargo, serán siempre algo asustadizos y sensibles a las molestias. Estos tordos deben contar con ocasiones para bañarse en el agua, por lo menos una vez al día. Es preciso, por lo tanto, colocar un cuenco de loza con agua fresca sobre el suelo de la pajarera. Después de que se hayan bañado, no hay que olvidar retirar el plato, de forma que los pájaros no beban del agua sucia.

CRÍA

El nido, desordenado y con forma de cuenco, suele estar construido en el interior de un arbusto muy espeso. Los pájaros ponen alrededor de cuatro huevos de color verde claro con manchas oscuras, que eclosionan tras catorce días de incubación. Los pollos son alimentados casi exclusivamente con presas vivas y el emplumado tiene lugar después de dos o tres semanas. Los pollos no son capaces de valerse por sí mismos, siendo cuidados y alimentados durante unas semanas más, hasta que son independientes, y alojarlos separadamente de los padres.

Mirlo shama macho.

Copsychus malabaricus

MIRLO SHAMA

DISTRIBUCIÓN

Sudeste de Asia, particularmente la India e Indonesia.

TAMAÑO

Entre 23 y 27 centímetros.

DIFERENCIACIÓN ENTRE LOS SEXOS

Las hembras son de un color más apagado que los machos, teniendo también las colas más cortas. Tanto los machos como las hembras pueden cantar.

CARACTERÍSTICAS SOCIALES

La mayoría de los mirlos shama no son muy amigables hacia los demás pájaros, incluso no siendo la época de cría. A veces tampoco se llevan bien entre los de su propia especie. En su entorno natural se separan del grupo durante la época de cría. Si desea mantener más de un ejemplar, lo mejor es tener una pareja, pero incluso entonces deberá ser consciente del hecho de que estos pájaros pueden enredarse en peleas serias. Si dispone de un aviario espacioso, podrá tenerlos junto a otros pájaros de tamaño similar, como los estorninos. También será perfectamente posible mantener un único ejemplar de esta especie. Nunca ponga juntos a los machos, ya que lo más probable es que aparezcan problemas.

HÁBITAT ADECUADO

En la India, uno de los países en los que vive esta especie en su hábitat salvaje, son mantenidos frecuentemente en jaulas a causa de su atractivo canto. Si se decide a hacer lo mismo, es importante que los pájaros se acostumbren a la idea desde una edad temprana. Una jaula adecuada es del tipo de las llamadas jaulas de mirlos, que es una jaula alargada con barrotes sólo en la parte frontal. Si desea criar estos pájaros y mantenerlos en un entorno más natural, lo ideal será un aviario exterior lleno de plantas. El suelo del aviario deberá ser lo más natural posible, por ejemplo, un suelo de jardín o de bosque, en el cual los pájaros puedan revolver buscando comida.

TEMPERATURA AMBIENTE

Durante los meses de verano, los mirlos shama pueden mantenerse en una pajarera exterior sin mayores problemas. Sin embargo, cuando cae la temperatura, es esencial para los pájaros tener calefacción adicional en el refugio nocturno, pues no soportan el frío. Resulta incluso más aconsejable llevarse a los pájaros al interior en el otoño.

ALIMENTACIÓN

Estos tordos son granívoros por excelencia. Su dieta básica puede comprender cualquier pasta de insectos de calidad, pero los pájaros necesitarán de todas maneras un aporte nutricional de presas vivas. Les gustan mucho los gusanos de la harina, aunque un exceso de este tipo de alimento no resulta saludable. Deberá, por consiguiente, variar su dieta dándoles arañas, escarabajos, gusanos grandes, grillos y saltamontes. Además, en su dieta diaria los pájaros comerán a veces hierbas recién recolectadas y bayas.

ACTIVIDADES

A los mirlos shama les gusta bañarse y necesitan hacerlo para tener su plumaje en buena forma. Deberá situar un cuenco de loza grande con agua fresca en el suelo de la pajarera. Después de que se hayan bañado, no hay que olvidar retirar el plato, de forma que los pájaros no beban del agua sucia. Si mantiene sólo uno de estos pájaros, tan descarados e inquisitivos, puede llegar a convertirse en un animal muy manso, pudiendo coger el alimento de su mano. En este caso, deberá dejar al pájaro fuera de la jaula de manera que pueda estirar las alas. Tanto los machos como las hembras pueden cantar, pero el canto de las hembras es menos variado. Además, estos pájaros pueden llegar a aprender el canto de otros pájaros. A los shamas les gusta revolver por el suelo del aviario.

CRÍA

Los shamas son más fáciles de criar en un aviario exterior espacioso que contenga muchas plantas. Como tienden a ser intolerantes, lo mejor es que permita a los ejemplares de ambos sexos conocerse bien, dejar que se vean el uno al otro pero sin que se puedan provocar lesiones. El nido se construye con una caja-nido semiabierta utilizando muchos materiales diferentes, incluyendo la fibra de coco y las hojas de hierba. Estos pájaros ponen aproximadamente cuatro huevos, que eclosionan transcurridos

Ejemplar hembra de tordo oriental.

entre once y trece días. Los pollos son criados tanto por la hembra como por el macho con una serie de insectos que incluyen los gusanos, grillos y arañas. Los gusanos de la harina no se les deben suministrar porque los shamas no los digieren bien. Los pollos empluman a las dos semanas. Pueden alcanzar la edad adulta varias semanas más tarde, debiendo alojarse separadamente de los padres.

Copsychus saularis

TORDO ORIENTAL

DISTRIBUCIÓN

India, Indonesia, Malaysia y Filipinas.

TAMAÑO

Entre 18 y 21 centímetros.

DIFERENCIACIÓN ENTRE LOS SEXOS

La diferencia entre los sexos es fácil de ver desde el momento en que la hembra es más pequeña y tiene un color grisáceo. Los machos son blancos y negros.

CARACTERÍSTICAS SOCIALES

En la pajarera, el tordo oriental normalmente vive en paz con los otros pájaros de tamaño similar. Sin embargo, una vez que comienza la temporada de cría, se vuelve intolerante respecto a los pájaros de su misma especie y de otras familias. Aprende pronto a confiar en su cuidador y puede llegar a ser bastante manso, pudiendo coger el alimento de su mano.

HÁBITAT ADECUADO

Puede mantener a estos pájaros tanto en una pajarera interior como en un aviario exterior o en una jaula espaciosa. Como quiera que a estos pájaros les gusta encontrarse protegidos, las llamadas jaulas para mirlos resultan ideales. Estas jaulas tienen por lo menos 80 centímetros de anchura y sólo tienen barras en la parte frontal. Los otros lados de la jaula están cubiertos. Si quiere criar estos pájaros, será mejor acomodarlos en un aviario exterior lleno de plantas y arbustos. El suelo de la pajarera deberá tener suelo de jardín o de bosque, en el que los pájaros puedan revolver y picotear en busca de comida.

TEMPERATURA AMBIENTE

Los tordos orientales son unos pájaros resistentes que generalmente llevan bien un clima templado. Sin embargo, un refugio nocturno libre de corrientes de aire, humedad y heladas es esencial.

ALIMENTACIÓN

Los tordos orientales tienen un canto variado y atractivo. Pueden encontrarse con frecuencia en el suelo de la pajarera escarbando y revolviendo en busca de comida. Un baño diario es esencial para estos pájaros. Hay que situar un cuenco de loza grande con agua fresca en el suelo de la pajarera y tener la precaución de cambiar el agua varias veces al día. Si no pueden bañarse diariamente, deberá rociarlos con agua utilizando un espray para plantas.

CRÍA

Los tordos orientales crían de forma casi exclusiva en un aviario exterior y, más concretamente, en un punto resguardado y escondido entre las plantas. Puede colaborar con los pájaros colocando cajas-nido, o mejor, tocones de árboles, con un hueco en su interior, en diferentes sitios de las plantas y arbustos del aviario. La superficie de las cajas-nido deberá ser de 15 centímetros de diámetro, y con una altura de por lo menos 20 centímetros. Todos los materiales suaves y finos pueden servir a estos pájaros para construir el nido, como el heno, las raíces de las plantas, las hojas secas y el pelo de los animales. Como media, los tordos orientales ponen de cuatro a cinco huevos de un color verde azulado, con puntos marrones. Los huevos son incubados por la hembra durante doce o catorce días. Los pollos son alimentados tanto por la hembra como por el macho. Especialmente en este período es importante dar a los pájaros abundante provisión de insectos y de sus larvas. El emplumado tiene lugar cuando tienen dos semanas o un poco antes.

Ejemplar macho de tordo oriental.

14. Estorninos – Sturnidae

Gracula (religiosa) religiosa
MINÁ DEL HIMALAYA

Gracula (religiosa) indica
MINÁ PEQUEÑO

Gracula (religiosa) intermedia
MINÁ INTERMEDIO

DISTRIBUCIÓN
Asia, incluyendo Indonesia, China, India y Sri Lanka.

TAMAÑO
Miná del Himalaya: entre 28 y 30 centímetros.
Miná pequeño: aproximadamente 25 centímetros.
Miná intermedio: entre 25 y 27 centímetros.

DIFERENCIACIÓN ENTRE LOS SEXOS
No es posible distinguir los machos de las hembras por su aspecto.

CARACTERÍSTICAS SOCIALES
Los miná son pájaros extraordinariamente gregarios que se llevan bien con los demás. En su entorno natural estos pájaros viven en grupos y pueden ser mantenidos sin problemas en un aviario. También se pueden tener por parejas o como ejemplares solitarios. En este último caso es importante que les proporcione toda la atención y les ofrezca todas las distracciones para asegurarse de que no se depriman, comenzando a mostrar todo tipo de alteraciones de la conducta. No se puede esperar que estos pájaros sean tolerantes si tienen que compartir con otros un espacio muy angosto. Cada uno de los pájaros debe contar con un espacio suficiente. En un aviario exterior resulta posible instalar a ejemplares de esta especie con otros pájaros, pero por el bienestar de estas especies del aviario, así como por sus polluelos y los huevos que estén incubando, lo mejor es que los miná compartan instalación sólo con animales de su mismo tamaño y con su misma energía.

HÁBITAT ADECUADO
La mejor manera de instalar un miná es un aviario exterior espacioso con un refugio que cuente con calefacción. Los pájaros también aprecian que haya muchas plantas en el aviario. A estos pájaros les suele gustar la sombra y no se les verá con mucha frecuencia expuestos al sol. Puede también alojar a los miná en una jaula muy espaciosa o en una pajarera de interior. Una dificultad con esta especie consiste en que, como en el caso de las demás especies que se alimentan de insectos y de frutas, es que sus deposiciones son líquidas, haciendo preciso un trabajo extra de limpieza en los alrededores de la jaula. Una jaula cubierta

Miná Sturnus pagodarum.

Los miná son pájaros gregarios.

Izquierda: Estornino real.

por varios lados reducirá algo el trabajo de limpieza. Los Miná prefieren dormir en una caja-nido, incluso si se mantienen como pájaros de jaula.

TEMPERATURA AMBIENTE

Los miná vienen de regiones tropicales y adoran el calor. Aunque se recomiende su instalación en pajareras exteriores durante los meses de verano, los pájaros deben ser llevados al interior en otoño. Otra posibilidad es calentar el refugio durante los meses de otoño e invierno.

ALIMENTACIÓN

Estos pájaros se alimentan con una dieta básica compuesta por alimentos preparados bajos en hierro, o comida para miná, complementada con pasta de insectos asimismo baja en hierro. Además, les gustan los insectos, como los gusanos de la harina, comiendo también frutas blandas y bayas.

ACTIVIDADES

Los miná adoran el baño, de forma que deberemos proporcionarles un plato resistente lleno de agua fresca. Verá que lo utilizan con entusiasmo. Los miná son también buenos imitadores. Si compra un único pájaro podrá amansarlo rápidamente. Además de todo tipo de silbidos, estos pájaros pueden llegar a imitar muy bien las voces humanas. A veces consiguen mejores resultados que los loros. Una desventaja es que pueden llegar a chillar mucho, y esto es algo que no todo el mundo aprecia. Son aves voladoras pero no trepadoras.

CRÍA

Los miná no son fáciles de criar. Dependerá mucho de cómo se lleve la pareja con la que se vaya a intentar la cría. La calidad y el tipo de comida, la instalación y el estado general de los pájaros juegan un papel en todo esto. Una caja-nido adecuada tendrá una superficie de 25 por 25 centímetros y una altura de entre 45 y 50. El agujero de entrada tendrá unos 10 centímetros de diámetro. Los pájaros construyen su nido utilizando materiales tales como hojas secas, heno, hierba, plumas y fibra de coco. Como media, ponen dos huevos de color azul verdoso con puntos marrón claro. Los pollos salen del huevo transcurridas dos semanas y son alimentados por ambos padres con insectos, como grillos, saltamontes pequeños y gusanos de diversos tipos. Les gusta también tomar corazón de bovino cortado en pedacitos y queso tofu con tiza en polvo. El emplumado tiene lugar cuando los pollos tienen cuatro semanas, pero aún no son capaces de valerse por sí mismos, teniendo que ser cuidados y alimentados por los padres durante un par de semanas.

Estornino de la India.

Sturnus pagodarum

ESTORNINO DE LA INDIA

TAMAÑO

Aproximadamente 20 centímetros.

DIFERENCIACIÓN ENTRE SEXOS

No resulta fácil ver la diferencia entre los sexos. En general, puede decirse que las hembras son algo más pequeñas que los machos de la especie y que tienen también las colas más cortas.

CARACTERÍSTICAS SOCIALES

En la vida salvaje, los estorninos de la India viven en grupos pequeños. En un entorno de pajarera puede tenerlos como una pareja. Pueden volverse muy mansos si reciben mucha atención cuando son aún jóvenes y se les trata de manera sosegada. Comparten pajarera de manera armoniosa con otros pájaros, tales como los bulbul y otros estorninos y timálidos. Sin embargo es mejor no tenerlos en la misma pajarera con otros pájaros tropicales pequeños, pues podría haber problemas.

HÁBITAT ADECUADO

Los estorninos de la India viven mejor en una pajarera exterior con mucho verdor.

TEMPERATURA AMBIENTE

Estos pájaros son muy resistentes, pudiendo ser mantenidos en una pajarera exterior en un punto resguardado. Durante los meses de invierno, los pájaros deben tener acceso a un refugio bien aislado. Si es éste el caso, no hará falta calefacción adicional.

ALIMENTACIÓN

Estos pájaros pueden ser alimentados con una dieta básica que tenga comida universal y pasta de insectos. Además, les gustan las presas vivas, como los gusanos y los grillos. También les gusta la fruta, por ejemplo las peras, manzanas y naranjas. La miel y las pasas remojadas son también alimentos adecuados para estos pájaros llenos de color.

ACTIVIDADES

En relación con lo que suele ser habitual en los estorninos, estos inteligentes pájaros son relativamente tranquilos. Un ejemplar solitario, acostumbrado al contacto humano desde una edad muy temprana, puede llegar a ser muy manso, aunque necesita mucha atención y distracciones debido a la falta de contacto con otros pájaros de la misma especie. Los estorninos de la India aprecian el baño y deben contar con la posibilidad de hacerlo a diario. Además de una gama de sonidos diferentes, los pájaros cantan maravillosamente. Prefieren pasar la noche en una caja-nido.

CRÍA

Algunos pájaros se crían excelentemente en una pajarera combinada, pero sufren si se les molesta durante la época de cría. Si existe un peligro real de que los pájaros tengan que padecer molestias, lo mejor será instalarlos en una pajarera aparte, en el lugar más tranquilo posible. Las denominadas cajas-nido naturales (un tocón de árbol perforado) son las preferidas. Deben tener un diámetro interior de al menos 15 o 20 centímetros y una altura aproximada de 30 centímetros. Los pájaros utilizan hojas secas, plumas y heno como material de anidamiento. Por lo general ponen de tres a cinco huevos, que son incubados durante catorce o quince días. Los polluelos son alimentados por ambos padres. Necesitan una gran variedad de comida a base de insectos para crecer de modo adecuado. Después de dos o tres semanas los pollos empluman, pero son cuidados y alimentados por los padres durante dos semanas más. Una buena pareja de cría puede producir varias nidadas por temporada.

Cosmopsaurus regius

ESTORNINO REAL

DISTRIBUCIÓN

Este de África.

TAMAÑO

Entre 32 a 35 centímetros.

DIFERENCIACIÓN ENTRE LOS SEXOS

Los machos de esta especie son por lo general más largos que las hembras y también tienen las colas más largas.

CARACTERÍSTICAS SOCIALES

En la vida salvaje, estos pájaros viven en grupos,

Estornino real.

pero se llevan bien entre sí cuando viven en una pajarera. Debido a su descaro y a su tamaño, no resulta sensato tenerlo junto a otras especies más pequeñas de pájaros.

HÁBITAT ADECUADO

Durante los meses de verano, puede mantener a estos pájaros en un aviario exterior cubierto lleno de verdor, siempre que esté localizado en un lugar protegido, con un refugio adjunto en el que los pájaros se puedan retirar. Estos pájaros pueden ser alojados también en aviarios de interior espaciosos.

TEMPERATURA AMBIENTE

Los estorninos reales no pueden estar en un ambiente frío y húmedo. Deben ser mantenidos en una instalación exterior durante los meses de verano, pero cuando la temperatura cae y el clima se vuelve más inclemente, resulta más seguro trasladarlos a una instalación interior.

ALIMENTACIÓN

Estos pájaros deben ser alimentados con una dieta básica que contenga una buena comida universal para pájaros y pasta de insectos, complementada con insectos vivos y todas clases de frutas dulces blandas y bayas. Los insectos vivos son especialmente importantes durante la temporada de cría.

Estornino soberbio.

ACTIVIDADES

Los estorninos reales aprecian mucho el baño en agua y deben tener siempre acceso a agua de baño fresca y limpia. Estos pájaros se vuelven muy mansos si se les cuida apropiadamente y se les trata con mimo. No cantan, pero lo compensan con sus espectaculares colores, su brillantez y sus hábitos y costumbres, muy interesantes.

CRÍA

Estos pájaros prefieren criar en una caja-nido espaciosa. Como media, ponen de dos a cuatro huevos de color azul verdoso claro con puntos marrones. Los huevos son incubados por la hembra alrededor de catorce días. Los pollos son alimentados con presas vivas y prefieren gusanos de la harina y grillos. Los pollos empluman transcurridas unas tres semanas, pero son cuidados y alimentados por sus padres durante bastante tiempo después. Los estorninos reales son muy sensibles a los ruidos y pueden rechazar a sus pollos o a los huevos si no cuentan con la necesaria paz y tranquilidad.

Lamprotornis superbus (spreo superbus)

ESTORNINO SOBERBIO

DISTRIBUCIÓN

África del Este.

TAMAÑO

Entre 19 y 21 centímetros.

DIFERENCIACIÓN ENTRE LOS SEXOS

No resulta posible diferenciar los machos de las hembras en función de su aspecto.

CARACTERÍSTICAS SOCIALES

Estos pájaros llenos de color son verdaderamente tolerantes en relación con los pájaros de su especie. Son gregarios y lo mejor es tenerlos en una pajarera exterior con varios ejemplares

Estornino soberbio.

Estornino soberbio.

de la misma especie. Son bastante tolerantes con los pájaros de otras especies, pero lo mejor será no alojarlos junto a especies más pequeñas y delicadas. Durante la época de cría, son menos tolerantes y pueden reaccionar bastante agresivamente en relación con los otros pájaros. Cuanto más espacio tengan en la instalación, cuanto más espacio disponga la pareja, menores serán los riesgos de que puedan llegar a tener problemas.

HÁBITAT ADECUADO

Esta especie de estornino está mejor instalada en un aviario exterior espacioso pero, si tiene tiempo para aclimatarse, puede también tenerse en una pajarera interior espaciosa.

TEMPERATURA AMBIENTE

Los estorninos soberbios son pájaros bastante duros que pueden ser mantenidos en una pajarera exterior durante los veranos y también los inviernos. Necesitarán tener acceso a un refugio con calefacción durante los períodos de heladas prolongadas o tiempo muy inclemente.

ALIMENTACIÓN

Un estornino soberbio tiene una dieta básica que consiste en una buena comida universal. Necesitan también presas vivas, en forma de gusanos de la harina, larvas rosadas, grillos, etc. También les gusta la fruta y toda clase de bayas.

ACTIVIDADES

Este estornino es un pájaro activo, inquisitivo e inteligente, al que le gusta mucho bañarse. Los estorninos harán muy buen uso de un cuenco de agua puesto en el suelo de la pajarera. El agua deberá ser cambiada cada día. Los estorninos soberbios pueden volverse mansos muy fácilmente si su curiosidad supera su temor, incluso cuando viven en pajareras, pudiendo llegar a comer de la mano.

CRÍA

Generalmente no resulta difícil criar a estos pájaros. Debe facilitarles una caja-nido con una superficie de por lo menos 20 centímetros de diámetro. La caja-nido será forrada con materiales muy diversos. Estos pájaros ponen entre dos y cuatro huevos, que eclosionan después de ser incubados entre doce o catorce días. La cáscara de huevo es de color azul verdoso. Los pollos son alimentados por ambos padres y si tiene más de un estornino soberbio, también será posible que los otros pájaros echen una mano en la alimentación. Los padres alimentarán a los pollos exclusivamente con insectos, sus larvas y crisálidas. Es, por consiguiente, muy importante que tengan esta comida a su disposición varias veces al día. Cuando los ejemplares jóvenes de estornino soberbio tengan más o menos tres semanas, emplumarán. No tendrán todavía la característica banda sobre el pecho y sus irisaciones serán aún negras. Los pollos serán independientes cuando tengan de cinco a seis semanas y deban ser separados de sus padres.

Lamprotornis purpureus

MIRLO METÁLICO PURPÚREO

DISTRIBUCIÓN

África, particularmente Camerún, Senegal, Uganda y Kenia.

TAMAÑO

Entre 23 y 25 centímetros.

DIFERENCIACIÓN ENTRE LOS SEXOS

Ambos sexos tienen los mismos colores. Las hembras son normalmente un poco más pequeñas que los machos.

CARACTERÍSTICAS SOCIALES

Los mirlos metálico purpúreos no son conocidos por sus costumbres pacíficas. Pueden ser bastante agresivos hacia los pájaros más pequeños, ciertamente durante la época de cría. Si tiene un aviario exterior grande, pueden ser instalados junto a otros pájaros de, por lo menos, el mismo tamaño.

HÁBITAT ADECUADO

Estos pájaros se mantienen mejor en un aviario cubierto en el exterior, bien surtido de plantas. Deberá llenar el aviario con arbustos de flor, además de arbustos de hoja perenne. Los arbustos de flor atraerán insectos de los que a los pájaros les gusta comer.

TEMPERATURA AMBIENTE

Los mirlos metálico purpúreos son pájaros resistentes y fuertes. Sin embargo, necesitarán un refugio con calefacción durante los meses de invierno.

ALIMENTACIÓN

Podrá dar a estos pájaros una dieta base con una buena marca de alimento universal para pájaros y pasta de insectos, complementada con algo de fruta, bayas y pasas, además de una ración diaria de insectos vivos.

ACTIVIDADES

Estos pájaros son vivaces, atrevidos y curiosos. Les gusta el baño en agua y deben tener la oportunidad de hacerlo. Utilizan todas las zonas de

Mirlo metálico purpúreo.

Mirlo metálico purpúreo.

la pajarera, pero serán encontrados con frecuencia en el suelo, revolviendo en busca de alimento.

CRÍA

Una caja-nido adecuada deberá tener un diámetro de por lo menos 25 centímetros y una altura de 40 centímetros. Un agujero de entrada con un diámetro de 6 o 7 centímetros será suficiente. Los pájaros forran el interior de la caja-nido con toda clase de ramitas y de hojas. La hembra pondrá entre tres y cuatro huevos de color azul verdoso claro con manchas oscuras, incubados exclusivamente por la hembra. El macho permanece cerca con el fin de vigilar el nido. Después de un período de incubación de catorce días los huevos eclosionarán. Los padres alimentarán a los pollos de mirlo metálico purpúreo casi exclusivamente con presas vivas, como por ejemplo gusanos de la harina, grillos y saltamontes. Además, los pollos tomarán comida vegetal verde. Empluman cuando tienen aproximadamente tres semanas y son entonces alimentados y cuidados por los padres durante una temporada, hasta que son completamente independientes.

Índice

A

Agresividad durante la época de cría	51
Agua para el baño	47
Alimentación antes y durante la cría	54
Alimentación durante la época de cría	32
Alimentos y nutrición	31
Alojamiento	22
Amazona de frente azul	
Amazona aestiva	203
Anillado	15
Ararauna	
Ara ararauna	206
Aratinga solar	
Aratinga solstitialis	244
Aspectos de especial interés a la hora de comprar	8
Aves de pajarera	12
Azulito del Senegal	
Uraeginthus bengalus	122

Maniquí de cabeza blanca.

B

Bañeras para pájaros	29
Barrotes	26
Bayas adecuadas	42
Bengalí común	
Amandava amandava	159
Bengalí pechigualdo	
Amanda subflava	161
Bengalí verde	
Amandava formosa	160
Botón de oro	
Sicalis flaveola	190
Bulbul de mejillas blancas	
Pycnonotus leucotus	289

Bulbul orfeo o bulbul músico	
Pycnonotus jocosus	288

C

Cacatúa de moño blanco	
Cacatua galerita	208
Calcio, vitaminas y minerales	44
Camachuelo común	
Pyrrhula pyrrhula	80
Canario de frente amarilla o de Mozambique	
Serinus mozambicus	94

Maniquí de cabeza negra.

Canario lizard	113
Canarios cantores	98
Canarios cantores americanos	98
Canarios con cresta	111
Canarios criados por su forma	110
Canarios de color	99
Canarios de las montañas de Harz	98
Canarios rizados	107
Canarios seleccionados por la pose	109
Canarios timbrado españoles	98
Canarios Waterslagers	98
Canarios: clases	95
Canarios: factores que inciden en la pigmentación	103
Canarios: pigmentación	100
Capuchino de cabeza blanca	
Lonchura maja	140
Capuchino de cabeza negra	
Lonchura atricapilla	141
Capuchino de cabeza roja	
Amadina erythrocephala	134

Cardenal de cresta roja.

Capuchino tricolor	
Lonchura malacca	142
Cardenal del norte	
Cardinalis cardinalis	197
Cardenal dominicano	
Paroaria dominicana	199
Cardenal gris	
Paroaria coronata	200
Cardenal verde	
Gubernatrix cristata	197
Chamariz	
Carduelis spinus	83
Chamariz rojo	
Carduelis cucullata	92
Codorniz arlequín	

Maniquíes tricolor.

Coturnix delegorguei	64
Codorniz de California	
Lophortyx californicus	66
Codorniz japonesa	
Coturnix japonica	63
Codorniz norteamericana	
Colinus virginianus	65
Codorniz pintada china	
Excalfatoria chinensis	61

Cola de vinagre	
Estrilda caerulescens	121
Comederos y bebederos	28
Comidas especiales	31
Cómo aprenden a hablar	11
Cómo domesticar un pájaro	9
Compra de un pájaro	7
Cotorra de Alejandra	
Polytelis alexandrae	220
Cotorra de Swanson	
Polytelis swainsonii	225

Joven Rosella.

Cotorrita alejandrina	
Psittacula eupatria	219
Cotorrita asiática	
Psittacula cyanocephala	214
Cotorrita de alas rojas	
Aprosmictus erythropterus	235
Cotorrita de Australia	
Polytelis anthopeplus	222
Cotorrita de collar	
Psittacula krameri	215
Cotorrita ninfa	
Nymphicus hollandicus	210
¿Cuántas nidadas al año?	53
Cuidado de las uñas	45

Lorito de las Molucas.

Passerina cyanea	201
Escribano cerillo	
Emberiza citrinella	189
Estornino de la India	
Sturnus pagodarum	299
Estornino real	
Cosmopsaurus regius	299
Estornino soberbio	
Lamprotornis superbus	300
Estrilda común	

Diamantes punteados.

Estrilda astrild	119
Estrilda de cabeza azul	
Uraeginthus cyanocephala	124
Estrilda de cola carmesí	
Estrilda rhodopyga	120
Estrilda de mejilla anaranjada	

D

Diamante de Bichenov	
Poephila bichenovii	175
Diamante de cara roja	
Noechmia ruficauda	168
Diamante de garganta negra	
Poephila cincta	170
Diamante de Gould	
Ghloebia gouldiae	163
Diamante enmascarado	
Poephila personata	169
Diamante moteado de Australia o diamante mandarín	
Poephila guttata	176
Diamante papagayo	
Erythrura psittacea	157
Diamante punteado	
Emblema guttata	166
Diamante tricolor	
Erythura trichroa	156
Dónde puede comprar sus pájaros	13

E

Eclecto	
Eclectus roratus	251
Emplumecido	56
Escribano añil	

Diamante australiano.

Cotorrita de collar.

Loro turquesa.

Estrilda melpoda	116
Estrilda punteada de garganta roja	
Hipargos niveoguttatus	129
Estrilda punteada verde	
Mandingoa nitidula	131
Estrilda violeta	
Uraeginthus granatina	126

Rosella azul.

F
Frutas y vegetales adecuados	42
Frutas, vegetales, bayas y hierbas	41

G
Gorrión de Java	134
Gorrión doméstico	

Papagayo escarlata de dorso amarillo.

Passer domesticus	89
Gorrión dorado de Sudán	
Padda oryzivora	186
Granadero	
Euplectus orix	182
Granívoros	34
Guacamayo rojo de alas verdes	
Ara chloroptera	205

H
Hierbas adecuadas 43
Higiene 45

I
Insectívoros y frutívoros 43
Inseparable de anteojos
   Agapornis personata 264
Inseparable de cara de melocotón
   Agapornis roseicollis 260
Inseparable de Fisher
   Agapornis fischeri 266
Introducción de los nuevos ejemplares 21

J
Jaulas 25
Jilguero
   Carduelis carduelis 85

Cardenal de cresta roja.

L
Laborante de cabeza Roja
   Quelea erythrops 184
Lombrices 47
Lorito arcoiris
   Trichoglossus haematodus 277
Lorito de corona azul
   Loricules galgulus 269
Lorito de espalda roja
   Psephotus haematonotus 230
Lorito de las Molucas
   Eos bornea 279
Lorito hablador
   Lorius garrulus 280
Lorito jardinero
   Lorius domicellus 276
Lorito mulga
   Psephotus varius 233
Lorito rosella
   Platycercus elegans 253

Cardenal dominicano.

M
Maniquí bronce
   Lonchura cucullatus 150
Maniquí de pico azul
   Lonchura bicolor 149
Maniquí enano
   Lepidopygia nana 153
Maniquí gigante
   Lonchura fringilloides 152
Maniquí nuez moscada

Cotorrita de Australia.

   Lonchura punctulata 144
Maniquí pictorella

Canario.

Lonchura pectoralis	145
Mascota familiar	7
Materiales para anidar	52
Mesia	
Leiothrix argentauris	287
Miná del Himalaya	
Gracula religiosa	297
Miná intermedia	
Gracula intermedia	297
Miná pequeño	
Gracula indica	297
Mirlo común	
Turdus merula	291
Mirlo metálico purpúreo	
Lamprotornis purpureus	301
Mirlo shama	
Copsychus malabaricus	294
Mutaciones	57

N
Napoleón
    Euplectos afer   181

P
Pajarera   22
Pájaro de anteojos japonés

Zosterops japonica	283
Pájaros enfermos	48
Paloma de corazón sangrante de Luzón	
Gallicolumba luzoniaca	75
Paloma de Guinea	
Columba guinea	76
Paloma de tierra peruana	
Columbina creziana	73
Paloma diamante	
Geopelia cuneata	64
Paloma namaqua	
Oena capensis	70
Paloma pacífica	
Geopelia striata	74
Paloma reidora	
Streptopelia risoria	71
Papagayo gris o yaco	
Psittacus erithacus	212
Papagayo you you	

Gorrión de Java pastel.

Poicephalus senegalus	250
Pardillo	
Carduelis cannabina	88

Laborante de cabeza roja.

Pardillo sizerín	
Acanthis flammea	90
Partículas de gravilla	40
Perchas	28
Perico barrado	
Bolborhynchus lineola	228

Perico de Stanley	
Platycercus icterotis	258
Perico oriental	
Platycercus eximius	255
Período de muda	48
Periquito	
Melopsittacus undulatus	270
Periquito de alas azuladas	
Neophema chrysostoma	242
Periquito de Barnard	
Barnardius barnardi	227
Periquito de Bourke	
Neophema bourkii	236
Periquito de Edwards	

Ejemplar hembra de botón de oro.

Neophema pulchella	239
Periquito elegante	
Neophema elegans	246
Periquito espléndido	
Neophema splendida	243
Pico de coral	
Estrilda troglodytes	118
Pico de plata africano	
Lonchura cantans	136
Pico de plata de la India	
Lonchura malabarica	138
Pinzón	

Yerbero de cara negra.

Fringilla coelebs	79
Pinzón de fuego de Senegal	
Lagonosticta senegala	115
Pinzón de hierba con cola de aguja	
Erythrura prasina	173
Pinzón degollado	
Amadina fasciata	132

Estrilda de cabeza azul.

Pinzón loro de cola de alfiler	154
Pinzón melba	
Pytilia melba	127
Pinzón society	
Lonchura domestica	146
Pitilia de alas amarillas	
Pytilia hypogrammica	128
Plantas en el aviario	24
Plantas y arbustos adecuados	25
Posición de la jaula	30
Precio	16

Cotorrita ninfa perlada.

Preparativos para la cría	51

R
Racionamiento	40

Bulbul de mejillas blancas.

Papagayo you you.

Refugio nocturno	23
Rosella amarilla	
Platycercus flaveolus	259
Ruiseñor del Japón	
Leiotrix lutea	285

T

Tejedor de cabeza negra	
Sitagra luteola	185
Tejedor de Madagascar	
Foudia madasgascariensis	183
Temperatura	18
Tordo de cabeza anaranjada	
Zoothera citrina	292
Tordo oriental	
Copsychus saularis	295
Transporte	20

Y

Yerbero carigualdo	
Tiaris olivacea	192
Yerbero de cara negra	
Tiaris bicolor	193
Yerbero de Cuba	
Tiaris canora	191
Yerbero negro azulado	
Volantinia jacarina	194

Z

Zosteropo oriental o pájaro de anteojos	
Zosterops palpebrosa	282

Yorkshire.

Tras los cristales	29

U

Un producto natural: las semillas	32

V

Verderón	
Carduelis chloris	84

Lizard.

Asociaciones

Sociedad Internacional de Avicultores
(www.funnyfarmexotics.com/IAS/)

Asociación belga de loros
(www.parkieten-revue.com)

Club de amantes de los guacamayos en internet
(www.realmacaw.com)

Primer club de Internet dedicado a los pájaros
(www.avi-sci.com/bpp)

Federación americana de avicultura
(www.afa.birds.org)

Asociación australiana de loros
(www.parrotsociety.org.au)

Asociación americana en contra de la crueldad de los animales
(www.aspca.org)

Organismos oficiales

EU Wildlife Trade Regulation
(www.wcmc.org.uk/species/trade/eu/index.html)

C.I.T.E.S.
(www.wcmc.org.uk/CITES/)

Organizaciones protectoras

Ayuda americana para la búsqueda de pájaros perdidos
(www.birdhotline.com)

World Parrot Trust
(www.worldparrottrust.org)

Fundación holandesa para el refugio de los loros
(www.papegaai.org)

Organización no lucrativa dedicada a mejorar el cuidado, crianza
y calidad de todas las especies de loros, así como la educación
de sus creadores
(www.spbe.org)

Agradecimientos

El editor y la autora de este libro desean agradecer a las siguientes personas, todas ellas especialistas reconocidas en sus campos de actividad respectivos, la información adicional que han aportado:

J. J. Aelbrech (canarios de Harz),
G. M. Essemberg (pájaros frutívoros e insectívoros),
G. van Geffen (supervisión),
T. de Graaf (pericos, loros y cacatúas),
P. van der Hooven (codornices, palomas y estrildas),
R. J. van der Hulst (cardenales),
J. de Nijs (pinzones europeos),
F. Scholtes (canarios de color),
A. Spaan (tejedores),
M. C. Steenbakkers (loros grandes y periquitos)
H. Warmedam (canarios Waterslagers).
Quisieran también agradecer al equipo de dirección de la Asociación General Holandesa de Propietarios de Pájaros su predisposición para aportar información adicional cuantas veces ha sido necesario durante la elaboración de esta enciclopedia.

Créditos fotográficos
La mayor parte de las diapositivas utilizadas en esta enciclopedia han sido realizadas por Pieter van der Hooven, de Zwolle. También han contribuido con su aportación del material gráfico la empresa Teurlings en Waalwijk,
A. de Bruin y R. J. van der Hulst
Esther Verhoel.